文化的力量
REV.
改變全世界

學運世代

增訂版

從野百合到太陽花

何榮幸——著

目錄

第二篇 野百合看太陽花：太陽花崛起與二十四年來的見與思

第三篇 野百合世代的第一個十年與近況

二〇一四·新版自序
我們跑贏自己了嗎？

每一個世代，都是和自己賽跑的人。

二〇〇一年《學運世代——眾聲喧嘩的十年》出版後，我陸續看到相關討論，其中又以在社運與學術領域的野百合世代反思最為深刻。因此我曾一度動念，希望以「學運世代進入社會的第二個十年」為主軸，並以在社運、NGO、學術等領域奮鬥的野百合世代為主體，做為「學運世代二部曲」的採訪書寫方向。

然而，人生計畫永遠趕不上變化。當我忙碌於新聞工作及其他出版計畫時，野百合世代踏入社會的第二個十年就這樣匆匆流逝。

生命不斷向前走，固然是「學運世代二部曲」難以成形的關鍵理由，但夜闌人靜時捫心自問：究竟是我們這個世代改變了社會？還是社會改變了我們？清晰的答案，更是難以就此議題再度提筆的幽微因素。

過去十幾年，學運世代從政者（絕大多數投身綠營）歷經民進黨執政八年的挫敗，其中有些人更身陷弊案甚至鋃鐺入獄。對照一九八〇年代學運到一九九〇年野百合學運的青春反叛，以及民進黨執政初期的意氣風發，學運世代從政者令社會失望的程度，實在不勝唏噓。

而在其他領域奮鬥的學運世代，雖然能夠保有較多的理想性，進行更長期的社會改革工程，但在歷經理想與現實的劇烈碰撞後，是否還能保有如同進入社會第一個十年的熱情與初衷，恐怕也有疑問（當然包括我自己在內）。

在如此自我觀照與心情變化的過程中，去年十二月，我收到時報出版社寄來的《學運世代——眾聲喧嘩的十年》最新銷售報表，突然發現僅剩六本庫存，也就是此書即將絕版。

雖然「學運世代二部曲」的計畫已難實現，但在敝帚自珍，不希望此書就此絕版的心理下，我跟時報出版社的鍾岳明聯絡，探詢此書再版的可能性。岳明立即回覆時報出版社已在討論，希望促成雙方續約合作。

由於新聞工作繁忙，雙方雖已有再版共識，但並未進一步聯繫。到了今年三月太陽花學運爆發後，時報出版社人文科學線主編李筱婷來信，爭取此書由時報出版社續約再版，當時人在金門出差採訪的我，才開始具體思考再版事宜。

人生無巧不成書，之前曾經數度合作的老友余宜芳，在此時接任時報出版社總編輯，讓此書再版的速度加快。也因為在太陽花學運後出書，就算只是增訂版，仍勢必與太陽花學運有某種互動與連結。

宜芳、筱婷、岳明和我討論後認為，野百合世代確實有不少人參與太陽花學運，並以各種方式進行世代合作，因此增訂版割捨舊版中已失去時效的「學運世代組曲」單元，加入「從野百合到太陽花」視野，應屬自然連結而不致突兀；再者，太陽花學運領袖之一的陳為廷，曾強調受到《學運世代——眾聲喧嘩的十年》一書重要影響，若專訪陳為廷談兩個世代的互動，亦有其特殊意義。

陳為廷是在二〇一二年發表〈我們如何反旺中？〉一文時指出：「開頭說一個祕密。其實，我是

《中國時報》的忠實讀者。從高一那年，翻到何榮幸寫的《學運世代——眾聲喧嘩的十年》開始，我就對時報的記者抱持好感，認識到：在台灣這個紛亂的媒體環境裡，還有一群媒體工作者，在這個報紙上努力。從那時候開始，我就每天讀《中國時報》。期待每天的副刊、論壇、或專題版文章。……」這篇文章後段，陳為廷描述了對於中國時報在旺旺集團接手後的失望，進而呼籲讀者參加當年九一反媒體壟斷大遊行。

此次專訪陳為廷後，我才進一步知道，《學運世代——眾聲喧嘩的十年》是他的啟蒙書籍，直接促使他在高二時製作《建中青年》的學運專題，然後一路走向學運與社運之路。

如同我在《學運世代》舊版中強調的，野百合學運領袖並不能代表所有參與者，陳為廷當然也無法代表所有太陽花世代。此篇專訪顯示從野百合到太陽花確有某種世代連結，但並非代表太陽花學運發言，是必須先向讀者說明之處。

其實，《學運世代——從野百合到太陽花》增訂版的意義，就在於太陽花學運對於台灣不同世代帶來的重大刺激——野百合世代感受尤為深刻。

儘管學運世代的表現評價不一，但仍在社會各部門扮演重要角色（今年底亦有林佳龍參選台中市長、鄭文燦參選桃園市長，以及李文忠參選南投縣長）。進入社會超過二十年後，他們紛紛走過人生與職場的成熟階段，來到重新思考生命價值、自問是否仍有雄心壯志的另一個關鍵轉折。

此刻回頭檢視我在《學運世代》舊版第一篇結語強調的標題：「和自己賽跑——學運世代的下一個十年」，每個世代，都不需要跟其他世代比較，只需要跟自己賽跑，野百合世代的朋友們都可自問：我們已經跑到哪裡了？

陳為廷寫下〈我們如何反旺中？〉一文沒多久，我告別待了十二年的中國時報（事實上，我是在離開中時後才偶然看到這篇文章）。儘管對於這家報社充滿濃烈情感，但無法接受新的報老闆處理涉己新聞時公器私用，因此寫下〈北風與太陽〉一文明志。這是我跟自己的賽跑，沒有名次，只跟自己比輸贏，只有能否對自己交待的衝刺。

我相信很多野百合世代的朋友們也是如此，在依舊眾聲喧嘩的不同生命情懷中，感受太陽花世代青春無敵、生猛有力的刺激，然後回到自己的社會位置，但求莫忘初衷、無愧於心，好好完成一場只跟自己競爭的漫長賽跑。

就像李宗盛從年輕時候所寫的〈和自己賽跑的人〉，到過去兩年拿下金曲獎年度歌曲的〈給自己的歌〉與〈山丘〉所描述的心境。不論是否「越過山丘，才發現無人等候」，或是「想得卻不可得，你奈人生何」，從野百合到太陽花世代，「我們都是和自己賽跑的人」，不必瞻前顧後，永遠只需要問自己：我們跑贏自己了嗎？

二〇一四年七月二日　台北士林

【銘謝】本書增訂版感謝范雲、陳信行、駱明永、陳為廷、林佳龍、段宜康、顧玉玲、李文忠、羅文嘉、鄭文燦、周奕成、陳裕鑫等人的為文或受訪；感謝時報出版社余宜芳、李筱婷、鍾岳明、劉凱瑛的付出，以及黃謙賢的照片；人生路上，深深感謝愛妻淑媛的支持、愛女采融的陪伴。

二〇〇一・舊版自序

看見別人，也看見自己

這是一本寫了四個月，但卻在我心中潛伏長達十年的書。

說是潛伏，不是因為十年前就已動念想寫這本書，而是因為在這本書中「看見」同世代朋友的生命歷程時，也同時「看見」了自己的生命歷程。

進入新聞界十年後，二〇〇一年一月十一日，我在《中國時報》三版「我見我思」單元撰寫〈台灣學運世代出頭天？〉評論，其後並於二月十八日、十九日接連報導了「政治這條路——學運世代的期許與堅持」參選茶會新聞，觸及部分我所熟識的學運世代同儕最新動態。

彭蕙仙小姐在二月二十七日邀請我就「學運世代崛起」寫一本書，並客氣地希望我不要拒絕，其後吳家恆先生也加入遊說。

但我其實相當掙扎。首先，我今年原本另有寫作計劃，這項盛情邀約明顯破壞我的寫作優先順序；其次，我並不是所謂的「學運分子」，我當年雖身處八〇年代學運狂飆氛圍，卻對學運種種過程與細節感到心虛。

我在學生時代曾經擔任《台大法言》總編輯、台大學代大會首任議長，創立「傳真社」並兼任社長與總編輯，台大學運分子爭取多年的學生會長普選案，我有幸能在主持學代大會時躬逢其盛落槌過關，後來社會系學妹范雲角逐第二屆學生會長時，我曾為其撰寫過爭取校園言論自由的競選文宣。進入新聞界後，我與投入各領域的各校學運分子有相當密切的接觸與情誼，基於某種排斥心理，至今則不曾加入任何黨派。

因此，在與蕙仙、家恆的討論過程中，我強調如果是寫一本關於學運世代這群「人」在過去十年生命歷程的書，則基於我長期主跑社會運動、反對運動新聞的近距離觀察，或許可以跳脫當年學運種種理念紛歧、恩怨糾葛，進而展現屬於這個世代的生命色彩與成長掙扎，而這也是我唯一覺得有興趣與有意義的部分。

蕙仙、家恆欣然接受我的寫作概念後，我也逐漸感受到這種寫作方向與自己生命歷程的高度貼近，於是決定調整寫作優先順序。在時報出版公司期待於十月份出書的前提下，我從五月份開始密集採訪學運世代同儕，四個月後交出讓自己既喜悅又心虛的十六萬餘字完稿。

過去四個月內，我像是一個充滿好奇心的小孩，聽著一個又一個有時精彩有時黯淡、有時高昂有時低迴、有時自信有時自省的生命故事。即使必須在新聞工作之餘犧牲睡眠與假期，因而在精神體力上皆備覺煎熬；即使有很長一段時間因為重感冒，而在訪問時幾乎說不出話來，我仍然對這些故事聽得津津有味，覺得在其中看到了很多動人與深刻的生命經驗。

這些生命故事，幾乎是任何人由青澀到成熟、由單純到世故、由理想到現實的必經過程，其間種種幽微深刻的焦慮掙扎，與道德批判無關，卻直指人性深處。我在聽故事的同時，也看見了自己過去十年的身影足跡。

在這段期間，我與幾位網友的網路創作於六月份集結出版成《五年級同學會》一書，對於民國五十年代出生、現在三十至四十歲的「五年級」世代現象略有著墨；這項巧合，讓年齡與「五年級」高度重疊的學運世代現象，在某種程度上成為五年級世代的另一個重要切面。

正因為如此，我開始感到另外一種心虛與自省。以我個人相對單薄的生命厚度，如何能夠精確與完整描述這一整個世代的心跳軌跡？在採訪取樣、敘事觀點都不可能讓所有學運世代滿意的必然限制下，我只能順著自己的感覺走，去嘗試捕捉屬於這個世代的某種生命力，以及那種看見彼此相同與差異的生命歷程。

如果，學運世代同儕可以在這本書中感受到一些相濡以沫的光亮與溫暖；比學運世代年紀大一點的人可以回想起自己的年少輕狂；年紀小一點的人可以思索自己未來人生的抉擇與發展。會有一些人因為這本書而觸動塵封已久的感覺，這將是我在自覺心虛不足後的最大期待與喜悅。

本書在不景氣聲中出版，必須特別感謝時報出版公司的勇氣，以及家恆、俊斌、曉憶等人的大力協助。本書寫作過程中，除了感謝所有受訪者願意述說他們的故事之外，范雲、周奕成、馬永成、羅文嘉、方凱亮、劉坤鱧、張麗伽、陳裕鑫、孫瑞穗、羅正方、魏廣文、高永謀、張慧英、彭建智、陳威臣等人提供意見與協助，《明日報》個人新聞台「記者偏見與斷簡殘篇」上所有網友的寶貴意見，以及諸多無法細數朋友的鼓勵，在此一併致謝。

此外，最應該感謝的人是我的母親與妻子。

沒有母親何鄭也女士含莘茹苦與長期支持，我的生命歷程將會是完全不同的面貌，我對母親有無限感激與敬意。

而若沒有愛妻郭淑媛的大力支持，及其永遠做為第一個讀者的深刻討論與批評建議，這本書也不會是現在這個樣子。我們在數不清的下午茶與夜晚時刻分享彼此生命經驗，在共飲咖啡、共賞音樂、電影、日劇、漫畫的同時，也認真討論與爭辯關於本書在內的種種人生觀點，因此，淑媛才是本書最大的幕後功臣。

美國著名導演伍迪艾倫日前在結束一場爵士樂演奏後，向台下觀眾答禮表示：「最差勁的樂手，向最棒的聽眾致敬。」我希望自己不致於是最差勁的樂手，但深信所有讀者都是最棒的聽眾。

二〇〇一年九月五日　台北石牌

序篇

從野百合到太陽花

照片提供／黃謙賢

野百合到太陽花的世代合作

何榮幸

三月太陽花學運期間，我多次來到現場，從各角度近距離觀察這場占領運動，並且碰到不少野百合世代的老朋友。

很多媒體比較兩場相隔二十四年的學運，強調世代交替。我看到的則是前後學運世代在各個面向的合作，以及太陽花學運對之前所有世代的刺激與啟發。

當我們以為太陽底下沒什麼新鮮事的時候，台灣社會的發展卻一再帶來驚嘆號。

二〇〇一年我出版《學運世代——眾聲喧嘩的十年》時，大多數人都認為野百合學運已是一則傳奇，民主化之後的台灣，不會再發生如此大規模的學運。

沒想到十幾年之後，太陽花學運就引領五十萬黑潮走上凱道，嶄新學運世代（本書增訂版泛稱為「太陽花世代」）於焉誕生，開始譜寫屬於他們這一代的生命故事。

在這個歷史再度發生轉折的時刻，曾經參與或感染八〇年代學運到一九九〇年野百合學運氛圍，如今已進入社會二、三十年的中壯輩（本書增訂版泛稱為「野百合世代」），似乎也到了再次檢視與反思生命歷程的契機。

「看得見」的野百合世代

野百合世代中，最容易被社會看見的是政治人物。他們大多數投入民進黨陣營，歷經兩次政黨輪替後，他們的生命歷程紛紛發生重大變化。

二〇〇〇年首度政黨輪替時，學運世代從政者可謂意氣風發，全面進入府院黨及地方政府重要位置。但短短幾年之間，內政部次長顏萬進涉入北投纜車弊案遭判刑定讞，總統府副祕書長馬永成更身陷扁案風暴，至今國務機要費案等官司纏身，學運世代形象也受到重創。

學運世代從政者曾經為政壇帶來創意與活力，但政黨輪替的慘痛經驗已經證明，部分學運世代從政者不僅沒有改變金權政治、民粹政治遊戲規則，更多時候反而是被舊有政治結構所吞噬改變。

不過，在扁案風暴愈演愈烈之際，社會也看見了老學運世代李文忠辭去立委明志，野百合學運領袖范雲等人發起「親綠學者倒扁連署」。部分學運世代從政者的表現固然辜負了社會的期待，許多人的政治光環因此黯然失色，但諸如段宜康、林淑芬等部分學運世代政治人物，仍被視為具有一定的理想性與反省能力。

今年底縣市長大選，昔日學運領袖林佳龍（參選台中市長）、鄭文燦（參選桃園市長）、李文忠（參選南投縣長）等三人再度披掛上陣，他們能否當選並展現治理能力，已成為社會觀察學運世代從政者的最新指標。

「看不見」的野百合世代

與政治人物相較之下，長期投身社運界、NGO領域及其他民間部門者，是較不容易被社會看見的野百合世代，但其價值與貢獻皆不容忽視。

例如在工運領域，《學運世代》訪談時的工傷協會祕書長顧玉玲，這些年關注國際移工議題，擔任TIWA（台灣國際勞工協會）祕書長與理事長，並出版《我們——移動與勞動的生命記事》；丁勇言也是數十年如一日，目前擔任屏東縣潮州鎮工人鎮長洪明江（前石油工會幹部）的主任祕書，以及大高雄總工會顧問。

此外，從九二一地震到八八水災的災後重建，以及環保運動、婦女運動、原住民運動、媒改運動、司法改革、廢除死刑運動等領域，也都有野百合世代長期耕耘的身影。《學運世代》訪談的台邦．撒沙勒，取得美國西雅圖華盛頓大學人類學博士學位後，繼續投入南台灣原運；林正修在南亞海嘯後，投入印尼亞齊省重建工作；藍色東港溪協會理事周克任，近年投入南台灣水資源議題……這些都是貼近土地的生命脈動軌跡。

再如當年到中正紀念堂廣場靜坐的文化大二學生駱明永，以竹科工程師身分長期投入台灣百合復育工作，希望延續野百合學運精神，將「建立台灣認同、學習當家做主」視為一輩子志業，亦是在各領域默默付出的野百合世代縮影。

這些投入民間部門的野百合世代，當然也面臨了能否改變主流價值的嚴酷挑戰，其挫敗感未必遜於政治人物，但他們一步一腳印的努力仍然值得期待。

缺乏核心價值VS.倡議新價值

《學運世代》出書時，很多野百合世代已深刻反省，由於缺乏共同的核心價值，因此學運世代的面目模糊，只能以眾聲喧嘩的多元形式現身。

過去十幾年，野百合世代並未形成大規模串連與集體行動；若干學運世代從政者的合作，也沒有提出深刻及具有影響力的新論述。就此而言，野百合世代的社會實踐似已定性，很難再以野百合之名、集體發聲形式發揮影響力。

然而，野百合世代眾多學術／社運工作者，卻逐漸發展出新的發聲平台，以及與時俱進倡議新價值。例如二〇〇八年十一月，大陸海協會長陳雲林來台維安過當，在野草莓學運的催生下，律師賴中強（參與野百合學運後，當選台大學生會第四屆會長）、學者顏厥安、吳介民、李明璁等人發起成立「台灣守護民主平台」，對於兩岸關係與人權議題積極發聲。

一〇年馬政府簽訂ＥＣＦＡ後，該平台與澄社、台權會等團體共同成立「兩岸協議監督聯盟」。去年四月，該平台發表《自由人宣言》，倡議以《人權憲章》重構台灣與中國之關係。去年五月馬政府簽訂兩岸服貿協議，賴中強更發起「反黑箱服貿民主陣線」並擔任召集人。

在太陽花學運之前，賴中強等人一方面呼應年輕世代發起的野草莓學運，另一方面長期關注兩岸協議監督議題，可說是野百合與太陽花世代合作的先聲。

而八〇年代台大「自由之愛」學運健將、台大社會系教授林國明等人長期倡議的「審議式民主」，不但在二代健保等公共政策上發揮重要影響力，也在太陽花學運中扮演世代合作角色。

系所尤為明顯。

事實上，野百合世代在校園課堂上，早已對太陽花世代產生影響，其中各大學社會、政治、法律等系所尤為明顯。

根據太陽花學運領袖陳為廷的觀察，野百合世代學者們將當初的運動經驗結合理論，轉化為新世代的知識基礎與行動能量。從野草莓、反媒體壟斷到太陽花學運，許多核心參與者皆是野百合世代學者的學生。

兩個學運世代的場內外合作

走過上述歷史發展脈絡，太陽花學運爆發時，在立法院議場內外分別呈現不同的世代合作景象：議場內，「反黑箱服貿民主陣線」召集人賴中強等野百合世代，成為決策中心重要成員，與林飛帆、陳為廷等太陽花學運領袖共同承擔決策責任；議場外，林國明、范雲等野百合世代學者在街頭舉行公民審議活動，帶領太陽花學運參與者討論思辨。

在此同時，顧玉玲等野百合世代社運工作者，則在議場外對這場運動的訴求與路線提出質疑，從弱勢、左翼觀點檢視太陽花學運的發展。

當年野百合學運拉起了糾察線，將學生與群眾分開，在形式上維持學運的單純性；太陽花學運則沒有這條界線，學生與群眾在議場外並肩而坐，社運／NGO團體則成為學運背後最堅實的力量。野百合世代因而在各面向與太陽花世代聯結合作，甚至扮演質疑與批判角色。

不僅如此，「野百合家長」也與「太陽花子女」開始激盪對話。八〇年代台大學運健將、曾任立委與勞委會副主委的賴勁麟，女兒賴品妤積極參與太陽花學運，成為媒體報導的焦點。而在社會各角落，八〇年代學運到野百合學運的參與者，其與太陽花子女在觀念與行動上的對話仍方興未艾。

太陽花論壇與時代挑戰

太陽花學運末期的「大陽花論壇」一炮而紅，引發對於這場占領運動的諸多省思。野百合學運至今二十四年，也有諸多深刻的批判反思。

二〇〇四年世新學者陳信行為文〈我的野百合：一個一九九〇年三月學運參與者的自我批評〉；同年何燕堂等工運人士舉行「野百合腐爛，好臭！」記者會，抨擊學運世代政治權貴粗暴打壓弱勢者的發聲空間；〇八年輔大學者何東洪舉辦「野百合同學會」，批判民進黨收編歷史記憶、侵吞社運成果。都是野百合世代令人印象深刻的自省之聲。

而隨著野百合世代成為社會各領域中堅力量乃至領導者，他們面臨的時代挑戰也已完全不同。中國崛起後對於台灣民主化的威脅，以及如何建構兩岸和平穩定關係，形勢已比十幾年前《學運世代》出版時更加嚴峻，成為野百合世代的最大挑戰；全球化與新自由主義當道下，台灣的經貿發展何去何從，以及如何拉近貧富差距、落實分配正義，亦是野百合世代無法迴避的重要課題。

當然，上述課題不單是野百合世代的挑戰，而是當前所有世代的共同命題。但正因為野百合等世代無法提出能夠突圍的對策與願景，以致於強烈感受到世代不正義的太陽花世代，必須積極與勇敢為自己發聲。

前後二十四年的兩場學運，其意義絕對不僅是造就幾位學運明星，而是對兩個世代分別產生廣泛而深遠的影響。面對太陽花世代的朝氣蓬勃，陸續進入人生成熟期的野百合世代，不論此刻心情是「繼續開路」或「選擇讓路」，都應持續扮演承先啟後的角色，讓世代合作成為推動台灣社會前進的另一股重要動力。

花開的時候

范雲

三月十八日那天傍晚，立法院濟南路抗議服貿的晚會，我剛好在場。會參加的原因，是因為前兩天在臉書上，看到包括民主平台、婦女新知、勞工陣線等我所熟悉的社運朋友們孤單地在立法院前靜坐抗議，心裡不忍。於是，我決定前往支持。到現場時，看到群眾大會人數未過五百，很擔心兩岸服貿協議就這樣船過水無痕。沒想到晚上九點多後，瞬間豬羊變色。當我再度回到現場，聽說有一群學生與ＮＧＯ朋友衝進了議場，我就知道這件事情有了希望。從那時起，因緣際會地，我投入了這場運動，也因而看到了太陽花開的美麗。

太陽花運動當然不只是一場學生運動。幾個民間組織對議題的長期引領，抗議期間五十多個公民團體的支撐，以及台灣社會跨世代民眾的參與，都扮演了相當重的角色。但同時，我們也明白，這場運動如果沒有學生，其動員力道以及社會關注程度不會如此強大。對我來說，太陽花運動是個以青年運動為基底的跨世代公民運動。

相似的政治機會，不同的民主意義

我有幸參與的這兩場運動，野百合與太陽花，雖然在不同的歷史時刻，卻都面臨極為相似的政治機會結構：原該扮演領導角色的反對黨動員失能，執政者又有著嚴重的內部矛盾。

野百合運動面對的是國民黨威權下的領導繼承，但當年的反對黨民進黨對於台灣首位本省籍總統李登輝有情結，沒有強力抗爭，學生只好自力動員，持續抗議由不具民意基礎的老國大選出總統。同時，國民黨內部有主流派與非主流派的矛盾，學運因而在此政治機會中，獲得了亟需民意正當性的李登輝承諾民主改革。

太陽花運動發生在執政者罔顧民意與民主程序強推服貿時，反對黨同樣地並未發揮強力功能，學生與公民社會也只好自力動員，強行抗爭。同時，在政治機會上，也因為國民黨內部馬王的政治矛盾，學生在立法院並未被驅散，王金平院長選擇出面承諾。

兩個運動在政治機會結構上有類似之處，但在民主的歷史意義上則相當不同：二十四年前的野百合運動，是在威權體制下希望為台灣搶下民主。二十四年後，台灣社會已經有了基本的民主，但此新生的民主卻面臨倒退危機，太陽花運動的努力，則是力抗不讓台灣的民主被偷走。

就運動者與民主理念的關係來看，野百合（及其之前的）世代是在威權教育中長大，民主是透過閱讀與想像而來的，不是我們曾經擁有過的東西。二千年政黨輪替，很多人覺得有幸能在自己還年輕時，就見證了台灣民主化的完成。太陽花運動的年輕人，成長在民主時代，他們是第一代接受本土教育與公民課程的新世代。民主是理所當然的一種政治制度，他們無法接受有人要奪走他們的民主。

本土與中國因素在兩代人身上的展現也是複雜的。野百合世代的台灣意識，是在大中國的教育中，掙扎著慢慢長出的。當年的學生在選擇象徵物時，第一共識就是，它必須是台灣本土的，最後選擇了原生種野百合作為運動的象徵，代表了那個世代對本土的重視與堅持。太陽花世代的年輕人不需要堅持本土，也不需要刻意選擇本土象徵，他們是自然而然的台獨派，這個台獨，可以是中華民國，也當然是台灣，兩者可以完全沒有矛盾。中國對他們而言，不再是虛幻的祖國，也不再是困惑，而是一個真真實實、有特殊關係的鄰國。中國所帶來的機會真實存在，所產生的威脅也已然發生。

除了民主與中國因素外，太陽花運動則更為赤裸裸地碰觸到經濟與分配的議題。兩岸服貿的背後，密切關連到全球化與新自由主義所帶來的貧富差距。台灣的受雇者，特別是三十歲以下的年輕人，薪資長期被壓迫，這不僅是階級議題，也是世代正義。相對之下，階級與經濟改革的議題，比較是存在當年野百合學運幹部的意識理念中，九〇年代初期的民主改革中，「左」的議題，還不是社會的主要矛盾。當年的學運成員們要求李登輝提出「政經」改革時間表，而不是民主改革時間表，兩字之差，學運幹部們以此表達了對經濟與階級議題的關切。

核心運動者養成差異

一場運動的出現，通常必須先有核心運動幹部，之後才有群眾。野百合學運的核心成員，可以說是自回溯自八〇年代到九〇年代十年校園內外學運與社運經驗所積累與養成的各校學運幹部；太陽花運動，則回溯到二〇〇八年的野草莓運動。野草莓運動當然不是之前唯一的學運，但在理念光譜上，野草莓運動是第一個因中國因素與民主危機而起的學生運動。太陽花運動中的不少學生幹部當時還非常生嫩，但歷經這幾年的反國光石化、華隆關廠、反大埔徵收、反媒體壟斷運動等，這群學運核心成員逐漸成長茁壯。

兩個世代的學生養成方式與組織經驗相當不同。八、九〇年代的運動者養成方式主要在校園內，社運為輔。組織經驗比較是學校社團、讀書會、跨校營隊等，多數成員的成長經驗偏重在社團、學校或跨校組織，野百合運動作為台灣戰後的第一個學生群眾運動，也是這群核心幹部所第一次獨立面對一場街頭群眾運動；現代的學生則更直接投入各種社會運動，在太陽花運動前，街頭已經是他們重要的養成戰場。此外，身處數位時代的年輕人擅長運用科技，從早期的批踢踢實業坊，到現在運用臉書，快速動員。以個人為單位的網路時代，可以交叉動員，也可一人號令天下，完全打破了早期學運以校或單一社團作為互動與動員的基本單位。

即使如此，見證了太陽花運動的現場組織經驗，回首當年，野百合運動雖然時空條件皆不同，仍有幾個值得被了解的特點：

一、團結是最大的前提：由於當年仍是威權政治，台灣社會缺乏對學生運動的理解與正當性。在大環境極其不友善的氛圍中，無論是運動幹部或學生群眾都很了解，他們必須團結，學生沒有在現場分裂或行動不一致的任何可能性。

二、草根民主的實踐：野百合學運作為一場五、六千人的群眾運動，其現場的民主實踐經驗，無論是就台灣社運抗爭史或是從跨國比較的經驗來看，都相當珍奇。當年的民主，與其說是個運動幹部的理念堅持，更像是個不得不然的團結策略。運動者被迫不斷地以擴大的民主參與，來解決隨著群眾人數增加而出現的內部資訊落差與代表性矛盾。

運動一開始的決策機制是學運社團代表彼此自願組成的決策小組。後來，隨著學生自治組織的動員到場，決策小組納入了幾校學生自治組織代表。之後，群眾人數快速增加到數千人，這個未經群眾認可的菁英決策制，無法滿足在場群眾。決策機制因此分化成決策小組、研究生顧問團與教授顧問團，負責提出建議；各校群眾則選出校際代表，負責做出決定。

運動到後期，在幾個關鍵爭議點上，例如要不要見李登輝、見李登輝的訴求為何，以及，見了李登輝後，如何回應李登輝的改革承諾（也就是是否撤退的重大決定），校際代表已然無法自行決定，必須一一帶回各校進行充分討論。運動到此轉化為好似美國聯邦選舉人制度加上廣場草根民主的討論機制，一個議題最長可以讓各校進行好幾個小時的討論。運動的最後一個決定——是否應該接受李登輝的改革承諾，各校內部由於無法形成共識，還以一人一票的方式，決定該校那一票的意向。簡單說，這已經不是代議民主。廣場最後的發展，是一種否決了代議制度，透過以校為單位的聯邦制，所進行的廣場直接審議民主的公民投票。

三、相對進步的性別政治：野百合運動的女學生幹部比例是否更高，這的確需要具體的數據與研究。但很確定的一點是，當年的女學生們，在面臨性別歧視的語彙時，擁有更有強的組織與反擊能力。當年的全女聯女生除了在現場發聲明外，並動員成員到台北市高中女校前發傳單，呼籲高中女生參與學運。此外，當一位男性醫師在代表醫療團發言時，因情緒高亢飆出具性別歧視的「幹你娘」字眼時，台下立刻有不只一位女學生持續高喊抗議，逼使這位男醫師中止他的發言。

二十四年後，我們的性別環境已有許多改善，然而，太陽花運動在性與性別政治的進程上，的確有些值得反思的空間。

太陽花開的過程，無疑的，是讓人驚艷的美麗。對台灣社會而言，這個運動，已經起了公民覺醒的作用，無論是在守護我們新生的民主，監督未來的兩岸關係，或者是，開始反思全球劃下的分配正義。就如同全世界不同國家的學運世代，一個人在青春時因花開的感動所留下的印記，絕對和中壯年時不同。這些不到三十歲的年輕人，在經歷了太陽花開後，他們的生命、記憶以及集體認同已然不同。我相信他們中的許多人，必然會以多樣的方式，獨特的風格，投入引領改革創新的各種社會、文化或政治實踐。

面對未來：是時代，不是世代

分析歷史，促成野百合與太陽花盛開的群眾基礎，的確是培育自不同春泥的兩個不同世代。但，放眼未來，當下的太陽花青年世代，以及轉入中壯年的野百合世代，需要面對的，卻是同一個時代。

我們的民主並未鞏固，我們的公民社會充滿活力，卻缺乏組織，我們的媒體與司法環境仍然險惡，我們抗拒與批判全球化下的新自由主義以及中國因素，卻還未找到足以說服國人的繁榮願景與出路。這些時代課題，再再需要跨世代的努力與合作。太陽花開的時候，年輕的朋友們經常說道，剩下的就是我們的事了。這樣的豪情與責任感，是面對歷史與未來的動人承擔。然而，「我們」是誰，如何凝聚並跨越我們之間種種的差異與鴻溝，是這個時代，丟給不同世代的我們之間的每一個人，最嚴峻的挑戰。

（本文作者為一九九〇年野百合學運總指揮，現為台大社會系副教授。太陽花學運期間，作者在場外引領學生與群眾進行「審議式民主」討論，更在學運落幕前的「大腸花論壇」痛快批評性別議題。）

「預演式的政治」——看24年前後的學生抗議

陳信行

二〇一四年三月某個舒爽陰涼的下午，我在立法院外的抗議現場和幾個學生們聊這次的運動。不可避免地，我們會開始比較兩個世代的經驗差異。現在真的是兩個世代了。很多抗議者是我當年的學運同儕的子女。

不少人有過比一九九〇年三月時候在廣場上靜坐的我們豐富得多的身體抗爭經驗：從樂生、士林王家、大埔拆遷、苑裡反瘋車，到離立法院只有幾步之遙的華光社區與紹興社區抗爭，一次又一次，自發響應的年輕人們互相扣緊手臂、躺在地上、四肢放軟、準備被警察抬，以演練過多次非暴力公民不服從的標準動作，擋在挖土機前。

他們不喜歡突出自己個人的角色，不喜歡強迫自己的伙伴擔起什麼任務；他們希望呈現的運動面貌中，每個人都只是運動的一分子，完全自願盡一份心力，不認為一個人乃至一撮人可以代表「大家」。[*]由於這樣的信念，我說，他們現在所面對的運動內部的困局，和我們那時候的困局有些根本性的差異。

一如預期，當我提到「信念」這種大字眼的時候，年輕朋友們要不是皺眉嘟噥些不贊成的聲音，就是微笑得有點詭異。他們不喜歡把這種大字眼往自己身上堆。

美國一些死不悔改的六〇年代老學運分子對他們自己的運動有個批判性的說法，叫「預演式的政治」（prefigurative politics）。簡單來說，我們希望爭取的未來社會長什麼樣子，在我們現在的運動中，人跟人的關係，就把它搞成這樣，從倫理道義到事務運作。在美國當年的情境下，運動學生討厭被背叛已久的兩黨選舉政治、具有一種無政府主義情感，相應地就出現一系列不成文的規矩，例如團體討論一律採共識決，不搞強凌弱、眾暴寡的多數決。這點與現在台灣學運團體內部的氣氛有點類似。

那麼，回頭看一九九〇年三月的我們，是在「預演」著什麼樣的政治？

這些年來愈來愈看得清的一點是：我們那時根本就是在「預演」那時還沒到來的政黨代議選舉政治。我屬於一個派系。我服從派系的決定，因為我知道事前事後的討論與檢討會我都說得上話，而且決策指揮規劃庶務之類的任務大家會輪流。我積極參與派系間的鬥爭，也參與派系內的鬥爭。這些鬥爭是有些規矩的，誰被抓到犯規就會吃虧。例如，不准擺權威壓人、派系間開會決策必須照議事規則來進行。各派系認為彼此信念上有重要差異（雖然外人未必認為如此），但在很多重大活動時，又一定要合作。

一九九〇年代我的同儕們紛紛進入各政黨當政治人物或黨務工作，再自然也不過了。政黨運作的技能，我們早就都練過了。

問題是，二十四年之後，兩次政黨輪替之後，這些年來的抗議群眾很明顯地對政黨政治非常嫌惡。

---

* 弔詭的是，以這種原則運作的運動，往往會出現失控的「明星現象」，就像這次那兩位不知是倒楣還是佔便宜的「神」。請見拙譯 Jo Freeman 的〈無架構的暴政〉。

不只是年輕人如此，各部門社運團體歷次聯盟的會議中，已經不知多少年沒有動用過表決。只有立法院內還在提案、拉票、換票、記票。

對政黨政治的失望或不信任不只是哪些政治人物墮落了的問題。政黨是準備要操作政府的組織，而「政府」這個機構，在多年來的變遷之下，早已變得高度無能。就在各種改革運動促成開辦愈來愈多的公共服務時，政府已經變得要錢沒錢、要人沒人。

二〇一四年六月，中研院的經濟學者們集體發表了一本「賦稅改革政策建議書」。其中，作者們一再強調，台灣的政府稅收只占GDP的十二%左右，是全世界最低。而且，稅收不成比例地由受薪階層負擔了絕大部分。

在人員方面，台灣公部門就業人口從一九七〇、八〇年代的一百五十萬以上的軍公教，變成現在的三十幾萬公務員、二十一萬軍隊、不到十二萬公營事業員工。相較於台灣出身的大財團，例如全球雇用員工人數在一百萬與一百三十萬之間擺盪的鴻海集團，中華民國各級政府能運用的人和錢都少得多。難怪「太陽花」期間，郭董一直要出面來喬事情。

不管誰來管政府，用這些大量減少的資源要做的事，比起戒嚴時代，要多太多了：從社區營造到食品檢驗到家暴防治。於是，這些業務大量外包給財團或民間基金會。結果往往是又肥了財團，或是窮社福團體為了包案而壓榨沒保障的社工。

一九八〇到九〇年代把這種作法叫做「民營化」，現在很明顯地應該叫做「私有化」。當年的民主運動主流論述認為應該「拍賣中華民國」以終結威權政府，現在愈來愈多人發現「民間」其實未必一片善良。可是，我們到現在還是會直覺地一面「幹政府」、一面抱怨政府為什麼不管這不管那。

台灣的經驗不是特例。這二、三十年來，被稱為「新自由主義」的政策在各國推行；經濟危機、貧富分化之下無能的政府導致人民高度不信任任何政黨——這些現象尤其是在二〇〇八年後普遍出現。如果「野百合」那時的運動預演了之後二十幾年讓我們失望的政黨政治。那麼，二〇一四年這次風格迥異、規模浩大得多的抗議，預演的又是什麼？

（本文作者為一九九〇年三月學運廣場總指揮之一，現為世新大學社會發展研究所副教授，曾於二〇〇四年發表〈我的野百合——一個一九九〇年三月學運參與者的自我批評〉，對野百合學運進行深刻反思。）

學習當家做主是一輩子的事

駱明永

一九九〇年野百合學運發生時，我是文化大學化工系二年級學生。原本早上去陽明山國民大會參加「為國大送鐘（終）」活動，下午只是去中正廟（指中正紀念堂）看看，沒想到一去就坐了下來，在廣場睡了好幾個晚上。但我只是很邊緣的參與者，並不是學運核心幹部。

當年東海大學鄧淑慧建議用「野百合」做為運動象徵，學運最後，有學生將野外採來的百合送給在廣場的學生與群眾，希望大家將「民主野百合」的種子帶回各校開花結果，這個印象也一直深藏在我的記憶之中。

九七年退伍後，我就成立了「野百合工作室」，聚焦於台灣四種原生百合——台灣百合、鐵砲（麝香百合）、豔紅鹿子百合、細葉卷丹，其中台灣百合是我們的特有品種。

我先在桃園的印刷電路板公司工作數年，〇二年來到竹科某家大廠擔任工程師，一方面工作，一方面繼續推廣介紹台灣百合。希望減少人們採花的行為，讓生長在野地裡的百合可以自然地繁衍；也希望更多人了解她的生長過程和栽種方法，讓台灣原生百合花可以進到生活中，我把這件事情當做人生志業。

隨著生長環境不同，台灣各地的百合花會有不同的模樣與姿態，身高、葉子也都不同。我們家常到各地看花，隨著機緣前進到台灣各角落，在過程中有許多的驚豔與感動，有眾多朋友的參與和同行，這也是我們家認識台灣的另一種方式。

二〇〇〇年，我在網路上成立了「台灣百合同好會」，後來開設臉書粉絲團「遇見台灣百合」，我還自費印製百合花明信片，希望與世界各地的朋友交流。四年前全家搬到苗栗鄉下，更有自己的據點來種百合花。

這麼多年下來，我最想做的其實是「正名」。如同台灣百合並不是野百合，而是台灣自己特有的品種，台灣就是台灣，我們應該建立自己的認同，這是一種學習當家做主的過程。當年野百合學運是推動在政治上當家做主，我則努力在復育台灣百合上做好打底的基礎工作。

太陽花學運時，我帶九歲的孩子到現場看，讓孩子知道爸爸是怎麼從野百合學運走到現在。我從來不認為一代不如一代，也不認為復育台灣百合只是小事，我認為小事做久了也會變成大事。從參與野百合學運到復育台灣百合，這種學習當家做主及「正名」的過程，是一輩子的事。

我期待年輕世代可以回到鄉村做很多事，一方面增加生命體驗，一方面拉近城鄉差距。我們這一代應該繼續做的，是協助年輕世代了解自己，並且更加認識這片土地。

（駱明永為野百合學運參與者，本文為駱明永接受何榮幸採訪的記錄整理，駱明永目前仍以竹科工程師身分，致力推動台灣百合的推廣與復育工作。）

專訪陳為廷：野百合的啟蒙影響，太陽花的檢討反思

六月二十八日晚上九點，仁愛路「貳樓」餐廳。穿著T恤的陳為廷搭夜車趕赴台北，一坐下就從背包拿出《學運世代——眾聲喧嘩的十年》，強調：「這本是我的啟蒙書。」原來，為了這次專訪，他還特別找出這本從高一影響至今的書，帶在身上細數心路歷程。

不過三個月前，這個與野百合學運同一年出生，帶著稚氣、誠懇直白的大男孩，才跟同世代夥伴們共同發起一場波瀾壯闊的占領國會行動。在訪問過程中，他幾次起身到餐廳外抽菸，看得出來菸癮極大。才二十四歲的新世代學運明星，身上背負的期待與壓力，比菸癮還要巨大無數倍。

這場專訪，並非請陳為廷代表太陽花學運發言，而是從他個人受到《學運世代》的啟蒙談起，從「生命史」的角度出發，觀察從一九八〇年代學運、一九九〇年野百合學運到今年三一八太陽花學運之間的某種連結，並剖析不同學運世代之間的映照、合作與反思。

訪問結束的隔天早上，陳為廷拿著台胞證搭機直闖香港，希望聲援香港七一遊行。結果一如預期，他在香港機場立即遭到遣返。每個世代都有屬於自己的發聲方式，太陽花學運落幕後，太陽花世代很可能還會有無數次衝撞與發聲，不論會不會被遣返，他們都已勇敢啟程上路……

看了《學運世代》製作「學運專題」

問：你在二〇一二年發表〈我們如何反旺中？〉一文時強調：「從高一那年，翻到何榮幸寫的《學運世代——眾聲喧嘩的十年》開始，我就對時報的記者抱持好感，認識到：在台灣這個紛亂的媒體環境裡，還有一群媒體工作者，在這個報紙上努力……」當初是在什麼情況下看到這本書（《學運世代》）？

答：二〇〇六年，我剛從苗栗上來念建中，就加入建中青年社編校刊，寫一個「寶藏巖專題」的報導。那是我高一下學期的事情，去到那個地方，就看到一群人在搞學運，搞個寶藏巖公社，這就是第一次親眼看到什麼叫學運。之前我對學運的印象，就只有在課本上面野百合那張照片而已。

寫完那篇寶藏巖公社的報導之後，開始想說到底是哪些人在搞學運？就去找這些資料，後來就在書店找到《學運世代》這本書，才知道原來八〇年代的時候，就有這麼多人在搞學運。這本書對我具有啟蒙意義，高二上學期的時候，就開始在《建中青年》寫一個「八〇年代學運專題」，主要訪問的就是范雲，後來也去問了楊偉中、張鐵志和丁允恭。

問：之後你就對學運產生興趣，進而投身學運？

答：寫完「八〇年代學運專題」後，我在想，這些社團還在不在？後來就Google台大大陸社，那時候還在，而且剛好在辦一個學運影展，後來我每天跑去大陸社社辦，跟他們混，因此認識大陸社、大新社這些人。

在這之前，大家普遍認為二〇〇〇年前後期，學運大概差不多消失了，到了〇四年才有樂生，後來〇六、〇七年是高峰，幾千人上街頭，興起了幾個浪潮。但校園裡面的狀況是，各大學的學運社團大概都已經滅得差不多，只剩下台大大陸社、大新社有在動，但人數很少。大家就開始去追索過去的學運史發生什麼事情，所以不只是我一個人在寫學運專題。後來學長就開始帶我去一些社運現場，樂生的抗議現場，還去溪州部落做訪調，〇八年十月多，大家還請一些過去學運世代的人來座談，講說他們當時怎麼搞學運。

我印象非常深刻的是，有一天張鐵志跟馬世芳在座談，馬世芳說，通常就是在大家覺得學運要消失的時候，它會突然跑出來。例如一九九〇年初，當時學運氛氛好像很低迷，他們在搞台大人文報社，去採訪學生會副會長鄭文燦，討論台灣到底什麼時候才會出現下一波學運？結果他們做完那個採訪後，兩個禮拜，野百合學運就發生了。而張鐵志跟馬世芳這場座談結束後，也是過了兩個禮拜，野草莓學運就發生了。

野草莓學運引發新一波動能

問：你如何看待因為陳雲林來台維安過當而引發的野草莓學運？

答：野草莓學運是我們這一代很大的轉折，原本只有台大學運社團還在動，但野草莓那段時間，不只台大，也不只在台北，包括新竹、台中、高雄、台南，各地都有野草莓抗爭現場，大家都在搞自己的野草莓運動。野草莓運動實際上沒有達成任何訴求，很多人帶著挫敗感離開，可是它引發了新一波的動能，就是大家回去學校裡面，創建各校的社團。

台大各社團當然更活躍，大陸、大新，〇八年創立了「意識報社」，後來成為很重要的媒體。

在新竹清大就成立「基進筆記」，台中有「中興黑森林社」，東海的「人間工作坊」也在那時候復社，台南就是林飛帆他們創設的「零貳社」，各大學還存續的學運社團，都在〇八年那一波後又重新燃起來。

那時候最主要的抗爭基調，就是全國的反農地徵收運動。在農陣（台灣農村陣線）底下，大家從大埔開始，後來到國光石化，持續在反思發展主義的這一套。學運社團也很清楚意識到，要有進一步的連結跟交流，所以在一〇年的時候，東海人間工作坊就辦了一次交流的營隊，那是近年第一次全國性各校學運社團的大串聯，之後每年固定舉辦，發展到今年已經獨立出來了，叫做「庶人之亂」，它已經變成一個高度專業化的營隊。

問：這樣一路看起來，八〇年代學運到野百合學運，對年輕世代的影響滿廣泛的？

答：野百合世代分散在社會各個領域，有些人直接成為我們的老師，比方像是清大的吳介民，陳尚志那時候也回來清大教書（按：陳尚志已在中正大學任教，但在清大兼課一學期，當時學生包括陳為廷、魏揚、黃郁芬等人），台大的范雲、李明璁等，還有林飛帆的老師王金壽。這些老師不只搞運動，還在專業學科領域，把他們當時思考的一些問題，直接變成課堂上的問題。

我們跟野百合世代在學術資源上面非常不同，他們之前面對的是一群比較老的老師，很少會有運動經驗，我們的老師則把運動經驗實際結合理論，融合起來大家討論，這些人其實是在直接教導你，他們過去二十年的運動經驗。

問：太陽花學運期間，跟你們互動最密切的老學運世代是那些人？外界多半用世代交替，或是用世代比較的角度來看野百合與太陽花，但我的觀察，其實它更是世代合作。

答：太陽花學運當然是一個世代合作的產物，像是整個決策中心，是以民主陣線為核心的各NGO聯席會議，包括勞工陣線、台灣守護民主平台、婦女新知、地球公民協會等。民主陣線召集人賴中強，就是當過台大學生會長的野百合世代，晚幾年的台大學生會長黃國昌也是。吳介民、劉靜怡、徐偉群等守護民主平台的學者，當時提出公民憲政會議相關論述，農陣蔡培慧也是很重要的參與者。

（自己笑了起來說：再想一下，漏掉一個好像都不得了。）

議場外的部分，范雲、林國明等學運世代的老師，在搞街頭審議式民主，也是非常重要的工作。場外群眾平常都是在演講、唱歌，學運世代在台灣社會學界的老師們，過去十年發展出審議式民主的理論，可能也是第一次在台灣街頭上有大規模的實踐。我覺得這也是未來運動要發展，非常重要的一個經驗。

除了這些在運動裡面的人以外，當然還有一些學運世代是站在比較批判我們的角色，包括在濟南路上面的「人民民主組織陣線」，工委會的系統，也就是鄭村棋、顧玉玲等人的分享。鄭村棋是野百合時候的教授顧問團，他們質疑我們在議場內的作為，我覺得是健康的，他們提出來的批判其實也是很有道理，但那時候沒時間也很難處理。

太陽花不只是兩個世代的結盟，甚至是三個世代，包括公投盟，是好幾個世代大家聯合起來。

太陽花與野百合學運的差異

問：在這個世代合作的基礎下，你看到太陽花學運與野百合學運的最大差異是？

答：我常常回答說，這次的運動比二十四年前野百合面臨的問題更加困難，因為有兩個更困難的挑戰：

第一個是新自由主義的全面分化。九〇年代冷戰剛結束，台灣還沒加入WTO，這些問題當然也還沒有發生。現在台灣面臨的農地徵收、炒地皮、服貿協議、自經區等問題，在九〇年代初期的時候還沒有那麼嚴重。大家對自由貿易或新自由主義有所批判，但還找不到一個統一的論述去做攻擊。

第二個是面臨中國的崛起。一九九〇年的中國跟二〇一四年的中國，是兩件完全不一樣的事情。當年冷戰剛結束，大家就是動員過去國共對抗的想像，把中國否決在外面；但從二〇〇八年開始一連串中國因素的深入，更加的頑強，兩岸政商的結盟更加鞏固，這些問題都比九〇年的時候更加難以想像。

問：這牽涉到兩個運動不同的時代背景。如今太陽花學運已落幕一段時間，就世代特質而言，你觀察太陽花與野百合有哪些世代特質的差異？你們這一代比較核心的這些人，在氣質上跟之前世代有什麼不同？

答：我覺得這是一個碩士論文的題目（笑）。的確有一些差異，比方說這一代人比較不念書（笑），你看以前大家的社課，大家會組讀書會，常跟台大大陸社他們念《資本論》，後來發現現在所有學運社團，沒有一個社團有念《資本論》。

問：都被行動拖著跑？

答：對，在客觀的現實條件上，現在學運社團就是沒有時間組讀書會，的確就是你說的被行動拖著跑，從〇八年以來，根本就沒有哪個時段是空的。

不過，過去學運的讀書會自我組織，其實是因為在既有的學院裡面，根本找不到行動方面的知識，老師可能不懂，也不會教你這些東西。可是現在的老師不是，他可以教你這些東西，你光是唸那些文本就有養分了，這是其一。第二是你被行動追著跑的時候，也要很快的生產論述，並且落實到個案裡面，比方說環評報告書要怎麼看？各種土地徵收的程序是怎麼樣？所以我不會覺得我們的知識量比過去學運少。

跟八〇年代學運大家去唸大理論相比，我覺得現在這種是比較健康的事情。因為過去那種法理論述，其實它跟土地現實可能很脫節。當然我們現在還缺的是，要如何去找到一個統一的、理論的解釋，這個的確還缺乏一種辯論。

太陽花跟野百合的差異，另外一個就是組織方法上的差異。野百合學運的時候，所有學生組成了校際會議，推派代表，輪流來擔任現場的總指揮，這次則沒有發生這件事情。

學運的路線爭議

問：學運常有路線之爭，野百合學運的時候就有路線紛歧，你怎麼看太陽花學運的路線爭議？你們如何解決路線爭議？

答：我認為有三個問題，是近年學運主要的路線差異。

第一個是統獨已不是問題，大家在討論的是「如何獨」的問題，獨立的策略問題。比方說有人主張修憲論，島國前進也持這種立場，有些團體會主張台灣地位未定論的脈絡，包括像公投盟所號召的人年輕人，像基進側翼也會用中國殖民體制來描述中華民國。

爭議其二，其實在反媒體壟斷的時候，就有討論這件事情，為什麼要特別強調「中資」？有些人認為資本就是資本，不用特別強調什麼「中資」，這個可能是社運內部比較大的爭論。大家認為民族主義是一個髒東西，不需要特別動員民族情緒，反而遮掩了資本主義本身的問題，而且也迴避了對於台灣本地資本的批判。但我們認為資本跟國家是分不開的，它確實是一個跨海峽的政商計畫，它確實是中資，而你要抵禦的時候，必須把你的敵人很清楚的描繪出來。

爭議其三，是關於「反不反自由貿易」的爭論，譬如說在太陽花學運期間，大家都在討論到底是反黑箱、反服貿、還是反自由貿易？這是三個層次的問題。有些團體很激進主張，我就要反自由貿易，我們所受到的批判，很多來自於說你們不敢直接喊這件事情。但我覺得，這還不成為一個成熟的路線辯論，如果你反自由貿易，那你是站在保護主義立場嗎？還是什麼立場？我們到底要重點發展哪一個產業，保護哪個產業？那都需要很詳實的社會調查，或者是政策的研究。老實說我覺得現在的社運團體，並沒有能力提出這個東西。我們當然對自由貿易有很多批判跟省思，但當你喊出反自由貿易的時候，你不只要對服貿這件事情，你必須同時要有能力去解釋，你對RCEP、TPP的主張，我們也不要加入TPP、RCEP嗎？我覺得全台灣的社運團體，沒有人準備好這個問題。

所以你說這三者，都是隱含著路線的差異，可是它真的構成路線的差異嗎？我覺得沒有什麼實際上的落差，因為大家所謂的差異，很多時候是概念先行。更多的差異是來自於人際關係的區隔，團體之間人跟人關係的差異。

問：那你如何看待當時在濟南路台大校友會館前面「賤民解放區」的訴求？

答：「賤民解放區」這些傳統工會團體、社運團體提出的批評，我覺得才真的是路線的差異。但是路線差異來自於，不是我們提出什麼主張跟他們相牴觸，而是因為我們還沒有提出那個主張，我們並沒有對很多事情表態，這個地方的確是有（路線）差異。

問：有些人說你們比野百合學運更勇敢，衝進去國會占領那麼久，才能對體制造成更大衝撞？

答：我覺得這種描述很無厘頭，沒有什麼勇不勇敢的問題。其實在三一八之前，這一代年輕人已經占領過內政部，衝撞過警察，但八〇年代學運那時候的社會背景，大家很難去衝撞警察，彼此很難比較。

過去二十年來，野百合加上各式各樣的運動經驗累積起來，對我們這一代是很重要的累積。像農陣的訓練，蔡培慧這些野百合世代的人帶著我們去做一些基本的組訓，也讓我們這一代具備基本經驗。

問：有些人認為，從野百合到太陽花學運，都沒有提出比社會更進步的訴求，只是反映了社會的主張和恐懼，你認為是這樣嗎？

答：我不覺得社會在這一次運動之前，大家已經普遍形成一定要反對服貿、一定要創下兩岸協議監督條例的共識，我認為大部分的人，在這運動之前根本不知道什麼是服貿。當然，社會上普遍存在一種對中國的戒心跟焦慮，但還沒有明確定調要做什麼事情，也沒有確立服貿跟監督條例這兩個事情。

後來我們提出公民憲政會議，是因為大家看到這二十四天的占領過程裡面，無法去做什麼改革，認知到有憲政的問題，我覺得這個主張也讓民眾的認知又前進了小小一步。但你說要去做到什麼顛覆性的改革，比方說提出反對自由貿易，從此變成一個不同的主張，我覺得當然沒有。

問：其實也做不到（提出顛覆性改革訴求）？

答：當然做不到。台灣的社運團體在這過程裡面，其實也本身準備不足。包括左翼團體，一天到晚罵我們不反自由貿易，其實如果左翼團體真的構成一個路線，它該做的不是搞邊緣的解放區，而是應該拉另外一場，提出完整的反自由貿易的主張，這個才是路線鬥爭。

「學運明星化」的反思

問：來談談太陽花學運被批判得很兇的「決策不民主」這件事，你對年輕世代的組織方式與決策模式有什麼觀察？對於你和林飛帆被塑造成兩大學運明星，又有什麼反思？

答：這不是只有在這一次才發生，它其實在過去幾次學運就已經發生。比方像野草莓的時候，也並不是像野百合一樣有校際會議、推派代表，因為那時候根本沒有學運社團，一開始組成的指揮小組，完全就是現場選出來，因為大家彼此也不認識，後來有的先走了這樣子。一群運動的素人組成的。

二〇一二年「反媒體巨獸青年聯盟」（青盟）的時候，也不是大家集結去組成的學運。當時分成兩階段，七月暑假時一場，年底壹傳媒轉賣風波是一場。七月那場是各社團的集結，壹傳媒那場就來了一批不隸屬於各大學學運社團的素人，大家組織來打一仗。

這個世代組織方式跟野百合學運的差異，在於我們會用Facebook動員網絡，有點像是網路上原子化的個人。過去學運仰賴各大學在校園裡面組織動員，現在完全不用，只要發一個活動頁，所有人就可以自動來到現場，大家就在現場就地組織。

所以我們沒有野百合學運時的民學聯、全學聯這種組織，我們永遠都是一個議題跑出來了，要反高學費，怎麼辦？這議題下禮拜就要通過，我們趕快來開會討論一下行動，我們要叫什麼？我們叫「反教育商品化聯盟」。下禮拜出現另一個急迫性議題，我們又要叫做什麼……

比起當年學運，現在的組織方式，讓校園裡面想要去參加運動的人變多了，它也讓更多的社運素人，更容易進入運動。像太陽花運動的議場裡面，現場組織起來的工作團隊，一半以上都是第一次參加社運。

所以我那時候覺得很皮皮剉，我們的對手是馬金（馬英九與金溥聰），他們有一群專業的政治幕僚，搞了幾十年，每天都在跟你出各種招，我們每天在寫新聞稿，討論對策，對手都看得一清二楚。可是在議場裡面常要面對臨時突發的事情，常常是由在議場裡面這些第一次參加社運、平均年齡不到二十五歲的學生在處理……後來才會衍生出決策中心自己決策的結果。

回頭去看，為什麼學運社團之間沒有串聯組織？也必須要檢討這一點。但我要講的是說，新的網路動員模式，好的結果是讓很多人可以很快速的集結，壞處當然就是更加的不民主，因為這種動員沒有邊界，任何人都可能隨時來參加。一個根本沒有邊界的團體跟組織，不能也不知道從何民主。

當團體沒有邊界，也很難去做集體的民主決策的時候，衍伸出來的就是製造更集中的學運明星。無從監督。這個組織對我是毫無約束力的。因為這個組織本身不夠強大到，我講錯一句話的時候，可以把我革除。大家只認我和林飛帆兩個，不認這個組織。這就是非常……

問：你會覺得很恐怖？

答：對，這很恐怖的事情。

學運集體決策的努力

問：這是太陽花世代搞學運的宿命嗎？下一次有機會改變，讓它變成是決策民主嗎？

答：大家現在試圖在改善這個狀況。太陽花進行期間，大家就發現這個事情（學運明星化），所以有一個非常指標性的團體叫做「民主黑潮學生聯盟」，他們其實就在重建野百合學運時期的民學聯，在北中南各區的所有學運社團選出區代表，總共會有五個區代表，之前臨時的召集人是中正大學「牧夫們社」社長呂鴻志，他也是野百合學運領袖陳尚志的學生。這些社團很有意識地想要重新組織化、集體決策，這是其一。

其二是後續成立這些團體，除了原本的民主陣線、黑島青，像公投盟的青年團獨立出來叫台左維新，還有民黑潮、民鬥陣，都已經開始自己召開記者會，自己去搞晚會。像這次張志軍來台，他們也獨立在各區發起行動。

我們自己也成立了組織（島國前進），之後我們再加入民主陣線，也就是我們前進組織，不是偶像團體，我們還是加入了民主陣線這個NGO的協作平台，每個禮拜大家討論，等於自願接受大家的約束跟規範。否則其實我們也可以自己去做很多事，不需要跟大家討論。

問：但媒體還是將焦點放在你、林飛帆和黃國昌三個人身上，即使你們自願接受規範，如何做到與集體決策之間的平衡？

答：我們無法主動解消這種事情。只有一種辦法，就是我們把自己臉書刪掉，然後我們從此不要講話。我們能夠做到的事情就是，至少我們所做的行動，發表論述的基調，是跟大家取得共識的。

至於如何解消媒體聚焦在我們三個人身上？那個不是由我們來決定的，而是靠大家獨立的行動。像中南部抗議張志軍的所有行動，就絕對不會聚焦在我們三人身上，因為不是我們發起的，媒體自然會把注意力分散到各個團體身上，讓大家注意到各個團體。我想下一次大規模集結的時候，就絕對不會是幾個學運的強人去號召素人參加，一定會是各團體合作的狀況。到時候就是各團體取得平衡，一起行動，也有可能是各團體形成行動，排除我們，都有可能發生，我覺得這也是健康的事情。

問：如果屆時你真的被排除在外，會不會悵然若失？

答：我覺得最健康的一件事情就是，有一天大家的組織強大到，可以把我們三個人淹沒。你說我會不會悵然若失，我一定會悵然若失，但我覺得理智上來說，這其實是最健康的一件事情。

像這幾波民主黑潮、黑島青、民主鬥陣的行動，不見得會找我們一起商量或行動，第一時間還是覺得很不爽，想說幹嘛不找。但他們實際上出來的效果，的確是一個好的效果，就是讓大家有各自的組織而且獨立行動，就不會把注意力只放在我們三個人身上，就客觀上來說也是一件好事，也分擔了我們的壓力。至少不會每次發生什麼事情，大家都等著我們要做什麼。

社會期待與人生壓力

問：我看到有評論文章認為，你和林飛帆的人生在太陽花學運期間已經是最高峰，整個社會對你們有那麼大的期待，如果你們未來做的事情不符合社會期待，你跟林飛帆就會受到更大的批判。你已經準備好過這樣的人生了？

答：我說已經準備好，也滿矯情的啦。未來當然會有你說的這種壓力，舉步維艱，但在太陽花之前預設自己的人生走向，大概也不出這幾條路，只是到來的時間比較早一點而已。要嘛就是從政，要嘛就是繼續做社運的組織工作，不然就是成為學者。

問：你們還可能出國唸書？當學者？看起來不太可能了？

答：我覺得不一定，有機會我還是想再唸點書。因為這是滿可怕的事情，我將來可能只有大學學歷，如果真的要去選舉，我的所有幕僚的學歷都比我高，我要跟大家討論事情的時候，發現討論不起來，因為他們比我強太多了。這樣我怎麼……所以對啊，我還是想去再唸點書。。

問：太陽花學運有改變你的人生理想嗎？

答：沒有，其實沒有太大的改變。

如果要開始符合社會的期待，這我覺得還好，因為其實我們過去做的事情，從來也很少在符合社會期待，像是沒禮貌、丟人家鞋子，有的沒的。現在只是突然之間，好像被容許很多，就我原本是負分，現在可能多了一個空間，之後若降到這個地方（用手勢比畫從高到低），你還是跟原本一樣高。其實是一種有賺沒賠的感覺。

就像太陽花的後期，有人在講民調在跌了，可是這些人從來沒有在管民調的。因為以前我們做的事民調是負多少的，現在民調至少還有十％支持，就賺了。

問：所以這是一個可以不用管社會期待的全新世代？

答：太陽花那個時候，我們的確把自己框限在那種要符合社會期待的想像裡面。如果跟之前學運比較的話，可能也有一天社會反過來把我們踩在腳底下，我相信其實還是會有一定的失落。但我因為沒有失去太多，因為過去大家也是這樣過日子，頂多就回到過去的這種狀態。如果說影響到我人生的志向或是什麼的，就是多了一些選擇的空間，比如說你要不要選擇在二〇一六年出來，就開始投入選舉，這都會成為一個難題。過去不會把這個（選舉）放在考慮範圍裡面，現在可能會成為一個選項，但現在還沒有那麼強的欲望要做那個事情（選舉）。

「太陽花論壇」釋放壓力

問：太陽花學運期間，有那些決策是在壓力下回應社會的期待？

答：當時議場裡面的格局，這是主席台，前面排一堆攝影機（比手勢），二十四小時在那裡，大家就很拘束，千萬不能在那邊做什麼超格的事情，講話很小心。所以感覺比較見不得人的事情，千萬不能在裡面發生。之前有記者發現，議場二樓的廁所裡面有保險套，像這種事情我們擔心好久，會不會明天變成報紙頭版。那時候每天都有狗屁倒灶的事情發生。

還有攻進議場第一天，有的媒體重點報導的場面，就是有人在議場裡面喝酒。其實這種事情有什麼不行呢？可是那時候你罵髒話或是互相的批鬥，都希望不要在媒體前面發生，會成為媒體炒作的藉口。可是這些事情其實根本都不應該遮掩，雖然說它的確可能對你造成更大的成本。

所以最後兩三天「太陽花論壇」那個時候，大家覺得是很放鬆的時刻。

問：終於有釋放壓力的機會？

答：對，前幾天我都不敢去太陽花，因為你在那邊講錯一句話，隔天就成為媒體炒作的焦點。到了最後一天晚上，凌晨三四點，我就決定出去太陽花，我就講說，我覺得好像二十四天我們是在演一場戲，現在大家在殺青慶功，所以大家就真面目完全露出來這樣。我覺得的確是有這樣的感覺，不管是訴求上面，或是運動、生活的樣貌，大家維繫成一個乖寶寶的形象，這種東西，我就一直譙，大概是這樣。

問：你現在被明星化到這種程度，跟你當年看到《學運世代》這本書、在《建青》做「學運專題」時想像的學運領袖有什麼不同？曾經想過自己會受到社會這麼大的矚目嗎？

答：其實沒有想過。老實說，我開始投入學運那時候，根本不敢想，我們會再經歷一次野百合學運，尤其野草莓過後更這樣想，你看我們也搞一個（學運），怎麼反而差很多，就想說未來應該不太可能發生這種事情（野百合學運）。

二〇一二年反媒體壟斷最大場，也不過才兩千人，就是在公平會前面的時候。當年九一那場遊行上萬人，譬如英國《衛報》的標題，已經是台灣二十二年來最大一場學運，所以沒有想像過太陽花這樣受到社會矚目的事情。

問：你搞學運到現在，學運對你的意義到底是什麼？對你而言，印象最深刻的學運或社運景象是什麼？

答：這個問題很大，我要想一下。（想了好一陣子）

學運的意義，就是說會讓你感覺到，在參與運動裡面，有真的各種意義感，讓你感覺到踏實。

但回想起來印象最深刻的事情，反而不是發生在太陽花那二十四天裡面，而是過去（投入工運時）在做（華隆）工人的訪調，跟工人深入交談，你要去理解這些工人各個不同的處境，可能她老公不讓她去抗爭，那怎麼辦？你要去處理那種差異很大，你完全沒有想像過的社會現實，還要想辦法去處理跟這麼多不同的、差異的人的關係，還要再統一聯合起來一起抗爭，還要在抗爭的過程裡面去談論述，然後回應外在環境變化，這些事情其實才是比較真實的事情。

當然，在二十四天的太陽花學運裡面，其實你也在經歷這個事情，你要面對邀請一起來行動的每一個同志，大家可能有不同的意見，或大家有不同的狀態，這些人要如何共同行動，這個組織的過程，其實還是最令人印象深刻的事情。

所以我會覺得，在學生期間參與運動，最大的作用還是在於，你把自己捲入社會裡面，去認識很多你鎖在學校裡面，或是過去人生經驗裡面，根本不會碰到的事情，再透過這種人跟人的互動，去更認識社會的真實面貌，這是會讓你覺得學到最多東西的地方。

如何防止腐化？

問：每個學運世代都會面臨的共同挑戰，就是有一天掌握權力後，要如何防止腐化？你怎麼看一些老學運世代出現的腐化現象？你們這個世代如何討論防止腐敗？

答：當初馬永成、羅文嘉他們坐上那些位子，我覺得需要十足的勇氣。你想要獲得權力做出改變，當然最直接的場域是進入國家機器，面對最殘酷的國民黨的直接攻擊，那個攻擊可能還不是明著來的，很多是暗著來的東西。

太陽花過後，有些人進入民進黨，但我相信沒有任何一個人，可以想像那種殘酷攻擊的程度，那你要怎麼因應這個事情。我們應該要及早做好這件事情的準備，記取過去二十幾年這些老學運世代的經驗，否則大家在講說從政做為一種路線，其實在講爽的而已，大家其實不知道世界的殘酷到底在哪裡。

至於如何避免自己與同志腐化？前提是必須要有更強勁的組織。

如果你認為從政是一種路線，但認為民進黨不是一個理想的組織，你又不想個人被民進黨吸收，最好的方式是，你願不願意去創建一個新的政治組織、一個政黨，去support你的同志，去實行從政作為一種路線的工作？

這是大家必須捫心自問的問題。這個新的政治組織，不僅是要做為支撐，去取得我們想像中政治的位子，然後去做行動，我們還要監督這個政治組織，並且做足其他的準備，包括了解政治的現實、殘酷面貌，這都不是我們過去在搞社運可以應對的。

作者和陳為廷（右）一直聊到餐廳打烊、服務生來趕人，才被迫結束這場意猶未盡的訪談。牽起兩人會面的《學運世代》一書，則靜靜躺在靠近牆壁的桌角。

第一篇

野百合學運世代的眾聲喧嘩

照片提供／時報周刊

第一章

學運世代這種人

台北不是我的家／我的家鄉沒有霓虹燈／鹿港的街道／鹿港的漁村／媽祖廟裡燒香的人們
台北不是我的家／我的家鄉沒有霓虹燈／鹿港的清晨／鹿港的黃昏／徘徊在文明裡的人們

——羅大佑，〈鹿港小鎮〉，一九八二年四月

每個世代都有屬於自己的精神象徵，三月學運當年在中正紀念堂廣場上豎立的「野百合」雕塑，至今仍是台灣社會對於學運世代的認知圖騰。但若觀照學運世代身處的台灣八〇年代巨變結構，羅大佑的黑色異議歌聲，或許更飄盪貫穿了學運世代的成長背景。

在某種程度上，羅大佑的吶喊批判與誠實情歌，象徵著學運世代年輕人在那個年代被社會辨識的重要特質：反抗威權體制與萬年國會，要求民主改革與校園自治，充滿素樸的正義感與理想性格。

然而，回到「人」的本質來觀察，沒有人能夠永遠維持原狀、不做變化。連羅大佑都在九〇年代拒絕再被定位於「抗議歌手」，學運世代在過去十年生命歷程中出現各種轉變甚至「變形」，毋寧也是極其自然的人性成長過程。

從「人」的角度切入，或許更能了解學運世代的過去、現在與未來。

學運世代的特質

一九八五年，劉大任在《浮游群落》書中這樣形容六〇年代知識分子的漂泊心靈：「這些生物隨水飄盪，或因缺乏動作能力，或因體積太小，體力太弱，抵擋不住迎面而來的潮流——《大英百科全書》『浮游生物』條。」

一九九〇年，學運世代選擇以「台灣野百合」做為精神象徵，理由如下：

一、自主性：野百合是台灣固有種；

二、草根性：野百合從高山到海邊都看得到；

三、生命力強：它在惡劣的生長環境下，依舊堅韌地綻放；

四、春天盛開：代表了學生在春天所進行的學運。

從「浮游群落」載浮載沉的無力感，到「台灣野百合」的旺盛生命力，學運世代的生命基調似乎更為熱情、堅強、樂觀、自信。然而，經過第一個十年的生命歷程，學運世代的生命情懷是否依然不變？學運世代如何看待自己身上或多或少殘留的某種特質？學運世代又該如何描述共同擁有的過去、多元異質的現在，以及難以捉摸的未來？

學運世代的共同記憶

除了中正紀念堂靜坐抗爭的激情景象，在解嚴前後十年成長的學運世代，到底共同擁有什麼樣的集體記憶？

在校園外，他們見證台灣大社會的劇烈變動。從社會面的各地環保公害自力救濟抗爭、各種社會運動蓬勃發展、大家樂與飆車風潮，到政治面的美麗島事件、解除報禁黨禁與戒嚴、民進黨成立、蔣經國去世；他們以青澀眼光目睹八〇年代台灣政經結構快速轉型、社會力奔放宣洩及社會脫序亂象。

在校園內，他們主動參與或被動感染一種改革氣氛。他們一窩蜂加入流行「韋伯熱」、「新馬熱」的學術性社團，即使不懂也要努力在讀書小組內趕上進度；他們或是出版地下刊物，或是加入校園刊物社團，以文字為工具進行改革及「紙上造反」；他們爭取校園自治、學生會普選、修改大學法，要求國民黨黨部與教官退出校園，反對威權體制、學官兩棲。即使是只上圖書館的學生，也能感受到校園內外的巨大騷動與變化。

在文化面，他們更感受台灣社會前所未見的生命力。他們在音樂上聽著披頭四、平克．佛洛伊德的西方吶喊，到楊弦開頭的民歌與羅大佑的黑色批判，或許夾雜蔡藍欽的苦悶，再到陳明章的本土音符；在文學上感受鄉土文學論戰，看著杜斯妥也夫斯基、陳映真的〈山路〉或蕭麗紅的《千江有水千江月》，乃至後來的村上春樹；在電影上看著侯孝賢的影像，以及《小畢的故事》等台灣新浪潮導演作品；在社會關懷與知識啟蒙上，則受到黨外雜誌、《人間》、《當代》、《南方》、《文星復刊號》、《中國論壇》等刊物的深刻影響。

學運世代就是在這種大環境中成長的一整個年輕世代。他們是八〇年代台灣社會整體劇變下的產物，那個大時代有什麼樣的特質，都會或多或少在學運世代身上殘留；反過來看，學運世代的某些特質，也只是那個大時代的縮影與反映而已。

學運世代的共同特質

十幾年之後，學運世代又是如何看待身上殘留的某種時代特質呢？昔日學運活躍分子的看法其實相當分歧。

台北市議員段宜康認為，學運世代沒什麼了不起，「有時候，反抗國民黨更變成不需要用功讀書的藉口，包括我自己在內，學運世代有多少人是經過深刻反省，真有意識型態做為後盾去反抗國民黨？」

民學聯核心分子，現在是台北縣議員的沈發惠說，學運世代的特殊性，是一個大時代的餘緒但不是浪頭。「所以我們跟上一代相差一、二十歲的人很相近，但跟只比我們小四、五歲的人卻差很多。」他並認為，學運世代共同存在一種對社會的模糊使命感，在任何事情發生時，比較傾向反抗主流、傾向支持弱勢，學運世代會以這種方式在社會上產生最大影響力。

台大學運領袖林佳龍則強調，學運世代是被時代捲進去，而不是自己去改造時代。學運世代是有熱情，但只是社會中既得利益者，因為當時已經上大學，能發出聲音讓別人聽到，不會被抓去關。「學運世代是人生偶然參與，不一定因此做為終生改革志業，也不見得真正有使命感。」

林佳龍認為，學運世代的某些特質正在形成當中，他對學運世代有三點期許：一、對台灣未來想像有歷史觀、國際觀；二、能解決具體問題，不只是批評；三、團隊精神。

前台大學生會會長羅文嘉也認為，學運世代的特質是「有浪漫情懷，並且兼具理想主義色彩，但也更務實，比較有解決問題的能力。」大革會、民學聯核心分子曾昭明則認為，「我比較在意的不是學運本身成就什麼，而是過去在學運時養成的一種面對社會問題、尋求答案的方法論與態度，這是學運最珍貴的資產，是很個人的東西。學運的影響，應該是在每個人工作的範圍內帶領起這種風氣。」

三月學運總指揮、現在是中研院助理研究員的范雲說，台灣的政治民主化，確實改造了整個學運世代，「就算沒有跟我們一起搞學運的學生，也會整體感受到當時的自由化風潮。」當年台大學生會副會長的馬永成也認為，學運世代的共同性在於一種「比較自由開放的生活態度、價值取向」，例如學運世代對於同性戀的接受度會比較高，可能也會比較自我。

野百合學運總指揮，曾任民進黨台南縣黨部執行長的翁章梁則強調「進步意識」的存在，他認為經過運動及意識型態洗禮的學運分子，身上都「具有進步意識型態的胎記」，這種進步意識型態就像幽靈般存在於學運分子的身上，只是或凸顯或隱晦。

學運世代的世代意義

昔日學運領袖對於自己身上的特質眾說紛紜，那麼，他們又是如何看待「學運世代」的世代意義呢？范雲認為，對學運世代而言，很多東西已經不是權力問題，而是責任與能力問題。她說學運世代的權力接班是必然的，但重點是學運世代有沒有能力創造新的價值。「這不是自我膨脹，而是一種隱約的共識與想法，在某個時候可能集結為一種力量。」

當年南部學運領袖，曾任台南市政府建設局長的羅正方也認為：「我們為什麼是一個世代？這不是年齡的問題，是我們共同經歷過那樣變遷的環境，共同對一些核心的價值有共同看法，未來有機會去實現時，至少可展現與其他世代不一樣的特質。」

不過，前台大「自由之愛」核心成員，現在是台大社會系教授的林國明有不同的觀察：「世代意義必須要有集體價值，美國學運世代經歷民權運動、反越戰等，學運世代進入學界後，展現出來的關切焦點、品質，就是不一樣，台灣在這方面則比較沒看到，只是個別來看，學運出身者的品質都不錯而已。」

同樣是台大學運領袖的東吳大學副教授郭正亮也認為，學運世代的世代意義目前還太弱：「我覺得學運世代沒有在台灣社會成為一個概念，因為它沒有實質內涵。也因為現在沒有學運，所以現實上沒有東西可以呼應。」郭正亮說，內閣制國家的同一世代才會相濡以沫、相互結盟奧援，所以英國布萊爾被迫去經營一個世代，但台灣不是，「像我跟馬永成就不知道是什麼關係？我們還是很熟，但就不是『並肩作戰』的感覺，林佳龍也是，我現在跟他的關係僅止於，他有些不方便說的話由我來說而已。我跟羅文嘉因為同時參選立委，就比較是並肩作戰的關係。」

就連要不要凸顯「學運」符碼，學運世代間也有著迥異看法。

台大學運活躍分子，現在是文建會主委辦公室祕書的鍾佳濱認為，有些人從青澀到成熟後，想把「學運」符碼去掉，這也沒有不對，他可能選擇專業，但不是否定過去，只是不去強調。另外一種可能是大家都覺得學運是共同資產，沒有人可以代表，不要因為現在的需要去破壞、汙染過去共同資產。「我在參選國代時也有這種掙扎，要不要寫上這個經歷？在過去那個時代，寫上去很自然，現在寫也還有加分，但有些人覺得不是加分，認為不應該不斷消費它，這就看個人選擇。」

當年台大女研社社長，現在在美國唸博士的孫瑞穗強調，討論「學運世代」的意義，是可以「了解這一個世代人所承載的歷史特殊性，但並不表示說歷史的變遷只是由這一小撮菁英所帶動的。」

昔日民學聯核心分子，現在在美國唸書的陳尚志則認為：「過去這十年，台灣與這個世界變化太大，社會自有生命，『學運世代』不是很重要，喜歡的人留著，討厭的人就不要提，不必有定論。」

學運世代的「雙重性格」

在探討學運世代這種人時，還必須觸及的重要面向是：這群人的價值觀在過去十年出現了什麼樣的轉變？清大學運活躍成員，現在是民進黨民調中心主任的陳俊麟，從民調中看出整個學運世代價值取向的改變趨勢，相當值得關切學運世代者參考：

「我接觸民調六、七年，感覺我們這一代人也有轉變。我們這一代現在三、四十歲的人，早期對民進黨有狂熱，政黨支持度中民進黨最高，我們的第二個重要特徵，則是因為歷經解嚴等民主關口，所以支持重要的民主價值、支持改革，例如憲改、總統直選、廢國大。

但人一旦年紀增加，進入社會結婚生小孩後，會慢慢保守化，對於改革會開始有矛盾，這在總統大選中可以看得出來。我們這一代不會支持連戰，但卻在陳水扁與宋楚瑜之間猶豫，因為宋楚瑜有安定、安全感，但阿扁又符合期待改革的心情，投票前夕這個世代改回來支持阿扁，是因為興票案、李遠哲的因素，但這種既期待改革又希望安定的『雙重性格』一直讓我們很焦慮，這跟以前無條件支持改革不太一樣，開始有一些改變，現在經濟不景氣後，我們這一代可能會更保守化，這在民調上看得出來。

現在三十歲以下這群新人類，他們雖然也是支持民進黨大於親民黨、國民黨，但民調中很有趣，當問到反核等價值性的東西時，他們反而比較保守化，改革概念不清楚，他們是把阿扁當偶像支持，不像我們這一代支持阿扁是因為改革的價值觀，新人類因為在生活上沒有經歷過挑戰威權的過程，價值觀就跟我們差很多。」

如果陳俊麟在民調中看到的「既期待改革，又希望安定」，正是在學運氛圍中成長的整體世代走過第一個十年後的重要特質，那麼，如何讓改革的火炬不致於被安定的浪潮淹沒，恐怕是學運世代當前必須面對的重要價值抉擇。

後青春期與前中年期的焦慮

回到「學運世代這種人」的原始命題，走過九〇年代畢業後的第一個十年，學運世代現在多半處於三十到四十歲之間（由於是民國五十年代出生，也有人將其稱為「五年級同學」），在社會各領域逐漸成為承擔責任的中堅世代，在政壇上更已迅速取得重要權力與資源，成為台灣社會最不容忽視的「接班世代」。

然而，就整體社會圖像而言，學運世代現階段仍處於一種「不三不四、不上不下、不高不低、不左不右」的尷尬處境。有人甚至以「後青春期」與「前中年期」糾結在一起的複雜心情，來形容這種特殊的社會位置。

「不三不四」可能是件好事，三、四年級的人生實在太沉重了。學運世代的人生，已經不需要再以歷史情結來驗明正身了。學運世代的生命基調，也已經可以走出悲情，不必那麼折磨自己了。

「不上不下」也未必是件壞事。學運世代的社會地位當然還比不上三、四年級，但已經在各領域中逐漸冒出頭。這種處境說得好聽是承先啟後，講白了就是不上不下；但也只有繼續焦慮掙扎，才可能淬煉出更成熟的人生視野。

「不高不低」其實很尷尬，因為理想與現實的界限已經更加模糊。儘管在生活上必須做出愈來愈多的妥協，但是，學運世代終究無法把眼前一切都視為理所當然，而會更加珍惜民主化與言論自由的成果，並且培養更具包容的人生態度。

至於「不左不右」，則是學運世代模糊不清的外在面目。歐美六〇年代學運的狂飆，改變了一整個世代的價值觀。台灣學運世代對於民主化雖然有著高度共識，卻尚未形成整個世代的獨特價值觀。

儘管如此，讀者在本書其後篇章應該可以了解，學運世代走過第一個十年後，這種「不三不四、不上不下、不高不低、不左不右」的尷尬與焦慮，卻已整體構成一種「眾聲喧嘩」的現階段世代特質與情境。

從上一個世紀劉大任筆下的「浮游群落」，到這個世紀初學運世代展現旺盛活力的「眾聲喧嘩」，台灣社會與知識分子心靈皆已出現巨大轉折變化，下一個十年，就看學運世代的「眾聲喧嘩」如何蓄勢待發、引領風騷了。

五人教授團的左右透視

十年前，瞿海源、鄭村棋是三月學運五人教授顧問團成員，瞿海源陪同學生代表進入總統府會見李登輝總統，鄭村棋則是以民學聯為主的左派學生運動導師。十年後，瞿海源依舊是中研院社會所研究員，鄭村棋已成為台北市政府勞工局長，兩人仍在學術、工運領域與學運世代緊密接觸。

昔日中正紀念堂上的學運領袖范雲，現在已成為瞿海源的「同事」；當年研究生諮詢小組成員的李建昌，現在則在台北市議會「監督」鄭村棋的施政。前後十年，瞿海源、鄭村棋如何評價三月學運？他們眼中的學運世代有什麼變化？他們對於學運世代的現在與未來有什麼觀察？

瞿海源：李登輝對不起野百合學運

二〇〇一年六月二十五日下午三時，中研院社會所瞿海源研究室。在這十年之間，他陸續擔任過澄社社長、中研院社會所籌備處處長、公視董事，關懷時政不落人後，訪談之間，他對於學運世代的最大期許是「堅持理想」……

李登輝在《李登輝執政告白實錄》一書中談到三月學運的部分，當初我們的感覺不是這樣。

當年我陪學生代表去見李登輝，我覺得李登輝後來對不起學生、對不起野百合學運。

純從學生長期追求的改革方向而言，當時四大訴求中，最重要是的召開國是會議、解散國民大會。

但李登輝只是順手塞顆糖到學運嘴裡而已，他後來召開國是會議時，根本沒有邀請學運學生參加，國是會議變成政治秀而已。

還有廢國大，李登輝在二十一日晚上見學生時就沒答應，但書中卻講成他贊成，事實上，後來六次修憲過程中，他有哪次說過要廢國大？只有在一九九七年國發會時說過，有一點影子要把國大解散，但那也只是因為政治現實，他與宋楚瑜有衝突後想要廢省。即使如此，李登輝在掌權時從未說過支持廢國大，一九九九年澄社等團體發起廢國大遊行時，他也沒有支持。

李登輝現在只是馬後炮，事實上，李登輝後來與其他學者談話時，不是這樣肯定學運的，他反而覺得學運沒有什麼了不起。

學運可以訓練年輕人獨當一面的辦事能力，我認識的學運世代都表現不錯，在學界的范雲、陳志柔、林國明、吳介民、林佳龍、郭正亮等人，算算也不少，都去唸好學校，有相當潛力。學運是政運的一部分，所以很多人接近黨外、民進黨，早期我們系上還有陳鴻榮，但他的社會心理學被我當掉，他搞黨外運動太兇，我當然同情黨外，但功課是一回事，該當還是要當。

現在不能再以當年學運衝撞體制的標準來看，學運既然是政運的一部分，勢必屈從於政運的標準。像羅文嘉、馬永成，都只是陳水扁的幕僚，這個世代還沒有真正出頭，立委也還沒有進入權力核心。

未來民進黨假設有八十席立委，學運世代頂多十分之一，能不能成氣候，很難說。政治是很嚴酷、競爭的，政治生涯有很大變數，不一定年紀到了就會掌權。不過，留在社運界的學運世代若發揮學運精神，或許會有更大影響，像王時思、邱毓斌、丁勇言等人，但話又說回來，台灣社運也已整體萎縮。我看還是平常心，學運世代會比平常人有更大貢獻，但不一定成氣候。

年輕時具有改革理念，應該不至於年紀大就變成保守，就算對現實政治利益等有不同看法，總還是會比一般人支持改革，這也像是早期澄社社員的寫照。不過，學運的組成分子本來就很複雜，部分人或許也會有游移、變得保守的傾向。

我覺得學運世代再集結的可能性，不能說完全沒有，但可能性不高。學運分子很複雜，全學聯很鬆散，台大這批人比較可能會聚在一起，但大家要聚在一起發表聲明，可能性不大，即使台大這一票，也是各走各的路，很多不同組織已把他們分別吸收了。

而且，學運世代即使聚起來，也不會是很重要的力量，學運今日已經沒有社會基礎，只是歷史產物，不是你是誰都一樣。像前一陣子的學運世代參選人推薦茶會，就只是一日新聞而已。正常來看，應該是學運世代融入社會各領域後，自然發揮影響力，而不是集結起來發揮影響力。

至於我對學運世代的建議，我總覺得參加公共事務、社運的人，都比較堅持理想，這是最核心的部分，但也不只是堅持理想，要更深入了解台灣、世界乃至人類的走向，才能堅定改革的方向，紮根紮得更深。

鄭村棋：學運世代是資產階級接班人

二〇〇一年六月十一日下午四時二十分，台北市政府勞工局局長室。在這十年之間，他從體制外的工運領袖，變成體制內的勞工局長、馬英九市府團隊的一員，並且堅持成為不穿西裝、不打領帶的政務官，左派語言仍然是他的最愛……

當年第一次參加五人教授顧問團時，我還記得賀德芬的訝異、瞿海源的不解，張國龍還好，他們不知道我是從哪裡冒出來的，也不知道學生中有一股左翼力量，這股力量要我進去，只有夏鑄九跟我比較像，所以這個組合很有意思。

十幾年這麼快過去，我沒什麼變，只是每個階段能維持的條件不同，學生有什麼變？我也不覺得。每次學運都會反映出社會大變動的前奏，大陸六四天安門學運是這樣，三月野百合學運也是。我對野百合學運的定性是，資產階級接班人世代的真正培養與浮現，不是放馬後炮，當初我就是這樣看他們。現在陳水扁是資產階級領導者，學運世代是接班人。

學運這一代運氣很好，後來的學生已經沒有機會看到社會大變動、被大社會捲入。在那個舊時代過去、新時代到來的時間點，學運這群菁英正好做出反應，這有幸運也有痛苦。大學生本來就是菁英中的菁英，最理想輕鬆的方式是跟著時代浪潮，迎接下階段社會力量，在各領域中做代言人，這些菁英做起來最輕鬆愉快。

當時比較自由派的學生，後來發展比較不困難，不論是打倒老賊、台獨、反對國民黨、支持民進黨主流意識型態，都容易在其中形成個人發展機運，羅文嘉、馬永成現在是頂尖代表，林佳龍出國後回來更不得了，變成國安會諮詢委員，他們不會有什麼痛苦。

但是，學生中較具左翼思想的人，像民學聯的曾昭明、林致平這些人，痛苦衝突就會比較多。如果你想服務或參與的階級還不是社會主導力量，這在世俗面會非常痛苦。

我們當初只是希望，讓這個社會不要全往右邊的方向去，讓左的聲音可以出來，某種程度可以平衡，只是當時能做的很有限。後來學運世代的發展，其實也蠻符合歷史的規律，台灣要徹底資本主義化，資產階級要徹底當道，這都蠻合理的，都是後來可以理解的發展。做為左翼，我當然不接受這個發展，但要看另一個階級可以發展到什麼程度，以及反映這些非資產階級的力量與條件在哪裡。

學運世代其實有很多圈，除了最內圈的名校菁英、學運領袖，像范雲這些人之外，外頭還有不少圈是被捲動的學生，這些包括被媒體去影響動員的學生，合起來上萬人，外圈被捲動的學生當時不是主流，但也很值得重視。

我自己在學生時代就很後知後覺，校內的進步運動都不太管，但社會變動的氣氛對我有影響，美麗島事件對我就有決定性的影響，我會出國、投入社運，受到美麗島事件的影響深遠，所以我自己就是被時代餘波盪漾的人。

回過來看左翼在台灣的焦慮，首先是理論上的不足，包括我們這一代，左翼理論與實務的傳統都很弱，所以會有很多生存的焦慮，就看要不要認命、相信自己的抉擇；但這也有點強求，在沒有典範、傳統的情況下，要左翼學生甘於寂寞長期耕耘，真的非常不容易。比較幸運的人，可以得到一些扶助的機制，否則就是焦慮中的焦慮，會在挫敗中妥協甚至背離。我不用「背叛」，用「背叛」太沉重。

但是，有些右派、自由派學生在今日的檢證，則根本是背叛，連他們當年口中宣稱的理念都無法堅持。

到頭來，學運世代還是必須面對當年的理想性。不論是左派、右派，他們掌權時要怎麼處理權力？他們原來反對的東西，自己掌權後也不可以做，這是最基本的要求，但我很失望。學運世代掌權後，沒有真正的不一樣，嚴格來看，學運這一代應該是成熟的資產階級要出現了，競爭應該要很上道才對，但他們面對權力的粗糙度，連真正自由主義者都看不下去了，不要說是左翼。

有人把學運世代的背叛歸咎於環境惡劣，這當然不通。真正有理想的人，要在有限條件下改變環境，而不是被環境完全改變。

我其實一開始對他們就沒有期待，人不可能超越這種定性，但我還是肯定他們當時的歷史作用。台灣學運體質太弱，規模、力道、深遠度、理論高度，與別國無法比。各國學運促成結構性大翻轉，台灣卻與草根脫節。

學運世代如果承認自己能量不足，這還誠實一點。學運世代的草根性都不足，很快跟政治掛鉤，沒有深入社會基層、民間組織，內在訓練又不足，少掉群眾監督的壓力，面對權力時就容易放棄自己的原則，如果真正下來與群眾在一起，要背叛、墮落就都不容易。

學運世代要嘛當個上道的資產階級接班人，把台灣造成真正像樣的資本主義社會，這是歷史任務，成敗還是很重要，要像樣一點。只是有些人不上道，看起來有些討厭。學運頭頭沒有從骨子裡認同學運理想與堅持，像美麗島世代有些東西就蠻堅持的，學運世代這點普遍很弱。

我對學運世代的再集結比較樂觀，我認為在下個階段會再度集結，但他們是否會是領袖？這就不一定。台灣全球化、開放後影響變數更多，有待觀察。

學運世代現在散到各角落，再過五年都是檯面人物，再過十年就會掌握重要權力、決定國家命運與台灣未來幾十年發展，就看他們的能耐了。我只期待左翼力量能更強一點，有一點平衡。當權得道的學運世代，自己要為歷史、生命負責，好好當個像樣、有格調的資產階級統治者，這樣我都蠻祝福的。

一代不如一代？

每個時代都有人訴說著「一代不如一代」，真的是這樣嗎？

十幾年前，大學生創辦地下刊物、衝破社團禁忌，以校園刊物社團、學術性社團做為「造反」基地，並且流行「下鄉」等自我改造；現在，據說台大最受歡迎的社團是「蛋糕研習社」，「蛋研社」學弟妹參加研究所考試時，還曾讓當年聲援學運靜坐的面試教授感到「人事已非」。

相對於學運世代曾經有過的某種道德光環，當前的大學生卻被部分評論者稱為「草莓世代」，認為他們禁不起風吹雨打，並且自私自利、充滿功利氣息。

這種評價公平嗎？學運世代如何看待自己與上下世代的差異？

學運世代能夠超越前人？

過去反對運動中，美麗島世代和辯護律師世代相繼引領風騷，學運世代則被視為這兩個世代的接班人。綜合學運世代的看法，「美麗島世代」的最大優點是視野前瞻、格局宏大、能夠堅持，最大缺點則是無法抓住社會最新脈動、政治操作粗枝大葉；「美麗島辯護律師世代」的最大優點是擅長掌握主流民意趨勢，最大缺點則是視野格局不夠廣闊、妥協性較高。

問題是，學運世代能夠超越前兩個世代嗎？

早期學運分子劉一德的看法比較保留：「我們這一代比上一代弱，心理素質比不上上一代。這一代的人不敢做不可能完成的任務，上一代許信良、施明德、林義雄他們多多少少都有悲劇英雄色彩、唐吉訶德精神。學運世代只是比較有正義感、同情心，不見得有大氣魄、敢於挑戰巨人。」

台北市民政局長林正修是從另一個角度來觀察，他認為學運世代雖然有一定的理想性，但都是在改良主義的範圍內，「我們這個世代沒有出現什麼驚天動地的革命人物，因為不會出現」，都是在可預計的風險內安排人生。不過，「每個世代可以談的籌碼都不一樣，愈團結愈可能及早脫離社會父權體制枷鎖，找到成長空間。」

學運世代看新新人類

從今年四月發生的「成大MP3事件」，到「台大學生抗議舟山路封鎖遭記過事件」，當年的學運世代過來人，又是如何看待當前校園中的新新人類呢？

在課堂上有機會大量接觸當前大學生的郭正亮，採取了比較嚴苛的標準：「MP3不是學運。現在學生完全是自利行為，而且還不一定有根據，只是習以為常的利益突然被剝奪。」

郭正亮說，這不見得是現在學生沒有著力點的問題，他們也可以發起像校園消費者運動，做校園附近的商家調查，做學生權益保障，這也帶有公共性，或是學生要求對於校務或校園公共空間的使用權，這也是一種公共權利。所以，議題是不是政治性不是重點，是學生的公共性在下降。「但學生公共性下降不是普遍性的，其他國家並沒有這樣，這是台灣的獨特現象，台灣自己要反省。」

但他也強調不會悲觀，「政治不好不能怪人民，要怪政客，學生問的問題不好不能怪學生，要怪老師。如果現在三十五歲到四十五歲這一代不能建立超乎政黨的論述，下一代就一定只能活在利益取向的社會，因為這需要一定年齡、經驗才能處理，不可能寄望二十歲年輕人想這些問題。」

台北市議員段宜康說，他當年強烈反對學生加入國民黨，但現在卻看到學生拿出「校園扁友會會長」名片，讓他覺得非常錯愕。「年輕人最重要是批判、挑戰的精神，我們當年挑戰的權威是國民黨，現在可能沒有一元的權威，但當權者都應該被批判及挑戰，所以年輕人應該批判、挑戰民進黨，如果只是崇拜阿扁，有一天一定會覺得自己很傻，把自己最寶貴，最有能力、本錢去衝撞的歲月都浪費掉了。」蕃薯藤執行長陳正然則認為，現在學生最大問題是「缺乏危機感」，過去每一代大學生都有相當程度的危機感，現在學生卻看不出來。

會有新的花朵在春天綻放

然而，更多學運世代是以較為寬容甚至欣賞的角色來看待新新人類。

同樣在中正大學有教書經驗的林佳龍說，整個台灣社會都很功利，並不是學生單獨的問題。這也很難說是好是壞，現在學生包袱少，他們選定一個東西，也許更會精打細算做好，他們可能下定決心後，就一定會做到，因為更知道自己要什麼。

近年來逐漸成為大學生「崇拜」對象之一的前台大學生會會長羅文嘉也說，現在年輕人受的教育更強調自我，而且不公不義體制瓦解了，更深刻的壓迫與不公平又看不到，只好回到學費、房租、MP3等周遭的事，這不是一代不如一代，是大環境使然。而且這一代更活潑，更沒有禁忌，這是好的。

常常成為學生請教「學運經驗」重要對象的范雲則認為，「我覺得經驗塑造人，大學時代如果沒做什麼事，也很難期待進入社會後會做什麼事，唯有從錯中學習。人的本質是常態分配，我們那個時代未必真的很進步，還是很多學生沒有關心公共議題，只是我們透過校園機制讓學生會變成主流，外界就以為我們那個年代的人都是這樣子，其實不是，這仍然是常態分配。」

《南方電子報》創辦人陳豐偉看到當前的景象是：「現在學生受媒體影響太大，以前學運世代會珍惜公共資源，現在學生都以為是自己的資源，要其他學校照自己的規則參與，這樣誰願意配合？」

不過，陳豐偉對當前大學生仍然有所期待，他認為台灣全球化後，貧富擴大、社會失序，一定會有很多新的問題產生，但目前政黨分界只在統獨，沒有一個真正關心中下階層，所以，校園中還是可能會有新聲音出來，出現可以讓社會信賴、中立、沒有被操控的聲音。

長期投入婦運的孫瑞穗，則表達她對年輕人多元異質發展的期許：「野百合過了春天總要凋零，會有新的花朵在下一個春天綻放的。我們是國族主義動員的世代，而下一代比較是在全球化和消費主義大行其道的影響下成長的。我們有個人特質被『集體化』的危機，而下一代有集體地被『個人化』的趨勢。我們應該要開放心靈去觀察這種差異所帶來的歷史趣味，和他們在文化上所表達的創意。」

創造實踐熱情與公共參與

其實，任何學運串連及其展現的理想熱情，都有特定的時空背景與社會環境，不可能在真空中憑藉主觀意志自然產生。

「五四運動」、「天安門學運」、「野百合學運」固然波瀾壯闊，當時學生展現出的高度理想性格、社會實踐勇氣也令人激賞。但是，如果沒有那種社會力長期壓抑後的百花齊放、沒有那種社會劇變前夕的整體翻滾、沒有那種校園外改革願景對校園內的強大召喚，學運風起雲湧真是談何容易。

況且，正是因為這種社會結構的支撐，才能掩蓋每一代學生同樣會出現的青澀幼稚、莽撞躁進、功利性格，學運世代迎向這種社會召喚時展現的熱情與勇氣，也才會在事後被過度誇大及讚許。

持平而論，十年前野百合學運綻放短暫光芒後，由於台灣社會不合理的政經結構已大幅改良、學生自我實現的管道逐漸多元、社會價值崇尚短線操作與急功近利、政黨惡鬥與政局混亂更令人沮喪失望；因此，大學生的關懷取向不斷向個人權益靠攏、學生思維中的公共性格不斷消退，其實都是極其自然的演變，各界自難以此苛責「一代不如一代」。

但是，當前大學生對於社會實踐熱情的大幅降低、對於公共參與議題的缺乏想像力，乃至於僅以個人權益為主軸的思維模式，則終究是在描繪台灣社會發展願景時，不容輕忽與令人憂慮的社會現象。

野百合學運早已走入歷史，這一代大學生已相對缺乏這種因緣際會，但這並不表示，當前大學生就無法創造出屬於自己的社會實踐熱情與公共參與議題。這毋寧是成大ＭＰ3事件、台大舟山路抗爭事件之後，值得台灣大學生深刻反思的重要課題。

第二章

看見學運世代

……他們知道運動的結束有些奇怪，卻又不知道這就是「臣屬性格」輕微的刺痛了民主心靈正在萌芽的他們的尊嚴。自由民主是個漫長的發展過程，當它落實到每個心靈及生活層次，才能叫做生根，它是靈魂的再洗禮。

——南方朔，〈這一場運動非常中國〉，《新新聞》周刊（註一）

如果說台灣八〇年代是一個燃燒理想、衝撞體制的過程，那麼，九〇年代就是一個威權解構、尋求認同的過程。在八〇年代的街頭激情吶喊之後，每一個遭到劇烈翻轉的領域、每一個尋求存在意義的個人，都在九〇年代多元發展的社會脈絡中被重新「看見」。

學運世代走過八〇年代《人間》、《當代》、《南方》、《文星復刊號》、《中國論壇》等刊物的啟蒙洗禮後，在九〇年代則進入意識型態、性別、族群等不同領域的多元顛覆，不論是國際上左派重新出發的「第三條路」、全球性方興未艾的女性主義、抑或國內「新台灣人」等族群論述，都是一種更為細緻而漫長的自我認同之旅。

在這樣尋求認同的過程中，學運世代不斷看見別人的轉變，同時也看見自己的變化。

左派的失落與重生

忘了是誰曾經這樣說過：二十歲之前不是左派，這個人不是什麼東西；二十歲之後還是左派，這個人也不是什麼東西。

這當然只是一句玩笑話，但是，玩笑的背後，卻很傳神地刻劃出左派思想對於年輕人滿懷熱情想要改造社會的致命召喚，也大膽預言了年輕人進入社會後不斷修正調整的人生過程。

許多學運世代在八〇年代學運狂潮中，幾乎是毫無保留地迎向左派、新左派的啟蒙召喚，但在九〇年代卻歷經東歐共產國家解體、歐陸左派思潮重新出發等重大心靈撞擊，在陳水扁總統高舉「第三條路」、「新中間路線」之際，學運世代對於左派精神的重新定位已格外耐人尋味。

學運左右分裂

一九九八年八月，當年左翼學運團體「民主學生聯盟」核心成員曾昭明，在《中國時報》「人間」副刊寫下了這段對於八〇年代學運「左右分裂」的回憶：（註二）

終於，主導權爭戰的副作用，在惡名昭彰的『五月分裂』中趨於表面化。八八年的年初，「國會全面改選」的聲浪漸趨高張。三月之後，當時擔任台大代聯會祕書長的鍾佳濱，開始與『民主學聯』翼的學生協商五月推動國會全面改選議題的行動計畫。在對於代議民主體制性質的左翼觀點與右翼觀點的辯論中，在對於要以社會議題為優先，還是以政治議題為優先的爭議中，雙方核心成員的互信基礎全盤崩解。五月，台大學運團體對於『民主學聯』翼的『抗議教科文預算違憲』活動發表杯葛性的聲明，在媒體的渲染與推波助瀾下，轉瞬間就爆發成八〇年代學運的首度公開分裂。

事實上，這種所謂學運左翼／右翼（也有人以激進派／自由派，甚至非台大／台大系統做為區隔標準）的緊張關係，一直持續到一九九〇年的野百合學運，成為《台北學運》一書指稱的台大學生會（「國是會議」路線）、民學聯（「政經改革」路線）、新青年（「新憲法」路線）等三大派系較勁局面（註三），或是《八〇年代台灣學生運動史》一書強調的「在運動上強調社會主義」、「強調從台灣現實出發」的兩大傳統與派系（註四）。

無論是那種派系分類，在野百合學運的過程與後續影響中，所謂右派／自由派／台大學生會系統從台灣現實出發路線，終究取得了現實上的主流地位，並與反對運動的發展緊密結合。當年左翼學生重要思想導引者、現任台北市勞工局長鄭村棋，則在接受作者訪問時強調：左派學生已成為野百合學運至今，台灣社會最挫折、苦悶的一群人。

十一年後，學運世代究竟如何看待當年的左右之爭？

野百合學運決策小組成員鄭文燦，是當年台大學生會系統的重要理論建構者之一，他在從政十年並擔任桃園縣議員後認為，學運世代當年都在尋找主導台灣的新價值，但也因為如此，「變成只在找彼此的差異」。

鄭文燦強調，「當年左的沒有那麼左，右的沒有那麼右，只是互貼標籤而已。」他認為學運世代現在已經在現實層面融合，因為他們對台灣社會的理解已經更為接近。「例如我和沈發惠，學運時我們站在不同邊，現在已站在同一邊。」

他說，當年左一點的學生，現在都已經修正，沒有人再堅持傳統左派。「早期大家都對國家機器抱持高度批判態度，但當你管理一個社會、必須維護安全時，不可能沒有這些合法人員、合法的暴力，不可能再像以前一樣要求他們解散、社會自治，這就是現實問題。」他口中的現實問題，還包括了左派學生雖然對於歐洲社福國家有模糊認識，但不可能移植到台灣，因為台灣財政困難。

當年南部學運領袖，近年當過台南市建設局長及交通部祕書的羅正方，則認為學運世代過去雖在意識型態與情緒上對立，但在進入社會後已經淡化，「很難想像現在我們會與曾昭明、林佳龍合作，過去為雞毛蒜皮事情爭辯，我認為有些幼稚。眼前台灣社會那麼多問題，這一代再不手牽手，如何解決問題？」

羅正方說，當年統獨、左右的標籤，回過去看沒有意義，也不是那麼簡單，不是標籤教條就可以解決。例如學運世代對於「生產民主制」都有期許與夢想，但台灣現在惡性關廠問題嚴重，不是用左右區分可以解決，現在勞工需要轉型、技術、融資、第二專長，更要養孩子，老闆與勞工已經是一體，鬥掉老闆不能解決問題，而生產民主制也已經不是分配問題了，「像台汽公司轉成國光公司，百分之百屬於員工了，但會有競爭力嗎，這樣轉型會成功嗎？」

重新看見左派

然而，當年左翼學運領袖又是如何看待自己的內心世界呢？

在英國留學五年期間，親身接觸歐陸左翼思潮的發展修正後，當年民學聯領袖、曾任總統府諮議的曾昭明，則有這樣的觀察反思：「我必須承認，台灣八〇年代有些左翼是帶著教條化傾向，沒辦法跟隨現實變化，對時代議題做出有效回應，我在英國這個歐陸左派傳統最悠久的地方，發現左右分野、實現左翼觀點的各種方式與立場，這種反省在歐陸、美國都是一樣，後來最浮面表達出來的『第三條路』、『新中間路線』，其實是左翼從八〇年代到九〇年代前半期這麼漫長反省的結果。」

曾昭明說，各國有不同的左翼型態與文化，因此他不會簡單用歐美標準說台灣沒有左翼，因為沒有左翼所以沒有新中間路線，他認為在各種界定問題方式、提供解決的方案中，就有很多左右的區別，不是只從階級的角度來看。「像『戒急用忍』就是左派立場的政策主張之一。我甚至可以說，過去曾經站在左的立場的人，如果他們堅持自己想法，他們不會認為台灣的資本外流、與中國經濟整合不需要疑慮，我不相信任何一個誠實的左派，從政治經濟學角度，可以接受一些急統派的主張。」

當年民學聯活躍分子，現在是台北縣議員的沈發惠則認為，當年堅持社會改造路線的學運世代，在九〇年代受到很大衝擊，不論事後看有多荒謬，東歐、蘇聯共產制度當年對左翼學生確實具有吸引力，甚至是一種「理想的彼岸」，因此「我相信過去十年來，隨著社會主義政體在政治實踐上的一一瓦解，學運幹部還沒有走出這種迷惑。」

在這種迷惑中，沈發惠在一九九二年學運世代聚會討論時丟出「左派是一種價值觀」看法。他認為過去左派太重視路線、立場、馬克思理論的科學性，但在九〇年代政治實踐受到最大質疑後，左派已經沒有「正確路線」這件事。因此左派是一種價值觀，其他路線、想法都只是為了實現這種價值觀，「如何區分一個人是不是左派，不再是看他的議題或手段，而是看他最後的價值觀。」

長期在傳統左翼的獻身場域——工運中奮鬥的工傷協會祕書長顧玉玲、高雄市勞工局祕書丁勇言、全產總副祕書長邱毓斌，則在左派最重視的戰場上現身說法。

顧玉玲說，她不會特別覺得失落，左派應該是一個理想國，她不覺得會在有生之年看到這個烏托邦，但這不代表左派觀點不對，「做為一個人應該過什麼樣的生活？人與人應該是什麼樣的關係？對我而言並沒有打折扣。」但她也強調，如果左派期待弱勢者自己有力量成長，就不應該只是硬套一個美好的社會架構，然後要求大家完全遵循，這也不是她理想中的左翼。她也沒有太多失望，因為她在工運中已經看到一些緩慢的集結。

丁勇言、邱毓斌則堅信，台灣應該成立一個以工人階級為主體的左翼社會民主政黨。丁勇言認為，不管左、右翼學運世代想做什麼，政治上都不應該隱瞞，運動者只有兩種可能，一種是武裝鬥爭，一種是宣揚理念，因此學運世代的想法應該與做法結合，「本來是右翼的學生，去搞民主運動，這很天經地義，鄭文燦、羅正方都很稱職，但很顯然，他們腦袋中想法跟我可能很不一樣。」

丁勇言說，像高雄醫學院學運分子范國棟，他當醫生後照樣搞工會，並且成立全國第一個醫院產業工會，照理說醫生是既得利益者，但范國棟反其道而行，也沒有把自己搞得很偉大，只是在醫生工作上照自己的想法去做，這就是想法與做法的一致。

因此，丁勇言對於左翼學運世代的期許是：「如果沒有共同目標，左派與右派何必集結？對我來說，有意義的集結是，如果你是左派，希望成立一個社會民主政黨，那麼，不管你在哪裡，出來一起努力吧，這種集結就是有意義的。」

平等與自由的永恆戰爭

其實，經過九〇年代的實踐經驗後，除了堅守基本教義的古典左派之外，全世界的左派與右派確實都在往中間修正靠攏，只是各國程度有所不同而已，學運世代當年左右翼的標籤區隔，在新世紀中更早已逐漸雲淡風輕。

然而，左派高度重視的「平等」與右派努力捍衛的「自由」，在國家有限資源分配下，終究是兩種極易發生衝突的終極價值。儘管所有現代公共政策都希望兼顧這兩種價值，但是，當平等、自由的優先順序必須有所選擇時，左派、右派最幽微根本的差異仍將再度彰顯。

因此，儘管左派、右派學運世代已經更加拉近彼此差距，但對於台灣未來走向應該更左一點、還是更右一點？應該更重視平等一點、抑或多強調自由一點？應該更重視社會福利還是自由市場？政府的功能應該更大還是更小？人與人、人與社會的關係應該如何？學運世代仍舊會有永恆的爭論，而這也正是左派在資本主義橫掃全球下最珍貴的價值。

學運世代中的女性

終於，我們發現：女人沒有國家。我們有親人、朋友、情人，有不同年齡、階級、性取向，但是我們沒有國／家。我們在各個不屬於我們，不以我們為主體，卻以我們之名，用我們的身體，用我們的子宮，繁衍、延續子嗣香火的國／家中不斷地在進行著或明或暗的逃逸、叛離與出軌。

——《島嶼邊緣》雜誌，第九期〈編輯報告〉，一九九三年十月。

學運世代與之前所有世代最大的差異究竟是什麼？或許，深刻觀察學運世代中的女性，及其在台灣社會多元發展的軌跡，部分答案就已自動浮現。

學運女性的「出走」

早在野百合學運之前，八〇年代末期的大學校園，即已發生部分學運世代女性的集體「出走」，這種受到女性主體意識牽引帶動的「板塊位移」，具體表現在各校女研社（女性問題研究社）如雨後春筍般成立；各校女研社一方面與學運社團保持戰略性夥伴關係，另一方面也開始進行以女性為主體的串連集結。

其後校園女性掀起一波波「A片事件」、「還我女廁」、「女舍門禁」等性別議題改革浪潮，學運世代女性也紛紛投入台灣社會洪流，在婦運與各領域感受更深刻的性別經驗。

當年沒有「出走」的學運世代女性進入社會各領域後，在各領域中同樣感受到性別議題的衝擊。她們在各領域中對於自身性別經驗的反思，是學運世代極其重要的生命歷程。

至於當年「出走」的學運世代女性，後來多半成為台灣婦運生力軍，帶給婦運界前所未有的刺激與撞擊，並且在婦運界形成不同路線的對峙與論辯，部分新生代婦運工作者與老一輩婦運領袖的觀念差距愈來愈大，最後終於在一九九八年「台北市廢公娼事件」中決裂。

值得注意的是，部分學運世代女性近年由婦運領域再度「出走」，積極建構同志論述、成為同志運動代言人，這樣更為細緻與深刻的多元發展趨勢，也已成為當前學運世代「眾聲喧嘩」的重要象徵。

以下四段學運世代女性生命歷程，中研院助研究員范雲、民間司改會執行長王時思、工傷協會祕書長顧玉玲是當年沒有「出走」的女性，曾經擔任婦女新知基金會董事的孫瑞穗則是當年「出走」的女性，她們的觀點有部分交集，但也在公娼等議題上出現極大歧異。然而，不論是交集還是歧異，都是學運世代女性進行對話、分享生命歷程的可貴經驗。

范雲的故事

「我常開玩笑告訴別人說，我是先成為『台灣人』，才成為『台灣女人』的。

這必須從我的啟蒙經驗談起。這麼說並不是說我從小不認同自己是女人，相反地，我認同自己的性別。只是由於成長在一個對女兒的教育自由放任的家庭裡，讓我把兩性平等當成是天經地義的事情。慢慢在一路走來的成長經驗中，才在別人和自己的身上『發現』越來越深的性別刻痕。

我想，很多在運動中成長的女性會有許多相近的經驗，我看到許多優秀的女生因為感情困擾，選擇

（或為情勢所迫）離開；在運動中有許多女生（包括我自己在內）很多時候會因為其愛人同志，而被懷疑自主性。

當我們為社會的改造、歷史的正義犧牲奉獻時，卻無能解決許多在微觀的個人生命情境裡困擾著自己的問題；學習台灣歷史的悲情讓我們看到族群與看到台灣，左翼論述教會我們看到階級，然而這些運動的大論述卻都是「性別盲」，沒有一樣觸及現實生活中女生的真實焦慮。我們學會關懷別人、關懷弱勢，卻不懂得如何善待自己和自己身旁最親密的人。

當初女研社的出現，和女性主義在校園中的茁壯 empower 了我們這一整個世代的女性。我很感謝八〇年代一直存在的婦運聲音，幫助我反省自己的經驗，並在許許多多生命中幽微而沒有出路的困局中，重新找到自己的力量。

出國讀書的那幾年，我的身體與心智似乎得到了前所未有的解放。學院的性別理論，幫助我找到新的語彙來重新梳理過去實戰生活中的性別刻痕；另一方面，近距離觀察『不同國』的女人，我看到原來女性主義者的生命情調可以如此的「同而不同」。另外，課餘的串連，讓我有機會重新認識許多無緣深交的各領域台灣女生，我想這可能是這幾年中我最珍惜的事情之一。」

王時思的故事

「從學運到社運，我到目前為止，都還感受到來自性別的被歧視，不論是來自同志，或是來自外在環境，都常常讓我覺得不舒服。女性身分當然也有便利，因為人數少，所以容易被看見，但整體而言，的確比較不容易被重視。

有件事很有趣，我在學運時的『記錄』，是『被壞朋友影響』，包括我成為三月學運決策小組成員後，我的『記錄』都還是因為我是某某人的代表，所以『情有可原』，好像這些參與都不是我的自主意識。

現在的性別歧視是來自於工作，很多人以為我是男生，當知道我是女生後，那種不屑與驚訝非常明顯。他們打電話到民間司改會來找執行長，接電話聽到是女的後，當場就把妳當成是總機小姐，或直接說要找你們董事長談這類的話。但是，這是整個台灣社會的問題，不只是社運界才會這樣。所以有一天，我一定要去做婦女運動。

還有就是廖偉程的關係，我們的夫妻關係不明顯，但壓力還是會在，別人會以為，我是因為他才會選擇留在社運努力。但事實上，反而是廖偉程先離開台灣勞工陣線，最後我才被別人承認，我本來就是要做社運。

我覺得學運世代還保有理想的末稍，會認為有些東西不能輕易交易。例如公娼，理智上我們應該支持公娼的工作權，但當一切包括身體、心靈都可交易，那個部分還是很幽微在騷擾我們，所以即使支持公娼在理論上可以自圓其說，但你還是會不安。」

顧玉玲的故事

「台灣工會系統雖然以女性居多，但即使百分之八、九十都是女性的紡織工廠，工會幹部都還是男性。所以我們在一九九二年成立女工團結生產線時，很難找到女性工會幹部參加。

我們強調階級與性別，但必須承認，我們在性別這層面的翻動比較少，而且我必須承認，一開始我必須壓抑掉我身上的不舒服。例如我在《自立》工會當祕書時常去印刷廠打混，做為一個長頭髮、年輕、可愛、可口、大學畢業的女孩子，我清楚覺得和這些印刷廠工人有階級、性別上的差異，他們要怎麼樣和我這個大學畢業的女生平等對話？他們唯一使用的籌碼就是吃我豆腐。

我不想被他吃豆腐，不希望在性別上被他壓抑，可是我講的話就是這麼文藝腔，這麼不工人，不知道怎麼辦，只好退化為一個小孩子，使你大學畢業的階級味道比較淺，使你變得比較中性，我一開始的確是這樣子與工人接觸。

還有，那時我們常和工人去有粉味的地方唱卡拉ＯＫ，有一次，一個女大學生對我說，她助選時去酒店時非常不舒服，想甩頭就走，但我在工運中學到的東西是，如果我甩掉這酒杯，會讓酒家女為難與難堪，而不是這個工會幹部難堪的話，那麼這件事勢必是錯的。

我們也曾經在正大尼龍罷工抗爭慶功宴上，看到男性工會幹部請了脫衣女郎來跳舞，然後那些歐巴桑女工多麼純熟在應對這些東西，跟一個純情的、有著滿腦袋女性意識的女大學生反應完全不一樣。

這對我們而言是很珍貴的資產，所以後來我們去打公娼議題，因為對我們來講，這樣的女性太熟悉了。我們看到男性工會幹部如何被擠壓，如何在阿公店中跟中年妓女相濡以沫，我的性別意識反而在階級運動中受到更嚴格的淘洗，更貼近真實，所以我未來想做性別的東西。」

孫瑞穗的故事

「晚期的學運太過政治化，在變成革命女青年以前，我其實是學音樂跳舞的文藝少女，身體的旋律感讓我對於太過理性僵硬的東西有種近乎本能的抵抗力。

既然沒辦法當大哥身邊裏小腳的女人，又沒辦法在父權公司裡當笑臉迎人的空姐，對了，我想我比較適合自己開店當老闆娘。選擇當女研社社長時，我自己很清楚，這不是一種撤退，而是一陣焦慮並周遊列國之後做的另類選擇。

那時我們讀了一些黑人和女同性戀的作品，並且舉辦過各種批判又有趣的文化活動，這些串連各階層女人的行動在五二二的反性騷擾女人大遊行中開花結果。我自己在過程中學習的成分多於貢獻，當時的積極分子至今也都位居性別運動要職了。

王蘋現在是性別人權協會的組織者，好友張娟芬現在已經成為重要的女同志運動的論述領導者，其他很多人都是第一批進學院教性別課程的人，甚至社運中的重要領導人。而一路逼我想事情、寫文章的好友且位居各重要文化雜誌要位的胡淑雯、賀照堤、古明君、蔣慧仙、鄭美里、曾昭媛等等，對我的生命都有很大的『騷動』，同輩支持讓我覺得女權路上作夢不寂寞。

當年立志當個『新女生』是我們的白日夢，現在已經是一個個在各種領域中繼續生猛奮鬥的生命個體。你看，相較於當年以集體行動想要完成單一的偉大國家機器來說，這是更不容忽視的底層生命力。如果真有革命這回事兒的話，這不就正是它最最鮮美多汁的面目嗎？

女人也要練習彼此的鬥爭和合作，這是一個開放的性別空間所必要的遊戲態度和規則。以公娼議題為例，有好多層次要處理，但我要強調的是，討論不應該被放在道德層次上，擁娼廢娼，都只是一些表面的手段，『娼妓』的存在是過去留下來的恥辱沒錯，但女人革命成功之前，只能學著與羞恥相處，然後才能思考到底是什麼結構和制度讓我們的心靈和身體蒙羞。」

多元面貌與異質內涵

從性別角度來看，學運世代女性過去十幾年來的多元異質發展，幾乎是學運世代迥異於之前任何世代的最明顯特徵。學運世代女性對於男性中心社會主流論述的質疑與挑戰，其廣度與深度也遠超過之前任何世代。

學運世代女性可以是中正紀念堂廣場上的總指揮，也可以是與基層工人一起打拼的工運幹部；可以是學術殿堂中的傳道授業解惑者，也可以是新聞工作中衝鋒陷陣的急先鋒；可以是婦女運動中的新生代健將，更可以是同志運動與論述的代言人，或是女性影展的主辦人。她們多變而稱職的角色扮演，早已掙脫以往各種運動中的女性刻板印象。

整體而言，學運世代女性在不同領域的自我實現，不但豐潤了整個學運世代的多元面貌，更充實了整個學運世代的異質內涵，讓學運世代更加「眾聲喧嘩」。

外省第二代的心情

我是個巴勒斯坦的阿拉伯人，也是個美國人，這所賦予我的雙重角度即使稱不上詭異，但至少是古怪的。此外，我當然是個學院人士。這些身分中沒有一個是隔絕的；每一個身分都影響、作用於其他身分……因此，我必須協調暗含於我自己生平中的各種張力和矛盾。

——薩伊德，〈認同・權威・自由：君主與旅人〉（註五）

以《東方主義》享譽全球的文化評論家薩伊德（Edward W. Said），在上面這段話中深刻觀照他自己的三種身分。薩伊德從自身經驗出發的省思，某種程度上與老是在「台灣人／中國人」、「本省人／外省人」、「原住民／新住民」之間打轉的台灣若合符節，其「暗含於生平中的張力與矛盾」，或許正是學運世代中外省子弟面對認同焦慮時的深刻心境。

民進黨的「外省樣板」？

台灣的族群與省籍情結，長期具體表現在語言的使用與區隔之上。

八〇年代學運圈中，河洛話講得比較「輪轉」的外省子弟，往往才能在台灣意識較為濃厚的學運社團中生存，因為成長背景而根本講不好台語的外省子弟，則頂多只能在學術性社團中安身立命。但因為校園環境相對單純，才讓族群與省籍背景不致成為學運世代當年互貼標籤的唯一工具。

學運世代在一九九一年底開始投入國代選舉時，民進黨部分領導人物與派系已經意識到包容、栽培外省第二代的重要性，部分外省籍學運世代也希望扮演「台獨理念」與「外省族群中國情結」的溝通對話角色。

九二年八月成立的「外省人台灣獨立促進會」，便已涵括鍾佳濱、范雲、馬永成等學運世代，鍾佳濱、田欣更先後擔任祕書長。不過，對於外獨會的定位，及其與外省族群的對話方式、互動策略，學運世代與外獨會領導幹部存在相當不同的看法，這也導致部分外省籍學運世代與外獨會漸行漸遠。

其後民進黨更加重視外省子弟的「樣板」與「宣示」功能，黨內最重視培養年輕人的新潮流系，在一九九四年推出段宜康等外省籍學運世代參選台北市議員，一九九五年國代選舉時，則在台北市三個選區分別推出周威佑、鄭麗文、田欣等三人參選，鍾佳濱也在屏東披掛上陣。

綜合上述外省籍學運世代接受作者訪談的親身經驗，省籍背景對他們的政治起步而言，既是「資產」也是「包袱」。第一次參選時，每個人都曾因為外省身分而增加不少肯定票，但也幾乎都面臨黨內競爭對手在省籍上大做文章的負面攻擊，使得他們在當選後難免百味雜陳。

部分民進黨支持者早年高喊「外省人滾回去」時，大概從未想到，他們後來會把選票投給劉一德、鍾佳濱、鄭麗文、周威佑、段宜康、劉坤鱧等外省籍學運世代。他們更難以想像，民進黨現階段在叩應節目中的形象，竟然還是由劉一德、鄭麗文這些外省子弟來辯護與營造。

或許，這就是時代的進步，雖然這種進步仍以形式居多，雖然不少學運世代外省子弟在國家認同上有著難以言喻的掙扎與煎熬過程；但是，台灣的族群對立與省籍情結正在逐漸消弭淡化中，則終究是不爭的事實。

段宜康痛斥「福佬沙文主義」

然而，在台灣社會省籍意識逐漸淡化的過程中，外省第二代的認同焦慮與情感掙扎，仍然遠非已經占據「政治正確」位置的本省族群所能想像。

作為民進黨內外省第二代指標人物的台北市議員段宜康，就在一九九六年公開抨擊民進黨充斥「福佬沙文主義」，成為近年來第一個以外省身分公開挑戰民進黨主流族群論述的新生代。

段宜康如此「發難」的心路歷程，完全是出自親身體驗的深刻感受：

「我家和國民黨淵源很深，我父親的姑丈，在國民黨剛來台時是省黨部副主委，我父親的伯父是軍人，當過勤聯副總司令，我外祖父是軍統局特務出身，後來還當過國代，但我父親是傳統讀書人，在安徽唸大學時也參加過學運讀書會。

我第一次參選市議員時，省籍背景是非常大的困擾。黨內對手常會有一種講法，說我是『林正杰第二』，說我會像林正杰一樣成為民進黨的『叛徒』，這種聲音傳得很厲害。直到我第二次參選時，黨內還是有對手這樣攻擊我，但因為是連任及社會環境改變，才沒有發揮太大作用。

民進黨內的外省子弟常有兩種狀況：一、被當作很珍貴的樣板，證明外省人在民進黨內也可以發展；二、告訴社會民進黨不是那麼排斥外省人。但我在參與過程中還是受到很大傷害，尤其是在台北的舊社區，常會聽到本省人說『那些外省仔……』，但他們又會說『我說的不是你』，那種傷害是必須要忍受、反應的。我有時反應會很強烈，會起衝突，希望對方注意，但這種情況已經比較少了，除了選舉時，整個族群對立已經減緩。

外省子弟身分是負債也是資產，同樣是談台獨，黨內會認為由我來談很寶貴，會鼓勵我談，我們會得到好處，但我們真正希望被鼓勵的，是我們的能力而不是族群身分。我後來講福佬沙文主義，就是基於我感受到的這種心理。不是因為你支持我、投票給我，就代表你沒有這種心理，是你有這種心理，才會投票給我。我的出發點是如此，但這種東西很難跟別人解釋清楚，支持者也都反對我這樣說。

我覺得本省、外省族群相處的問題還是很大，民進黨內很少人真正了解外省人在想什麼，現在情況雖然好一點，也只是在表面上，心裡還是會覺得這些外省人『莫明其妙』，還是會覺得外省人只是既得利益被剝奪而已。他們都不記得，這些外省人大多數不是既得利益者，不會對過去政權效忠，只是對現在政權有更大恐懼感。所以，如何消除他們的恐懼感就非常重要。

所以，邱義仁當民進黨祕書長時曾經說過，族群問題必須要由優勢、最大族群，也就是福佬人來解決，不能要求外省人認同台灣，外省人先天上就有此憂慮，所以福佬人真的應該多了解外省人想法，多做一些努力。」

外省第二代的認同之旅

每個外省籍學運世代，其實都有著不同程度的認同煎熬。鍾佳濱、田欣的例子可能比較幸運，范雲的例子就會相當辛苦。

鍾佳濱的父親在國營事業服務，由於個性公正不阿，所以雖然對中國有著鄉愁與感情，但卻看不起國民黨的腐敗無能，基本上可歸類為具有改革意識的外省人，鍾佳濱從小就是在父親對國民黨的批評聲中長大。正因為如此，鍾佳濱代表民進黨參選國代時，他已高齡七十的父親竟然願意掛著「候選人的父親」披帶為兒子助選，讓屏東地方上的民進黨支持者頗為感動。不過，鍾佳濱的父親並未改變自己的「母國」認同，鍾佳濱這樣描述他與父親不同的「母國」認同：

「我父親認為自己是中國人，他的『母國』不是台灣，但他可以接受台灣是一個主權獨立的國家，也可以接受兒子認同的『母國』是台灣。他會投票支持民進黨，不是因為他支持台獨，而是因為他認為民進黨可以做得比國民黨好。」

田欣的父親則曾經是《自立晚報》記者，但在一九五三年因為撰寫一篇雙十節花絮，被當局認為觸犯了蔣介石的威望而遭逮捕入獄。在田欣二十多歲後，他父親才開始閃閃躲躲地說出當年故事，但卻終其一生缺乏安全感。

田欣說，因為是在這樣模模糊糊認知到「白色恐怖」的成長過程中，他對國民黨的反感才慢慢萌芽。但是，他對台灣族群與省籍問題解決並不悲觀，一來在台灣四百年移民史中，有誰不是外來移民？二來，他認為外省族群沒有特別的宗教、語言、完全不同的歷史，很難一直維持認同，如果不是台灣還很泛政治化，省籍一再被做為政治鬥爭工具，三十年後不會再有人分本省、外省人。

他更期待這樣一天的到來：「我希望將來有更多的外省人，能更有尊嚴的站出來講『我是台灣人，我的語言是北京話』，而他們的聲音也能被尊重。當外省人去面對福佬人與客家人的時候，也能夠很自在的用客家話或台語跟他們對談，這才表現出真正互相尊重的精神，這是我的期待，也是我對台灣未來發展的希望。」

與其他外省籍學運世代順利解決統獨／省籍認同焦慮相較之下，范雲的認同過程顯然較為艱辛。她說自己其實與大多數外省族群一樣，「我也覺得有一天要去青康藏高原那些地方」，因此她是以民主價值而非歷史情感認同來接受台獨理念，但民進黨可能認為，即使完全不處理百分之十五外省族群的問題，民進黨還是可以攻下總統，因此不會積極處理外省族群問題。

范雲強調，民進黨未來仍需認真面對外省族群問題，而她對這部分還算樂觀，因為學運世代相對沒有偏見、語言差距不大、也很容易溝通，她認為目前只是「每個人感受問題的急迫性不同而已。」

族群共存共榮

一方面你爭取代表自己的權利，要有自己的民族性；但另一方面，除非這些是連接上更寬廣的實踐（也就是我所謂的解放），否則我是完全反對的。

——薩伊德，〈美國知識分子與中東政治：薩伊德訪談〉（註六）

依照薩伊德的想法來推論，表面上看起來，本省族群、外省族群固然都有爭取己身權利的正當性，外省族群在台灣本土化風潮中更有很深的危機感；但是，只有在己身權利被放在更高的台灣命運共同體意識中落實，本省、外省族群意識才有可能共同找到出路。

換句話說，本省族群若真正以台灣命運共同體為念，就不可能不去重視、處理百分之十五外省族群的歷史情感與現實危機感；外省族群若真正把台灣視為必須安身立命的地方，也不可能不努力融入台灣社會脈動與本土精神價值。

而學運世代外省子弟在走過艱辛的認同掙扎後，未來也勢必承擔起本省、外省族群同舟一命的溝通對話重任。當老一輩的集體記憶、恩怨情仇逐漸走入歷史，新一代又缺乏對於各族群歷史的了解與尊重之際，居於承先啟後社會位置的學運世代，未來在各領域促進族群共存共榮（而非強勢族群對於弱勢族群的「融合」）將更加責無旁貸。

註一：《新新聞》周刊，一九九〇年三月二十六日至四月一日

註二：曾昭明，〈八〇年代不曾離開〉，《中國時報》「人間」副刊。一九九八年八月十四日。

註三：何金山等人著，《台北學運》，時報出版，頁一〇二。

註四：鄧丕雲著，《八〇年代台灣學生運動史》，頁二九八至三〇二。

註五：這段話參見《知識分子論》第十頁，薩伊德著、單德興譯，麥田出版社。

註六：同上，第十一頁。

第三章

惡魔黨被打倒了，然後呢？

真正能讓人無限感動的，是一個成熟的人（無論年紀大小），真誠而全心地對後果感到責任，按照責任倫理行事，然後在某一個情況來臨時說：「我再無旁顧，這就是我的立場」……在這個意義上，心志倫理和責任倫理不是兩極相對立，而是互補相成，這兩種倫理合起來，構成了真正的人，一個能夠「受召喚以政治為志業」的人。

——韋伯，〈政治作為一種志業〉（註一）

德國社會學大師韋伯膾炙人口的〈政治作為一種志業〉、〈學術作為一種志業〉兩篇演講，可說是學運世代在八〇年代摸索政治現實的重要啟蒙窗口之一。匆匆十幾年過去後，學運世代已在台灣政壇扮演愈來愈重要角色，然而，韋伯對政治志業強調的熱情、責任感、判斷力，及其念茲在茲的責任倫理，是否能在當前學運世代從政者身上得見？

從當年在校園內「造反」的叛逆學生，到當前掌握國家權力與資源分配的政治人物，學運世代究竟得到了什麼？又失去了什麼？他們當年對國民黨政客的墮落口誅筆伐，但當他們位居廟堂之上、真正面對權力誘惑後，他們如何保證自己不會走向政治墮落深淵？而當「打倒國民黨」的政黨輪替夢想終於實現之後，他們又該如何面對新的無力挫敗與集體焦慮？

在面對愈來愈多的權力與責任之際，學運世代還能記得多少「政治作為一種志業」的召喚？

學運世代的政治不歸路

學運世代從政者可能是最幸運的一群人。

他們不像過去的新生代從政者，只能從校園黨部、救國團系統、基層公務員一步步累積入黨資歷，然後無止境地等待來自國民黨高層「關愛的眼神」，才有可能被破格拔擢而直上青雲，但始終擺脫不掉「溫室中的花朵」譏評。

學運世代從政者是在街頭抗爭中成長，在選舉實戰中累積戰功，他們不但在很年輕的時候就已見過大風大浪，更集體分享黨外民主運動奮鬥多年的成果，在三十歲時就有機會做出過去五十歲政治菁英才能碰觸的重要決策。

然而，學運世代從政者的幸運還能持續多久？能夠承受多少現實的考驗？他們在下一個十年有可能遭遇更大的幸運嗎？

政治機會結構受益者

從政治機會結構的角度來觀察，學運世代不但掌握住八〇年代末期台灣社會快速轉型的集體發聲契機，更順勢成為九〇年代台灣政經結構大幅開放後的受益者。

如同解嚴前後所有社會運動一般，學運崛起的社會背景，是台灣社會力集體挑戰國民黨威權體制中的一環，因此無可避免會與政治反對運動發生緊密結合。

早期學運分子幾乎大量參與黨外助選活動，野百合學運雖然努力維繫學生的主體性、企圖與政黨劃清界限，但學運世代踏入社會後，卻因為政治機會結構大量釋出權位、民進黨（尤其是新潮流系）更大量提供新人參政空間——不論是主動栽培或被動需要，使得絕大部分學運世代先後投入民進黨陣營，新潮流系更堪稱學運世代從政者的「大本營」。

一九九一年底國民大會首度全面改選時，即已吸引李文忠、賴勁麟、劉一德、王雪峰等早期學運分子投入並順利當選；九二年底立法院首度全面改選，則吸納大批學運世代擔任立委助理；九三年底縣市長選舉結束後，部分學運世代開始進入地方行政體系磨練；到了九四年，學運世代已分別成為民進黨省長候選人陳定南、台北市長候選人陳水扁競選陣營的重要幕僚，羅文嘉、馬永成兩人更並稱陳水扁身邊的「羅馬」左右手。

陳水扁攻下台北市長寶座後，「羅馬」等學運世代在小內閣中扮演重要角色，羅文嘉成為全國最年輕的政務官，不少學運世代更首度進入擁有豐沛行政資源的台北市政府歷練。

而在許信良擔任民進黨主席任內，也開始大力啟用學運世代做為中央與地方黨務主管。此後學運世代不但大量攻下國代、立委等中央民代席次，也有多位學運世代躋身新潮流系政協委員，使得學運世代在行政、黨務、民代、派系等各層面皆不斷累積能量。

到了二〇〇〇年總統大選，陳水扁競選陣營半數以上的主任級輔選幹部，以及各地方重要輔選幹部，幾乎皆由已經歷練多年的學運世代擔當大任。

台灣首度政黨輪替後，學運世代從政者不但是國家元首最為倚重的左右手，更開始晉身中央部長級官員，而吸納最多學運世代從政者的新潮流系，也搖身成為民進黨執政後最耀眼的政治力量。學運世代的大量從政、迅速位居權力要津，在民進黨執政前已不容忽視，民進黨執政後更備受矚目。

學運世代的從政圖像

劉一德在九一年出版《民進黨第三代》時，書中列出的八十四位民進黨新生代，除了余政憲當時因為家世庇蔭已當選立委，其他新生代最高不過擔任台北市議員。

短短十年之間，由於當年比較活躍的學運分子大量投入與充實，所謂「民進黨第三代」或「民進黨新生代」的陣容已有很大改變，學運世代也已浮現出下列從中央到地方的從政圖像：

走進總統府，當年野百合學運代表曾進入這裡向李登輝總統遞交請願書，如今，林佳龍（國安會諮詢委員）、馬永成（總統府祕書室主任）、林德訓（總統府祕書）、郭文彬（總統府參議）、周奕成（總統府諮議）、劉建炘（總統府祕書長祕書）等學運世代都在這裡上班，陳鴻榮、曾昭明也才離開總統府職務不久。林佳龍已是學運世代第一個部長級官員，馬永成則是媒體眼中不折不扣的「總統府高層」。

過幾條馬路到行政院及其下轄中央部會，羅雅美（行政院祕書長祕書）、鍾佳濱（文建會主委辦公室主任）等人都在中央政府任職，羅正方才卸任交通部祕書不久，顏萬進則在半官半民的海基會擔任副祕書長。

轉個彎到北平東路執政黨中央黨部，田欣（國際事務部主任）、陳俊麟（民調中心主任）在這裡工作，劉一德、林鳳飛、翁章梁也都曾經待過這裡。

到地方政府洽公，台北市政府有林正修（民政局長，他也是學運世代唯一在馬英九市府團隊者）、高雄市政府有丁勇言（勞工局長室祕書），當過省議員的林錫耀已是台北縣副縣長，許傳盛是台中縣政府社會局長、周克任是屏東縣政府縣長室祕書、史哲是台中縣政府祕書。

當過民代的人可就多了，李文忠、賴勁麟、王雪峰是現任立委，郭正亮、羅文嘉等人正在參選立委，江蓋世、李建昌、段宜康、周柏雅是台北市議員，蕭裕正是高雄市議員，沈發惠、陳文治是台北縣議員，鄭文燦是桃園縣議員、張廖萬堅是台中市議員、劉坤鱧是台中縣議員、林宜瑾是台南縣議員、陳啟昱是高雄縣議員。當過國代者則包括周威佑、鄭麗文、黃偉哲、李昆澤等人。年底參選縣市長者，則包括投入高雄縣長選戰的楊秋興，如果順利當選，則將成為學運世代第一位縣市長。

以上只是大體勾勒學運世代的從政圖像，還有許多無法細數的各級政府幕僚、立委助理、基層民代、各地黨工，也都是學運世代過去十一年來在政壇留下的足跡。

政治這條路

從政多年下來，學運世代從政者各有不同深沉感受。

馬永成認為政治操作自有其運作邏輯，不是帶著理想就能解決問題，曾昭明則認為各界過度誇大了馬永成、林佳龍等學運世代的決策權力；李文忠認為立法院是個無聊的地方，跑紅白帖更是沒有意義，賴勁麟、王雪峰對於立法工作卻仍充滿興趣；沈發惠對於基層民代身處的惡質政治文化，至今仍難以調適，鄭文燦、劉坤鱧則認為基層民意洗禮將是政治菁英的重要歷練過程；不少人一心想往中央發展，曾在中央部會磨練的羅正方，卻以「我們這一代缺乏獨立人格」而決心回鄉埋鍋造飯。

走上政治這條不歸路，不少學運世代對於身處的政治結構、政治文化，其實有著高度的自省，並且憂慮學運世代能否掙脫既有派系與體制的限制。

羅文嘉在長期位居權力要津後，決定從陳水扁團隊「單飛」，並重新反省所謂的「學運性格」到底是什麼。他認為「學運世代的操作方式太融入既有體制，這對學運世代當然是反諷。學運世代在大學時還分什麼民學聯與台大，進社會後角色都調整，就是新潮流、扁系等，我擔心學運世代的性格、理想本來就不清楚，進到現實位置被吸納後，就更不清楚了。」

羅文嘉強調，「學運性格」應該是獨立思考、有堅持，獨立角色很重要，但現在大部分學運世代相當模糊，不敢獨排眾議，絕大部分只是派系立場，還有媚俗。「如果年輕政治人物走這種花稍路線，是很不好的現象，別人會以為新世代就是要這樣子。整體而言，學運世代即使在派系內，仍不能永遠甘為馬前卒。」

郭正亮也認為，民進黨內的學運世代，幾乎只有新潮流系／非新潮流系兩種，而且絕大部分學運世代都在新潮流，只有他與羅文嘉、馬永成等人不在新潮流內，因此學運世代的從政思考很難超越派系利益。

屬於新潮流系的段宜康，則比較憂心政治結構與政治文化的問題。他說學運世代不見得更有能力解決台灣面臨的問題，因為當前政治生態與媒體環境不容易培養出深思熟慮的政客，所以一代比一代更急功近利，更重視媒體效果，「大家只在乎報紙標題、新聞鏡頭，以及如何在叩應節目中傷害對方，而不是思考對國家長遠看法。」可能會有少數幾個例外，但無法改變整個學運世代的參政特質。

段宜康甚至悲觀認為「我們無力挑戰這個結構，只會在其中愈陷愈深，看不出誰有大力改變的企圖。當所有人都踐踏草皮時，如果只有你繞道而行，最後草皮還是會長不出來。如果說當笨蛋草皮就可以救得起來，那還可以當，但就是救不起來，還要當笨蛋？對學運世代來說就是這個樣子。」

學運世代的青春悲喜劇

回到政治機會結構的基本命題，由於享有比過去任何一個世代都更為寬廣的政治機會結構，學運世代在二、三十歲時就已碰到的政治歷練，幾乎是過去朝野四、五十歲政治菁英才能觸及的政治機會；部分學運世代在三、四十歲所做出的政策判斷，許多五、六十歲政治菁英甚至一輩子都缺乏這種歷史機運。

從成長學習的角度來觀察，這是學運世代得天獨厚的幸運，接下來的世代已經沒有這種可遇不可求的政治機會結構；但從接受考驗的角度而言，這也是學運世代必須承受的殘酷現實，因為學習的空間被壓縮得太短、太快，不少人還沒有機會成長就已陣亡淘汰，這也是學運世代某種程度的不幸。

在很多缺乏政治機會結構的時代與國家中，包括學運在內的所有異議反抗運動，最後常常是以鎮壓悲劇收場，台灣五〇年代白色恐怖、不少第三世界國家的反對運動都是顯著案例；台灣學運世代幸運遭遇巨大政治機會結構，但又被迫提早壓縮成長學習的過程，則像是一齣青春悲喜劇，而且早就注定不會以悲劇收場。

僅就年齡而言，現在三、四十歲的學運世代歷經另一個十年生命歷程之後，不論主觀上願不願意、客觀上是否具有足夠視野與能力，都將成為台灣社會各領域掌握權力、資源的最重要「接班」力量。

因此，對於學運世代來說，年少時代的激情狂熱雖然已經遠颺，未來卻還有數不清的挑戰需要克服，才能共同努力讓這齣青春悲喜劇的結局以喜劇收場。

他們快速墮落了嗎？

學運世代從政者可能是最務實的一群人。因為沒有前幾個世代的濃厚悲情意識，所以學運世代被認為較能務實面對台灣社會內外問題。然而，也因為學運世代曾經被社會賦予高度理想性與正義感的德道光環，因此，學運世代從政者在進行權力操作與面對權力誘惑時的「務實」態度，也容易被外界視為理想性降低、快速墮落。

隨著近年來「馬永成喝花酒與占用官舍風波」、「劉一德國代延任自肥案」、「李文忠緋聞案」等媒體報導與抨擊，「學運世代墮落了嗎？」已成為學運世代從政者最常被同儕與社會各界質疑的問題，也是學運世代從政者必須面對的時代考驗。

政治環境令人迷失？

相信學運世代逐漸妥協甚至墮落者，無非是從「權力使人腐化，絕對的權力造成絕對的腐化」角度出發，再加上民進黨已經執政，因而認定學運世代在掌權後已逐漸背離當年理想。

另一種說法，則是所謂的「環境決定論」。不少人看到民進黨近年人頭黨員弊病叢生、初選風氣日益敗壞，加上台灣選舉文化漸趨惡質、地方基層民代素質低落，因而認定學運世代從政者在這種選舉邏輯、政治文化中根本無法獨善其身，並且會逐漸「國民黨化」、「地方派系化」。

儘管如此，也有不少學運世代認為上述論點皆言過其實、缺乏比較基礎。

首先，他們從權力操作的角度回應，認為學運世代真正稱得上是「權力核心」者，不過是過去的羅文嘉、現在的馬永成與林佳龍等寥寥數人，大多數學運世代從政者根本都還沒有進入權力核心，自然也談不上「絕對的權力造成絕對的腐化」。

其次，他們也認為「環境決定論」不足以掩蓋學運世代的「個人努力論」，學運世代雖不乏在台灣惡質政治文化中沉淪者，但不能因為少數案例而以偏概全，學運世代即使沒有很大的翻轉或超越，也談不上妥協或墮落。

最後，不少人從「人性」的角度出發，認為台灣社會在過去十一年已發生各種世俗化轉變，身處其中的學運世代又何能獨善其身？學運世代的變化，毋寧是人的成長過程中極其自然的部分，雖然不可能視而不見，但也不必過度誇大。

透過下列學運世代從政者的自我反思，以及學運世代同儕的旁觀期許，或許可以提供讀者進一步思考的線索。

選舉是必要之惡？

輔選經驗非常豐富，現在是總統府參議的郭文彬，對於台灣特殊的選舉文化，有其相當傳神的觀察：「一九七七年蘇洪月嬌選省議員時，她的選舉就是在印好的報紙上寫『冤枉啊』，這樣就當選了。八九年周柏雅選台北市議員時，未婚妻葉琦玲的爸爸問他需要多少錢，給他三十萬，也當選了。

但是，我冒昧地講，到了九八年黨內有人選台北市議員時，花了超過八千萬才當選，也有所謂新世代的立委，別人說花了超過一億，他自己承認就超過七千萬。從蘇洪月嬌到周柏雅到現在，是世界變了、民進黨變了，還是什麼東西變了？

選舉是非常現實功利的東西，學運世代當然有人走上花大錢這條路，為什麼？因為要贏。但選舉就是這樣，不要說學運世代，長扁當年選舉時，也都是花了很多錢。陳水扁如果必須常常為錢煩惱，不可能會有今天的發展。但我不同意學運世代墮落這種看法，學運世代與黨內其他人相較，只是為了生存而必須妥協。學運世代其實都還存有理想，都差不多，也墮落不到哪去。」

台北縣議員沈發惠則對台灣選舉生態侵蝕人性有非常深沉的感觸。他說，民進黨的基層真的是很爛，他自信問政表現可以獲得有理念的老黨員肯定，但很多普羅工人、無業遊民、社會底層的黨員，卻是「不給錢就跑票」。

由於政治文化太過惡質，沈發惠說，他現在唯一能做的，就是做好基層公職，「雖然有人比國民黨公職還爛，民進黨與國民黨的距離也愈來愈小，但民進黨的公職還是應該努力做得比國民黨優秀。過去十年，學運世代雖然因為找不到社會改造可能性而苦悶，但卻仍然積極尋求出路，所以只要有一絲光線，就會奮不顧身去嘗試。除非我們真的做了社會道德價值無法接受的事，像貪汙舞弊，否則沒有人可以說什麼是對是錯。」

桃園縣議員鄭文燦也說，台北知識文化圈跟地方是兩個世界，在生活方式、語言詞彙上都不一樣，學運世代以前強調要「下放地方」，事實上，在地方耕耘的人很辛苦，沒有媒體報導、資源保護，只能做苦工，但實際政治工作中，理論只占一小部分，做苦工才是大部分。

他因而強調，「堅持與否只是一種語言，落在具體現實中就是如何操作而已。比如說，很多參與工運的人當選公職後都會了解，你的選票不可能完全來自勞工，你會有很多中小企業朋友、小生意人，你的支持者會很多元化，這是無法拒絕的，你無法拒絕你的選民，只能在心中過濾哪些形象不好、財大氣粗、有爭議性，但很難用傳統觀點來看這些事情。」

台中縣議員劉坤鱧長期在地方發展的煎熬則是，在地方上一定會面臨地方派系與山頭勢力的「選邊」問題，否則根本很難發展，更別說是實現理想。劉坤鱧說，學運世代想要保持理想性，只能自我要求，「全台灣的地方議會大概只有我還到處兼課教書，我不是為了微薄的車馬費，而是為了強迫自己不要隨波逐流，否則地方民代很容易就會腐化。」

喝花酒與緋聞風波

基層民代固然難為，實際掌握權力與資源的官員，是不是更難抵抗權力的誘惑？

曾因台北市議員秦慧珠窮追猛打「喝花酒風波」，而黯然辭去台北市政府副祕書長職務的馬永成，後來又因以總統府參事身分進住政府首長官舍引發爭議，他對媒體太過強調道德檢驗的看法則是：「有的東西是必然存在的小惡，我也同意……。媒體到底在傳達什麼價值？如果這些價值對社會整體沒有幫助，媒體是會被淘汰的。」

同樣是官員的林正修，則是這樣看待「學運世代是否墮落」這個命題：「我不覺得誰可以說誰墮落，我覺得這是自我要求與訓練，學運世代如何在以喝酒文化代表感情認同的政治生活圈中自我要求，而不要出現醜態，不能貪汙及以權謀私，這非關道德，是自我要求，就像健身一樣。

多交女朋友沒關係，但不要去風月場所的方式，我不反對緋聞，但反對對女性不尊重，不要只把責任推給環境，是你自己喜歡啦。我不願講學運世代墮落，而是世俗化過程中，一定有人調適不良，應該要自知進退，不要明明是墮落還說調適得好，那是最糟糕的。」

至於學運世代政治人物近年頻傳的緋聞八卦，也被坊間媒體影射的立委賴勁麟則強調：「我覺得台灣的政治愈來愈八卦，尤其是立法院，立委認真問政，媒體覺得不重要，反而是八卦的東西大家有興趣，一個傳一個，完全扭曲。之前的確有一些雜誌來問我，有關於所謂的『緋聞』，我的態度是有就是有，沒有就是沒有，有也不怕你報導，沒有你們還報導是侮辱自己雜誌。」

鄭文燦則是這樣看待十年前後的時代差異：「反對黨人士的緋聞，會被當做革命時代愛情故事，執政後國會議員的緋聞，則會被當成八卦，甚至是墮落的象徵。但事實未必如此，是檢證的標準不一樣，否則以前的緋聞故事比現在更多。但這也是執政的考驗，學運世代政治人物必須面對輿論的高標準檢驗，輿論以前對舊政府是低標準檢驗，對新政府則是高標準檢驗，所以壓力特別大。而且檢驗來源不是反對者，是以前革命的同志與夥伴。」

至於眾多學運世代曾經參與的「國大延任自肥風波」，時任民進黨國大黨團幹事長的劉一德強調，當時民進黨高層曾集體做出「只要廢國大，延任也可以接受」的共識，只是在輿論強烈反彈下，林義雄、陳水扁等領導人全部退縮，最後只好由負責執行的國代本身承受外界責難。

但當時銜陳水扁之命上陽明山溝通的羅文嘉，事後則有這樣的感觸：「那次很痛心，我碰到一個學運世代，不講名字，我說延任案不對，他回了一句，意思是說我怎麼還那麼天真，好像是說我怎麼還把理想真的當一回事。我那時很後悔，還幫這個人站過台。過去只要學運世代需要站台，我都會去，因為你不會對其他人有特別期待，對學運世代會，但現在也會多一些失落。」

彼此監督防腐化

對於學運世代從政者的表現，當年野百合學運五人教授團成員、現任台北市勞工局長的鄭村棋說，學運世代最可惜的是，有相互較勁，沒有形成相互監督、期許。

鄭文燦、羅正方、鍾佳濱等人也不約而同強調「集體監督防腐化」的重要性。

然而，政治部門之外的學運世代又如何看待自己的「監督」與期許呢？

現在是中研院助理研究員的范雲說，有一個研究指出，學運世代與過去朋友愈來往，就愈不容易變質，因為你不希望被你互動的人否定，所以學運世代會有一種自我監督與相互監督的力量。「這當然不是對每個人都有效，有點唯心，但多少有點影響力，像沈發惠見到我們就會開玩笑說自己是『小政客』，但友情也會讓我們對他有一些同情式理解。所以，學運世代互動在消極面是建立檢驗標準，積極面則是建立集體提升的力量。討論出某些更高價值，才能動員所有人。」

范雲並強調，如果很多學運朋友進入政治領域就容易墮落，在政治圈外的朋友就應該思考如何改造制度與環境。「否則我們批判人家，很可能只是因為我們不在裡面，很幸運，但我們的批判其實沒有比較高級或道德，換了我們可能做得更糟。」

王時思也這樣自我檢視：「我在社運團體，好像就在比較純潔的地方，說什麼不太有人敢反駁，但我不太喜歡這種感覺。我覺得大家是害怕面對過去的自己，所以才會害怕面對我。

比如說當縣議員就是要去喝花酒？我當然認為這種說法是屈從，但他們就會從實務角度說，如果不這樣做，可能連選都選不上，更別提政治改革這些空洞的事。我會被一直提醒，因為我運氣好，可以在社運團體存活下來，所以我不太願意用這麼嚴厲的角度去看他們，但我的確對他們很多行為很不舒服。

我不是比他們純潔，而是不需要面對他們需要面對的考驗，如果我也要面對，不一定能通得過。如果迫不得已，我必須離開社運進入政治，那才可以公平比較，是別人墮落還是任何進入那個領域的人都會如此？」

長期在婦運領域的孫瑞穗則這樣看待所謂的「相互監督」：「學運朋友進入中央、地方政府後，我希望他們能堅持當年的理想性格，不管是左派還是右派，改革不必打折扣。我對朋友們的期許，跟我常常問自己的問題是一樣的：『是你改造了機器？還是機器改造了你？』

運動成果最重要的，其實是關於人的品質的改造。如果政權成功轉移了，但人心還是一樣壞，人依然沒有想像力，我就覺得這個運動有缺陷，很假。就像你搞了一個偉大的公園給老百姓用，但回家繼續打老婆，我還是會瞧不起你！但話說回來，大家也應該要學會放輕鬆，說彼此監督太沉重了！」

天使與魔鬼的綜合

回到「學運世代是否墮落」的最初命題，今年決定參選的郭正亮借用社會學家韋伯的話形容自己心境，「韋伯說：『政治是天使與魔鬼的綜合，天使有理想，魔鬼有權力，不可能光是某一端。』對於政治人物來說，怕熱就不要進廚房。我不會覺得有些人墮落，我會覺得有些人失去了很好的機會，很可惜，但也只是可惜。」

或許，所謂「天使與魔鬼的綜合」，就是政治工作中理想與現實的落差，更是人性中最真實。學運世代當年固然滿懷改造社會的崇高理想，但進入政治工作的繁複、繁瑣操作中，再崇高的理想也必須做出實踐策略上的修正與調整，中央層級的政治資源分配尚且如此，更何況是基層民代必須面對的柴米油鹽醬醋茶、黑白兩道三教九流等現實挑戰。

但是，儘管學運世代未必存在相同的價值觀與終極關懷，「必須比國民黨做得更好」終究是學運世代從政者不容置疑的自我要求準繩。

如果學運世代從政者只是以理想與現實的落差為藉口，以種種「環境決定論」、「人性演變說」為由，卻坐視自己的行徑與過去極度厭惡抨擊的國民黨官員、民代愈來愈像，甚至做出與年輕時代理想完全背道而馳的政治決定，則這種自欺欺人的妥協墮落，也終將無法通過時代的考驗。

儘管現實政治環境、選舉生態的確充滿讓人向下沉淪的誘因，但學運世代從政者卻沒有悲觀或退卻的權利，能夠堅守「比國民黨做得更好」的底線，其實只是最低標準，若能透過個人努力達到向上提升、耳目一新的高標準，將更是難能可貴。

民進黨執政後的集體焦慮

學運世代從政者可能是最焦慮的一群人。

就像小時候看過的「科學小飛俠」卡通一樣，許多學運世代從政者念茲在茲的人生目標，就是要打倒惡魔黨（國民黨）。對不少學運世代從政者而言，羅大佑在〈童年〉中提出的「諸葛四郎和魔鬼黨，到底誰搶到那隻寶劍？」疑問，如今也已有了答案。

惡魔黨被打倒了，然後呢？王子與公主從此就可以過著幸福快樂的日子？

不知為何而戰？

台灣在二〇〇〇年三月十八日首度完成政黨輪替後，許多學運世代多年來「打倒國民黨」的目標終於實現，但心情卻非常複雜。

曾經擔任過《明日報》等媒體總編輯的陳裕鑫，覺得自己原有的人生焦慮在那一霎那間化為雲煙：「以前搞學運時，國民黨還是一黨獨大，我們覺得可能到老都看不到國民黨下台。當時黨外立委只有少數幾席，我們的所做所為只想留下歷史，根本不足以撼動國民黨，結果這個人生焦慮竟然解除了。」

但是，很多學運世代始料未及的是，政黨輪替的強烈狂喜竟然會在最短時間內迅速消退，取而代之的是人生目標頓失的強烈空虛。

更嚴重的是，在過去一年多的「執政經驗」中，由於民進黨政府政績不佳，學運世代也普遍缺乏足以影響決策的著力點，導致不少學運世代感受到前所未有的重大焦慮、挫敗與無力感，只能在重大苦悶中努力尋覓新的人生目標與自我定位。

日前剛進入總統府任職的郭文彬就這樣說：「執政機會來得太意外，根本沒有準備好。但我們投入反對運動是為了現在的政績不佳嗎？正義使者、聖戰士怎麼會做得這麼糟？」

民進黨立委李文忠更是充滿了沮喪：「過去十年我的最大焦慮是『不知為何而戰』，這在阿扁執政後更強。換我們執政後並沒有改善，說比以前更壞，這對我們不公平，但要說好到哪裡去，也沒有。」

不僅如此，不少學運世代對於民進黨政府的能力不足也提出嚴厲批評。蕃薯藤執行長陳正然這樣認為：「民進黨做不好只是結果，因為過去準備不夠。政府就像一個大公司，不是換了董事長、總經理就行了，這是能力問題，不是意願問題。當民進黨官員連交接都不知道如何交接，底下公務員就看破手腳，出幾次題看你無法通過考驗後，以後就是『令不出部長室』了，所以過去一年多等於是歷史的歸結而已。」

許多學運世代更以核四停建風波為例，認為民進黨政府缺乏戰略觀，以致於進退失據、執政聲望盡失。李文忠在這方面的批評最為直接，但也引來不少民進黨傳統支持者的反彈。立委王雪峰也說：「如果最後還是要讓，何必浪費這一百多天？」

民間司改會執行長王時思則提出從社運界監督民進黨執政的看法：「前一陣子大家的挫折太大，大家看到民進黨為了執政，很多事情都是不必堅持的，對政黨輪替失去信心，民進黨的執政邏輯基本上承襲舊政權，沒有帶來新價值，核四只是其一。」

學運世代看陳水扁

至於學運世代對於陳水扁總統的觀察，許多人雖仍有期待，但亦普遍出現「視野、格局不夠」的評價，郭正亮直言對於陳水扁的「無法理解」：

「陳水扁執政的前三個月機會有多好，但他一直失去那些機會，台灣人民醞釀出歷史的能量，從去年四月至八掌溪事件中間，我敢說他做任何事都會成功，但他卻到處謝票，不可思議，他竟不知政黨輪替的深刻意義，不可理解。我看不清陳水扁在這四年想要成就什麼，看不出來。法國總統密特朗在一九八一年執政時，第一年也是碰到很大阻力，國有政策被迫倒退，但他的改革方向與意義卻做出來了。」

范雲也對陳水扁的施政風格感到憂心：「李登輝是意識型態主導、知識做背景的人，阿扁是從選舉中成長的政治菁英，思考完全不同。阿扁好像沒有一個他堅持是對的東西，無法引導大家往某個方向走，他上台後台灣主體意識反而向下跌落，主流聲音變成是比較保守的東西，民進黨又怕給扁惹麻煩而自廢武功，現在講台獨好像是愚蠢行為，使得支持一國兩制的民調比例更為提高。

阿扁非常重視民調，但民眾是可以被改變、說服的，你為什麼要放棄你相信的東西，去趨近別人的意見？應該是去說服中間的人支持你才對。只有說服中間的人，才能真正獲得他們的支持。這是我對阿扁的憂心。」

然而，陳水扁過去倚重的左右手羅文嘉，則有第一手近距離觀察：「整體而言，阿扁是好的政治人物，大原則可以守住，他的限制、缺點大家也都了解，他也不諱言自己不足，他有個好處，城府不深，好壞大家都看得清楚，不是那麼莫測高深的統治者，喜怒哀樂、哪些東西有所謂無所謂，媒體、政敵、親信讀到的都一樣。一個人不可能解決所有問題，他只要扮演好自己的角色就夠了。」

海基會副祕書長顏萬進也認為陳水扁的潛力不容忽視：「陳水扁是可以為台灣三十年發展經驗總結的本土菁英，他的學習潛能也絕對足夠，一年前的阿扁、現在的阿扁、未來一年後的阿扁，我相信是三個不同層次的人。」

「總統府高層」的辯護

對於學運世代同儕從不同角度的批評，身處「總統府高層」的總統府參議馬永成、諮議曾昭明、國安會諮詢委員林佳龍，也從不同角度提出「辯護」。離職赴英完成博士學業前的曾昭明認為新政府「不是改革不夠，而是改革戰線拉得太寬」，他在總統府內的觀察是：

「陳水扁新政第一年，我們用古典術語說，在某些方面我們有左傾冒進主義的傾向，改革戰線拉得太寬太廣，沒有獲致足夠的社會基礎來支持這種改革路線。這與社會印象正好相反，由於一下子改革戰線拉得太寬，結果每個地方都不斷與舊勢力衝擊，每個地方也都沒有凝聚足夠的社會支持、完成必要的改革，外界朋友才會失望，就像密特朗剛當選時的樣子。

所以我現在最大憂慮是，新政府與民進黨是否能清楚掌握改革議程表，而且是民進黨力量能夠完成的改革，如果缺乏有效的改革方針、策略，新政府就可能被社會比較保守的力量帶著走。當沒有適當社會基礎時，強求用政治手段實現某些目標，要小心反挫後也許就是更大的倒退，我覺得去年大家都低估了這種反挫的危險，這也是我最大的憂慮。

也許，這次政權轉移是一次早熟的政權轉移，不是民進黨沒有準備好，因為很難回答什麼才是準備好了，但可以回答的是，包括核四、工時、金融改革等重大公共政策，我們的社會還沒有準備好進入全盤改革的時代，一個比較堅實、可以引導前進的民間社會還不夠成熟與清楚。不論在做停建還是復建過程，反核團體力量薄弱到難以置信的地步，所以不是民進黨沒有準備好，是我們這個社會還沒有準備好。

未來我反而覺得還有可為。這很難舉例，很多事情還不能公開講。我只能說，有些民進黨政治人物的堅持、抗壓的程度，超過我的意料之外，與社會印象完全不同。在很多議題上，我本來以為他們會讓步、妥協，但他們沒有讓步也沒有妥協，這是我第一手接觸發覺的，就這些層面，讓我覺得民進黨還是可以信賴的力量。」

是危機也是轉機？

學運世代第一位部長級官員，國安會諮詢委員林佳龍，則抱持著「危機也是轉機」的看法：「我們原本以為，二〇〇四或二〇〇八年才是民進黨的天下，沒想到提早到來，但也只能去面對。

陳水扁提出『鞏固民主、穩定兩岸、破除積弊、開創新局』，是總結過去與未來的理想，但現狀卻是『不完全輪替』。其實，台灣現在很多問題早就潛伏，只是過去國民黨在政治、經濟、社會各層面強力壓住，問題才沒有浮現。

舉例來說，台灣過去十年來的再投資已經停滯，泡沫經濟存在已有相當時間，但過去國民黨有辦法透過政商介入、利益分配來延後很多問題，現在陳水扁根本沒有能力壓制。國民黨更透過黨產、黨營事業與大資本家形成利益網絡，來解決股市、金融問題。民進黨執政後一來沒有這套機制，二來無法駕御統治機器，所以有點空轉。

所以，現在是舊政經體制的瓦解，但新政經體制與機制還未出現的過渡與混亂。某種程度，新政府只是呈現這些積弊，而沒有解決這些積弊。大家覺得『台灣怎麼突然變這樣』，但我覺得『台灣本來就是這樣』，所以應該可以對陳水扁、新政府多一些寬容。現在時間可能已經略晚，但還是要做，對於過去十年的檢討，整體檢視一遍，才能開創新局。新政府第一年只是穩定外部情勢，讓內部問題浮現，還好現在外部情勢穩定，應該可以提供一兩年時間進行內部改革。

但危機也是轉機，應該在選後籌組國會多數聯盟時，順便做政策調整，哪些政策要堅持，哪些要妥協，哪些不碰，一定要給政治聯盟一種政策基礎與願景，如果真的談不攏，再來調整，不然到最後一定沒有標準，就是什麼都可以聯盟，好的壞的，黑金，一定會變成這種局面。

阿扁若做四至八年，可以為新時代奠基，阿扁若能發揮魄力清除積弊，也許年輕一代未來有機會主導時，更有機會開創新時代。」

執政論述的匱乏

儘管曾昭明、林佳龍在某種程度上提出了民進黨政績不佳的「合理辯護」，但持平而論，民進黨執政後喪失建構「執政論述」的能力，亦是新政府無法普遍贏得社會支持、難以深化改革的重要因素，而這也正是學運世代能否擺脫焦慮無力的重要著力點。

從黨外時期到民進黨執政之前，反對運動曾經成功建構出一套以反黑金、清廉執政、愛台灣、反外來政權為核心價值的「在野論述」。不論這套論述是否過度民粹及訴諸族群情結，但其實際說服力卻是成果斐然。

更重要的是，民進黨這套「在野論述」還能與時俱進，在愈接近執政的關頭，愈能延伸出另一套以政黨轉型為核心理念的「準執政論述」，讓社會各界與民進黨傳統支持者相信，民進黨的種種妥協讓步皆非喪失理想，而是為了打倒黑金與外來政權所必須做出的彈性修正。

然而，民進黨執政後卻突然喪失了這種主導全局的論述能力。正因為「執政論述」內容模糊與缺乏說服力，導致民進黨政府始終無法有效回答兩個主要質疑：民進黨政府到底是以百分之四十基本票為主要效忠對象，還是有能力兼顧其他百分之六十選票的需求？民進黨政府到底有什麼辦法既以安定大局為重，又能推動備受社會期待的種種改革訴求？

對於一個從未有過執政經驗的新政府來說，外界高標準的批評誠然未盡公允。但是，民進黨政府始終無法發展出一套足以說服反對者接受、鼓舞支持者熱情的「執政論述」，卻無疑是新政府缺乏執政視野、以致深陷泥沼的重大戰略盲點。

過去「在野論述」的成功定義與彈性詮釋，讓民進黨得以憑藉百分之四十選票就攻下總統寶座；如今「執政論述」的嚴重匱乏與真空斷層，卻已讓民進黨政府先後在工時案、核四案等重大政策腹背受敵及進退失據，形成民進黨執政的深層危機。

儘管學運世代在民進黨執政後感到無力與焦慮，但民進黨政府在論述能力方面的明顯不足，卻可能陰錯陽差提供了另一種政黨輪替後的機會結構，讓具有論述潛能的學運世代有機會提出嶄新的「台灣發展論述」或「民進黨執政論述」，從而形成學運世代從政者抒解集體焦慮的重要出路。

註一：《學術與政治：韋伯選集I》，錢永祥編譯，新橋譯叢。

第四章

學運世代的腳印

在一個大眾消費社會的時代裡，人，僅僅成為琳瑯滿目之商品的消費工具。於是生活生去了意義，生命喪失了目標，我們的文化生活愈來愈庸俗、膚淺，我們的精神文明一天比一天荒廢、枯索……

我們盼望透過《人間》，使彼此陌生的人重新熱絡起來；使彼此冷漠的社會，重新互相關懷；使相互生疏的人，重新建立對彼此生活與情感的理解；使塵封的心，能夠重新去相信、希望、愛和感動，共同為了重新建造更適合人所居住的世界，為了再造一個新的、優美的、崇高的精神文明，和睦團結，熱情地生活。

——陳映真，〈創刊的話〉，《人間》創刊號，一九八五年十一月

除了從政之外，學運世代在九〇年代大量投入社運、學術、媒體等三個領域，在某種程度上，投身社運是一種漫長的自我改造過程，學術之路面臨的是運動冷清後的反思沉澱，進入媒體則是從運動者到觀察者的身分逆轉。

如果《人間》雜誌當年傳遞的濃烈人道價值、進步意識與社會關懷，已成為部分學運世代生命歷程中如影隨形的重要終極關懷。那麼，走過《人間》筆下（以及鏡頭下）荒廢枯索的八〇年代精神文明，接受九〇年代台灣社會「大人間」的現實試煉過後，學運世代在社運、學術、媒體等不同領域各自面臨什麼樣的掙扎與挑戰？

弔詭的是，台灣首度政黨輪替後，社運、學術、媒體等民間社會中的進步力量，卻也面臨必須與民進黨政府釐清關係、重新定位的關鍵時刻，改革與安定究竟孰輕孰重？民進黨執政後的民間社會應該是什麼樣貌？已是民間社會中學運世代的時代課題。

社運中的執著身影

當社運界長期寄望的政黨輪替終於在二〇〇〇年實現後，陳水扁總統就任之初忙著拜會的是工商界大老；政黨輪替屆滿一年多、歷經工時案與核四案等劇烈波折後，陳水扁總統說出的是「不惜為企業界向地方環評官下跪」重話，民進黨政府日前更以經發會向大企業主全力「輸誠」。

在當前失業率不斷向上攀升、經濟成長率首度出現負成長的時代氛圍中，外勞不斷擠壓本地勞工，原住民勞工的生存危機更是嚴重，各種社運及弱勢團體的處境已更加不利，此時此刻談起在社運界長期奮鬥的學運世代，心境上竟已有些滄涼。

學運世代的自我改造

八〇年代曾有所謂的「社運黃金十年」說法，無論是早期的自力救濟公害抗爭，還是後來風起雲湧的工運、農運、學運、婦運、原運、環保運動、反核運動、無住屋運動，每個運動領域都像打開了一扇門窗，讓壓抑已久的社會力找到出路、盡情宣洩。台大學生在一九八六年投入鹿港反杜邦運動，各校學運團體紛紛「下鄉」、「自我改造」，則讓學運世代在那個苦悶年代找到了社會實踐的重要著力點。

然而，台灣政經結構在九〇年代大幅調整，體制內力量迅速吸納了原有體制外運動的資源、人才與抗爭能量，傳統社運空間因而大幅萎縮，過去十一年來，許多學運世代雖曾在傳統社運領域留下足跡，後來卻紛紛投入政治部門（例如李文忠、賴勁麟、李建昌、周威佑等人待過勞支會，林正修當過環保聯盟與ＯＵＲＳ祕書長等），使得至今仍留在傳統社運領域者相對稀少。

學運世代在社會實踐場域的分道揚鑣，固然是生涯規劃的不同選擇，卻也忠實反映出不同的終極關懷取向：認為政治民主化是台灣改革核心動力者，投入政治部門並不令人意外；相信社會改造才能真正改變弱勢處境者，則長期留在傳統社運領域推動進步價值。

相對於政治部門的豐沛資源與熱鬧掌聲，長期留在社運領域內實踐「自我改造」信念的學運世代，需要更大的勇氣與堅持，值得社會各界抱持更高的肯定與敬意。

在此同時，部分學運世代也積極投入司法改革、教育改革、媒體改革、網路社運等所謂「專業社運」領域，希望走出不同的社運實踐道路，他們在新時代中容或爭取到更大的社運空間，但夾在既有體制與傳統社運間的「半改革、半保守」處境卻也異常尷尬，成為學運世代在社運實踐道路上不容忽視的身影。

回首向來蕭瑟處

回首來時路，學運世代在不同社運領域中各有不同體驗與願景。

對於長期在工運領域中並肩奮鬥的丁勇言、邱毓斌來說，他們至今仍在為著「成立階級政黨」的左派素樸夢想而打拼，儘管丁勇言已經進入行政體系、邱毓斌也暫別台灣赴英深造，但他們的共同夢想仍然矗立在遙遠的前方。顧玉玲則在「弱勢中的弱勢」領域打拼多年後，深深感嘆「如果連改造自己都做不到，很多東西都是虛假的」，她對台灣工運前景雖然沒有太多樂觀，但仍然相信「讓運動帶著走」的積極前進動力。

曾經擔任環保聯盟祕書長的林正修，則如此反省他的環保運動經驗：「環保聯盟在論述這方面比較弱。其實，反核不是因為國民黨獨裁，林俊義這種說法只對了三分之一，反核的關鍵是台美關係，因為我們的規格很嚴，如果美國不賣，法國也進不來，但台灣人民認為美國對我們很好，所以環保聯盟對於『反核就是反美』這句話就講不出口。」

出國唸書前擔任婦女基金會董事的孫瑞穗，對於台灣婦運近年來因為公娼、同志等議題而分裂，有著「婦運工作者代間差異」的分析。她認為「早期的婦運者跟爛男人打仗打太久了，不懂得如何放鬆給下一代女兒們（或孫女們）空間對話與翻觔斗，遑論面對如同妖魔鬼怪的女同性戀者了，後者對老人們而言像是『外星人』，幾年前的紛爭簡直就是一場混亂的星際大戰……我遺憾的不是分裂，而是當時沒有比較深刻正面的對話被留下來。」

長期致力原住民運動的台邦．撒沙勒，則對目前原運目標集中在都市生活與就業的權益問題，但都市原住民勞工卻無法與外勞競爭感到憂心。他始終認為，原運應該回到部落發展，因此未來他將以籌設「部落大學」、發展部落產業做為最重要的運動方向。

至於希望走出「專業社運」新路的王時思，至今仍在為司法改革能夠挑戰多少現有體制、既定價值而焦慮；而很早就投入網路社運領域的陳正然、陳豐偉，也仍在虛擬世界與真實世界的落差中搏鬥。

安定與改革之爭

然而，學運世代在各個領域描繪的發展遠景，在實踐過程中卻必須面臨與朝野政黨既競爭又合作的考驗。

在台灣長期以民主反對運動引領社會運動發展的特殊經驗中，做為相對中間偏左路線的政黨，民進黨過去無疑是大多數社會運動的代言人，民進黨執政也被許多社運團體賦予高度期待。

然而，民進黨執政至今的施政價值，卻始終被認為在「改革」與「安定」兩種價值間模糊擺盪——而且常常是擺盪向「安定」這一邊，儘管這種模糊擺盪未必是民進黨政府的主觀意志，例如工時案、核四案，最後結果都是由在野黨「國會多數」意志所主導，但是，民進黨執政後必然出現的角色轉變，卻終究是社運團體必須面對的殘酷現實。

尤有甚者，陳水扁總統就任以來對於大企業主及其利益的高度重視，以及民進黨政府政策上的調整，更已被部分論者形容為「新重商主義」。在這種民進黨已經是不折不扣的「當權者」大環境下，社運團體究竟應該維持過去與民進黨之間的「戰略夥伴關係」？還是應該重新定位於固守民間社會的「監督壓力團體」？

換句話說，社運團體中的學運世代，在新政府上台後彷彿永無止境的政黨惡鬥之中，究竟是要基於改革意識、擔心保守力量復辟反撲，而成為民進黨政府的「堅實盟友」？還是要基於自主意識、擔心民進黨變質出賣，而堅持做為民進黨政府的「強力批判」者？

台灣民間社會的進步力量，是不是在民進黨執政後急速「真空化」？這樣的時代命題，不止困擾著社運團體中的學運世代，也是整個學運世代的集體焦慮之一。

社運自主意識抬頭

邱毓斌在二〇〇〇年四月撰文〈作神的轉去廟，作鬼的轉去墓仔埔！〉（註一），率先提出他「政黨與社運團體各安其位」的想法：

不能以為一起陪阿扁打了聖戰，我們就和大資本家們一樣受阿扁重視，就能隨著他進到總統府。七月底一到，鬼門一關，我們仍然只是在社會運動裡遊蕩的孤魂野鬼……特別是在完成政黨輪替，長期的壓迫者國民黨下台之後，社會運動與反對黨的共同敵人消失，原本存在的潛在聯盟基礎已經不復存在。幾個主要政黨都是所謂的全民政黨……只有強大的民間力量才能夠制衡或左右這幾個面貌越來越相似的政黨。

清大通識中心講師翁仕杰則在同年五月進一步撰文〈再下來，我們要反對什麼？〉（註二），提出學運世代對於「反對傳統」的看法：

我想沒有一個受野百合學運洗禮的人，會那麼天真的以為，加入或支持阿扁的新體制，就代表反對貞操的喪失。相反的，如果能在進入新體制後，努力地實踐當初所堅持的理想，那絕對是種比反對更崇高的責任倫理……然而，今天我們所談的不是個人層次的問題，而是台灣的社會有沒有獨立自主深厚堅實的批判傳統與反對論述，可以超越個人、黨派、族群、對立的意識型態，而形成一種為整個社會所接受的普遍價值。野百合十年後的清香是否還在，就看我們反不反對「反對的傳統」就此消失了。

民間司改會給新政府執政一年司改成績打了三十幾分的超低評價後，引來部分人士對於司改會「失之過苛」的質疑，司改會執行長王時思則對於「防止復辟說」相當不以為然：

「我完全不覺得這種說法是對的，他們覺得大家要大團結，把復辟力量說成像大怪獸，但我認為新政府沒那麼脆弱，而且老講復辟太保守。改革權力是在政府手上，復辟是想像出來的……而且我們並非只是批評，像陳定南調動二十一縣市檢察官，我們就跳出來當民進黨政府的『打手』，因為這必須支持，我不以為給新政府掌聲是可恥，但我們與新政府是根本價值觀的不同，這更深刻。」

王時思對於民間進步力量的「真空化危機」並不那麼悲觀：「陳水扁就算執政八年，政權還是可能輪替。社運團體的無法中立，我覺得只是原來體質不良的團體被證明體質果然不良，太依賴特定政黨，但也因為這樣，與政黨等距的新團體會出來，所以我沒那麼悲觀。社運團體本就應該重新回到自己崗位、找到座標。」

反對運動不反對？

儘管這種整體印象不盡公平，但在種種客觀條件限制下，台灣政黨輪替一年多呈現出的圖像確實是「新政府不新、反對運動不反對」，除了少數社運團體堅持自主性之外，多數社運團體仍然在既有政黨之間尋求最大「靠山」，台灣民間社會的確尚未形成一股足以超越黨派、族群、意識型態之上的反對力量。

「新政府不新」的原因，在於陳水扁政府並未展現一種清楚的施政價值與優先順序，以致於除了法務部掃除黑金、財政部整頓基層金融秩序的零星出擊，社會無法明確感受到新政府具有方向感的改革魄力，反而較易看到新政府延續舊有價值的人事佈局與施政方向。

至於「反對運動不反對」的原因，則牽涉到台灣特殊的歷史發展與政經生態，使得反對運動的空洞化危機與新生轉機正同時交互作用。

台灣社運長期依附於以民進黨為中心的組織動員架構，直到近年來各領域的自主力量才逐漸成長茁壯，但在社會各領域自主性力量尚未成熟發展之際，民進黨卻已「提前」取得政權——而且是不足以主導全局的「少數執政」窘態。因此，當民主運動在台灣已完成政黨輪替目標之際，反對運動、社會運動才正要陷入無比尷尬的認同困境與空洞化危機。

無論如何，《人間》雜誌當年彰顯的人道價值、進步意識與社會關懷，在二十一世紀初仍然考驗著學運世代社運工作者，只是這回已經換成另一種形式，來考驗學運世代社運工作者對於「民間社會」與「反對／批判傳統」的堅持與信仰。

學術做為一種志業

曾經有一段時間，「韋伯」、「馬克思」、「新馬克思」、「新左派」是八〇年代台灣大專院校內最流行的顯學，「自由派學者」不但是學生思想啟蒙的導師，更是學生們抗議造反的守護神，「御用學者」、「學官兩棲」則是充滿正義感的學生用來羞辱親國民黨學者的慣用語。

十幾年之後，當年因為「傷害校譽」等名義而被記過的學運世代，已經紛紛返回大學校園任教，在課堂上面對新一代同樣叛逆——儘管叛逆的方向已經有很大差異——的年輕學子。

然而，校園裡面流行的課程已經變成「愛情社會學」、「自殺社會學」；中央政權雖然已經換黨做做看，但是學者借調當官的情況仍然層出不窮。隨著時空的移轉，學術與政治的分際，現在輪由學運世代學術工作者來仔細品味思量、接受考驗。

追求學術真理之路

大體上來說，學運世代的學術之路分為幾個類型，一種是像林佳龍、吳介民、林繼文、蘇峰山、郭正亮、林鈺雄、駱明慶、陳英鈐、陳志柔、范雲、徐永明、汪宏倫、藍佩嘉等人，畢業後一路直攻博士，並且順利取得美國哈佛、耶魯等名校學位返台任教。林國明等人經過短暫社會歷練後出國唸書者，現在也已返台進入學術崗位。另外，像柏蘭芝在北大任教、葉家興在香港任教，則顯示學運世代的教學足跡並不侷限在台灣本地。

另一種則是像吳叡人、梁至正、李威霆、郭紀舟、孫瑞穗、施威全、陳尚志、邱花妹等人，他們因為不同的原因——有的人是一再延長修業期限，有的人是不同國家學制的差異，有的人則是經過長期社會歷練後才決心出國——目前仍在國外深造，這些人未來部分將投入學術殿堂，部分則將重回社會實踐場域。

說起來有些諷刺，當年不少「學運分子」把全部時間、精力用在運動上，並且把學術視為社會實踐的工具，等到學運狂潮落幕後，他們才驚覺運動退潮後的空虛失落，因而重拾書本甚或走上學術之路；但或許也因為這樣的刺激轉折，讓不少學運世代更能結合學術志業與社會關懷，從而展現不同的研究取向與學術風貌。

回首來時路，當他們重回當年抗爭的校園傳道授業解惑時，內心難免一陣波濤洶湧，在年輕學子叛逆神情中重新看見自己的輕狂年少，也看見自己當年的理想光熱。

這些學運世代學術工作者，如今也已成為最容易被台灣社會「看見」的學運世代族群，他們究竟有什麼特殊的研究與關懷取向？未來將在台灣社會扮演什麼角色？也將是觀察學運世代的重要指標。

中國研究與多元關懷

與當年李鴻禧、胡佛、張忠棟、楊國樞、瞿海源、蕭新煌、葉啟政等支持學運的自由派學者相較之下，學運世代對於「中國研究」的濃厚興趣，以及學運世代多元異質的關懷取向，很可能是學運世代投入學術領域後的最大特徵與衝擊。

野百合學運五人教授顧問團成員之一的瞿海源，就對學運世代大量投入中國研究感到有些困惑：

「學運世代很多人回到學術界，這點我很高興，但也覺得有些可惜，怎麼他們都去研究大陸了，而不是研究台灣？」

關於瞿海源的這個疑問，拿到耶魯政治學博士的郭正亮說，他原本唸社會學研究所，出國後卻改唸政治、並且專攻兩岸政治的最大原因，是「國民黨本土化後，反對運動就要直接面對中國了，而民進黨逐漸茁壯後，卻突然發現自己對於中國、台美中三角關係的認識嚴重不足」，所以他個人致力於銜接這段接近空白的論述。

拿到杜克大學社會學博士，現在與瞿海源是「同事」的陳志柔，也同樣是基於「中國對台灣很重要」的現實理由，在台灣尚未興起大陸熱、上海熱之前，就決定以中國研究做為主要關懷取向。

取得耶魯政治學博士學位，目前在國安會負責兩岸政策的林佳龍，則這樣回應瞿海源的疑問：「學運世代當初面對的社會集體焦慮，是台灣內部戒嚴體制下的政治不民主，但現在只剩下兩岸衝突、國際經濟危機等外部挑戰。不論願不願意，兩岸關係都是台灣發展關鍵，這是現在台灣社會的集體焦慮。」

至於學運世代多元異質的研究關懷取向，則更反映在性別議題、後殖民論述等多元領域上，其面向相當豐富、不一而足。

長期投入婦運領域、正在加州大學柏克萊分校攻讀都市計劃博士學位的孫瑞穗這樣形容：「我想我這一代的女性主義主體形成過程比較特別，不是在學院教堂裡唸經唸出來的，而是由於一種很原始的政治與慾望上很原始的飢渴，而在街頭和讀書會中『自我覓食』和『雜食』出來的。」

學術與政治的分際

然而，當年不約而同以「深化自己」為期許出國唸書的郭正亮、林佳龍，如今卻也同時走上從政之路。郭正亮在擔任多年黨職後，決定站到第一線參選立委，林佳龍的國安會諮詢委員角色雖屬第二線幕僚，但在政府層級中仍是比照部長級官員的「總統府高層」。

他們又是如何看待學術與政治的分際呢？

回國後就在東吳大學任教的郭正亮說，學術是為了追求真理，只看到目標的絕對性，政治則必須考量目標之間的平衡、目的的多元性，以及考慮手段與目的的有效性。「如果說我有所調整，是我後來愈來愈把自己定位於政黨的菁英，所以必須在多重目標、手段有效性做平衡。」他強調，當選立委後一定會辭去東吳大學教職。

但郭正亮也反過來指出，現在三十五至四十五歲之間的學者中，他自己其實是極少數與民進黨有深厚淵源者，其他絕大多數皆未與政黨有太深的糾葛。這些知識分子的自主性空間最大、而且沒有立即現實利益，因此他們應該是建立台灣民間社會的最重要力量。「但他們不是挺扁就是挺宋，批判型知識分子在民進黨執政後不見了，這是他們的問題，不是政黨的問題。」

林佳龍則說，他在總統大選後選擇進入國安會的理由，是「勉強可以說服自己、別人，再回學術界不致於突兀，甚至有幫助，未來回去寫論文會八九不離十，不會與現實差太遠。」他強調，給自己兩年時間好好了解這個國家，然後希望重回學術界。

拿到耶魯社會學博士，現在和瞿海源、陳志柔都是中研院「同事」的范雲，則坦率表達她的焦慮。

她擔心在學術志業還來不及做出清楚貢獻前，「很多時候會有不同的召喚、很直接的位置選擇，希望妳去做一些不同的事情。」

范雲說，「學術是很寂寞的工作，我對現實的關心，是會有助於我對學術的思考，但也會干擾我的沉靜，這是我必須不斷去處理的。如何平衡，不要以一個去傷害另外一個，但若把這個困擾當做磨練，對我來說也是好事。」

取得密西根大學政治學博士，目前在中正大學政治系任教的徐永明，在反思學運世代的整體圖像時指出，學運時期因為事件太多、動員太多，以致策略、訴求與堅持占據大部分人的大腦，因此「學運的成功或許造成思想貧瘠的反效果」，其脆弱性反映在學運世代大量成為民進黨接班隊伍，學術上則一時不見清楚的方向，更多的反而是政治領域的吸納，社運的蕭條則更是有目共睹。

徐永明因而悲觀預言：「可預期的是，這個世代的學運分子，會有大總統們，但不會有自稱是思想家的。」

知識分子如何安身立命

拿到耶魯社會學博士後，回到台大社會系任教的林國明認為，如何拿捏學術與政治間那條模糊的界線，是「跟著我一輩子的焦慮」。光是時間分配就是很大問題，花太多時間在社會參與，能花在學術上就少，因此他一直在找其中的平衡點。

但林國明並未因此悲觀，他認為這條界線總會浮現，像林佳龍在過去一年多努力連結學界與政治部門，讓學界參與，有機會影響政治政策，就是一種「有其必要，但不是唯一」的參與模式。他並坦言，像郭正亮既已選擇從政，就應該是用政治人物、而非學界的標準來看待郭正亮。

林國明更進一步提出「公共型知識分子」的定位，認為年輕時候歷經過學運洗禮的學者，身上自然有著如影隨形的社會關懷，以及渴望進行某種程度的社會參與。至於「公共型知識分子」當前的共同課題，則是如何對台灣社會走向、發展前景形成共同的價值觀。

然而，以「公共型知識分子」自我定位，畢竟只能抒解一部分學術與政治間永恆的緊張關係，郭正亮提出來的「批判型知識分子在民進黨執政後不見了」的課題，仍然是學運世代學術工作者在新世紀尋求安身立命時的挑戰。

如同學運世代社運工作者一樣，做為民間社會的一部分——而且可能是最重要的知識力量，學運世代學術工作者如何在民進黨執政後，重建一個能夠超越黨派、族群、意識型態的民間批判傳統，以避免如同當年的「國民黨御用學者」一般，形成現在年輕學子眼中五十步笑百步的「民進黨外圍學者」，將是學運世代學術工作者無可迴避的時代課題。

媒體時代的掙扎

陳映真在一九八五年用了「荒廢」、「枯索」這樣的字眼，來形容大眾消費時代中逐漸庸俗膚淺的精神文明。時序進入二十一世紀後，在此SNG當令、整點新聞掛帥的媒體時代，我們又該用什麼樣的字眼形容當前的精神文明？

自從羅文嘉、馬永成成功包裝陳水扁之後，學運世代往往被形容為「擅長運用媒體造勢」的一代，事實真的是如此嗎？學運世代面對媒體時代究竟有什麼樣的複雜感受？

而愈來愈多學運世代進入主流媒體後，他們又該如何報導、評論以及監督昔日同儕？他們在主流媒體內又有著什麼樣的焦慮與掙扎？整體來看，學運世代究竟是媒體時代中更有揮灑空間的受益人？還是完全受制於媒體時代運作邏輯的犧牲品？

學運世代的媒體經驗

早期學運分子是看著黨外雜誌長大的，許多人都曾有過到黨外雜誌工作的經驗；後期學運世代則是在校園刊物風潮中得到滋潤，不少人對於舞文弄墨毫不陌生。從這樣的成長脈絡來觀察，學運世代在九〇年代大量投入媒體，毋寧是極其自然的發展趨勢之一。

現在是總統府諮議的郭文彬，當年不但待過很多家黨外雜誌，還曾到《自由時報》當了三年記者，但卻深陷新聞專業與政治立場的劇烈衝突，最後終究選擇離開，這是郭文彬的主流媒體經驗：

「我其實不是好記者，太多人情包袱，因為我在鄭南榕的《自由時代》工作過，所以葉菊蘭出來選立委時，很多會議都叫我去，但我又是《自由時報》記者，身分重覆，《自由時報》那三年我一直在努力找平衡，希望既為運動、理想服務，也為新聞專業，但一直找不到平衡點，而且一直偏向運動那一邊，後來離開也算一種解脫。」

現在是台大社會系助教授的林國明，當年也曾親身見證《首都早報》從創立到倒閉的過程，他對記者生涯同樣感觸良深：「如果《首都》沒倒，我可能會繼續留在新聞界，我出國唸書前去找葉啟政老師，他說一句話：『台灣多一個社會學者也沒多什麼，但台灣可能需要更多好的政治記者。』他當然是肯定我的工作表現，認為記者工作更有意義，但當時台灣報業生態不見得能容許有比較強社會意識的年輕人發揮。

我出國後每天唸《紐約時報》，很有感觸，到現在常跟學生說，如果台灣有《紐約時報》，我也許不會走學術的路。我讀過一段話：『同樣是強暴，在其他報紙可能是羶色腥，在《紐約時報》可能是社會學。』我的確在紐約時報上看到這種深度報導，但在台灣媒體卻看不出有這樣的空間。」

相對於郭文彬、林國明等人的離開，只比郭文彬大一歲的陳裕鑫，已經先後當過《新新聞》、《明日報》、《勁報》等三種不同性質媒體的總編輯，謝金蓉、郭宏治、張鐵志在《新新聞》，楊金嚴、鄧丕雲、李彥甫在《聯合報》，吳典蓉、侯南芬、江斐琪在《中國時報》，張麗伽、郭淑媛在《中時晚報》，陳俊昇在《自由時報》，夏樂祥在《勁報》，廖錦桂在公視，許書婷在ＴＶＢＳ，劉一德則剛接任《自立晚報》社長，還有諸多難以細數的學運世代，目前正在主流媒體內隨著台灣社會的節奏共同脈動。

主流媒體內的焦慮

一般而言，學運世代當年在爭取言論自由、反抗威權控制的大環境中成長，對於言論自由、新聞專業理應具有更高的尊重，在媒體中工作的學運世代也應該具有更高的自主性，但現實情況卻遠比這種描述來得複雜，在台灣媒體政治立場鮮明、商業掛帥嚴重、羶色腥新聞當道的惡質競爭環境中，學運世代新聞工作者往往身不由己，與主流媒體間存在相當複雜的衝突掙扎。

陳裕鑫在擔任《新新聞》總編輯之前，曾經先後在《聯合報》、《中國時報》、《自由時報》三家主流大報待過，但都為期不長，不是因為在龐大體制中難以發揮，就是因為媒體既有的政治立場太過鮮明而求去。除此之外，陳裕鑫更對新聞工作的影響力有過很大焦慮，甚至一度想要離開新聞界：「我曾經算過，如果從《前進》周刊算起，我已經寫了上千萬字，但到底曾經改變過哪些事情？如果都沒辦法改變，寫這麼多幹嘛？我寫的東西到底有沒有人在看？」

陳裕鑫的無力感看似悲觀，但他卻以某種樂觀繼續轉戰其他媒體，這種無奈悲觀與積極樂觀夾雜的情緒，可能也是當前學運世代新聞工作者的某種寫照。

作者本身在新聞界也已歷練十年，對於台灣媒體老闆個人主觀意志凌駕於新聞專業、媒體報導的意識型態超越追求真相、媒體操弄政治口水與羶色腥議題的媚俗偽善、新聞工作者的自我膨脹、個人容易愈陷愈深的犬儒嘲諷與虛無導向，同樣有著極為深刻的感觸。

基本上，作者相信媒體、新聞工作者無法脫離社會環境而被真空看待，有什麼樣的社會，就有什麼樣的媒體，當台灣民間社會的自主力量始終沒有成形、壯大到足以監督制衡媒體之際，媒體中的學運世代又何德何能獨立掙脫被民眾詬病的種種媒體亂象？

然而，作者也無意為媒體與新聞工作者的缺乏自律卸責，作者在六年前（一九九五年）推動成立「台灣新聞記者協會」，以《目擊者》雜誌做為與社會各界對話的窗口，何嘗不是一種企圖在主流媒體的焦慮中尋找出路的努力，也何嘗不是一種新聞工作者在媒體時代相濡以沫、攜手同行的軌跡。

學運世代只能隨媒體起舞？

回過頭來看媒體之外的學運世代，他們在媒體時代中究竟是成功利用媒體造勢及傳達理念，抑或只能隨媒體起舞卻沾沾自喜？這個問題的答案，顯然也正困擾著必須常常與媒體接觸的學運世代。

從學運時期就有很多與媒體打交道經驗的丁勇言，對於自己一度像是「演藝人員」的感觸特別深刻：「台灣媒體只重視花稍，我們以前在勞陣搞工運時，光是動員勞工參加抗爭就已經夠辛苦了，還必須想破頭演行動劇吸引媒體注意。那時我們也搞反高學費運動，結果就只有我們全力當『演藝人員』那一年，教育部下令不准漲，其他每年都漲。大家演技其實都不好，但只能以這種方式讓媒體報導我們的想法。」

當選兩屆台北市議員下來，被不少媒體記者認為表現傑出、不輕易隨流俗起舞的段宜康，對於媒體的感覺則是：「為了生存，你必須花盡力氣做很多無聊的事，要迎合媒體，尤其是電子媒體，你會發現自己喪失的東西愈來愈多……。未來我希望盡力扮演好民代角色，迎合媒體要求，儘量不要做得太肉麻。」

近年來曾因「喝花酒風波」、「國大延任案」遭到媒體大幅抨擊的馬永成、劉一德，對於媒體皆有很大的質疑。在民進黨國大黨團幹事長任內被媒體痛批為「國代自肥」的劉一德，對於媒體的感受當然更為惡劣：「台灣媒體有先天限制，大多數編輯、記者是教育體系培養出來的菁英，難免意識型態會受到體制影響，對改變體制的東西先天上就有排斥。尤其是遇到媒體『戰國時代』，各媒體都要突出道德性與媚俗，特別喜歡打落水狗，國大延任案就是最明顯的例子。」

然而，劉一德在日前接任他原本強烈質疑的「媒體高層」《自立晚報》社長後，雖然表示《自晚》未來將遵守一定的專業性，也希望未來《自晚》能站在台灣的角度，以宏觀的視野向國際發聲；但在談到《自晚》對於年底大選的報導方向時，劉一德則坦率回答：「今後會以整體本土派立場做考量，報導輕重緩急若會影響到選票，《自晚》將捍衛『民進黨』、『台灣團結聯盟』的聲音，《自晚》在年底選戰絕不會缺席。」

對於劉一德這樣的辦報理念，作者強烈不以為然。作者認為，學運世代出身的政治人物，更應該尊重媒體與政治的應有分際，避免做出違背自己當年爭取校園言論自由、要求政黨力量退出媒體初衷的行為。

在民主國家的權力制衡基本理念中，媒體是代表第四權的「監督者」，政治人物則是不折不扣的「被監督者」，兩者之間存在一定分際與永恆的緊張關係。民進黨過去強力抨擊國民黨介入媒體、操控三台，然而，當民進黨執政之後，民進黨政治人物介入媒體的程度，卻未必比國民黨時代遜色，民進黨立委、中常委蔡同榮兼任民視董事長、民進黨台北市議員王世堅曾兼任《自立晚報》董事長，都是這種「昨是今非」的最明顯例子。

而學運世代從政者取得媒體主導權——尤其是在民進黨已經成為當權者之後，若企圖讓媒體成為民進黨或台聯黨的「機關報」，則其即使立足於民主化、本土化等「政治正確」大方向，在長遠發展上必將對媒體專業造成更大的摧毀挫傷。

終身的反對者

作者至今仍然深信，新聞做為一種志業，有其值得獻身奮鬥的意義與價值。

《當代》雜誌第五期（一九八六年九月號）中一篇名為〈終身的反對者——I．F．史東〉的文章，在十五年前對作者青澀心靈造成的巨大撞擊，至今仍時時提醒作者莫忘新聞志業初衷。

美國記者史東從一九五三年起，個人印行僅四頁篇幅的《史東周刊》，從一開始的五千三百名訂戶，發展到十九年後停刊時的七萬多名訂戶。這份獨立刊物突破了美國主流媒體的層層包圍，建立起一個獨立評論的傳播管道，並引起無數美國知識分子良心上的共鳴。

史東一生到底在對抗什麼東西呢？狹義而言，是當時人人聞之色變的「麥卡錫主義」；廣義而言，則是「所有政客都是騙子」的基本信念。即使在當時美國社會肅殺氣氛中被扣上「傾共分子」大帽子，美國主流媒體也都不敢聘用他的最惡劣情勢下，史東仍然獨立挖掘出美國政府所說的各種謊言，並且堅持同情任何形式下的「被壓迫者」。

史東以下這段自白，則是作者對新聞志業至今最崇高的想望：「做為一個終身的反對者，我深深了解：任何失敗都不值得憂慮，倒是任何的成功都值得反省。任何洞見都有可能退化成教條，任何生動的思想，都有可能僵化成無生命的、黨的方針。原來是理想的護衛者，竟或成為理想的羈絆者。每個解放都隱藏著奴役的種子。」

踏入新聞界十年以來，這期《當代》在作者的書架上始終位居最重要位置，然而，作者的書架可以如此一成不變，作者的新聞志業卻已出現多少扭曲與妥協？

距離以新聞為志業的啟蒙過程愈遠，作者愈懷疑當年素樸的心志是否已隨時光遠離。而作者這些年來的所有努力，也只是為了不斷提醒自己，不要忘記當年那個年少氣盛的大二學生，在乍見《當代》這篇文章時，內心深處所曾經有過的熾熱火花與激動不已。

即使理想初衷已因歲月滄桑而處處磨損妥協，作者仍然相信，每個人的心靈終有一塊足以安身立命的淨土，值得做為一生一世自我實踐的生命情懷。

註一：《中國時報》民意論壇版，二〇〇〇年四月四日。
註二：《中國時報》民意論壇版，二〇〇〇年五月二十八日。

第五章

下一回 風起雲湧

對被籠罩的一群人或數群人而言，「共識」終究是充滿了指揮性的外來強制力量。《當代》強調con，就是認定並肯定個人和群體的主體性，並在這層認識的前提上，建立溝通和對話。《當代》的理想不是要求「共識」，而是期望經由個體的主動協調，而達到意志的自然和諧。

——〈當代的話〉，《當代》創刊號，一九八六年五月一日

走過第一個十年的「眾聲喧嘩」，學運世代在迎向下一個十年時，會繼續保持這種「眾聲喧嘩」的姿態？還是尋求如同當年一般的「集體發聲」契機？

而面對台灣未來內外挑戰，尤其是形勢愈來愈險峻的兩岸關係，學運世代能夠提出什麼樣的論述與史觀？又能夠提出什麼樣的發展願景？

或許，對強調獨立思考、自主意識、理想性格的學運世代而言，當務之急並不是要形成所謂的「共識」，而是要不斷地溝通與對話，以積極樂觀的態度迎向未來的挑戰，只要溝通與對話持續進行，學運世代的理想火炬就不會在現實的考驗與壓力下完全熄滅。

兩岸關係是學運世代的新舞台？

學運世代在八〇年代崛起時，台灣社會尚未面臨兩岸關係大幅開放後的重大外在挑戰，如今，兩岸關係卻已是學運世代無法迴避的重要課題，某種程度上更是學運世代能否通過時代考驗的關鍵。

隨著學運世代有人赴美參加兩岸「第二管道」論壇、有人擔任兩岸第一線協商談判的海基會副祕書長、有人則在大陸政策決策體系中的國安會負責兩岸政策、更有不少人在學院內致力於中國研究，學運世代對於兩岸關係與統獨議題的看法，顯然已更值得台灣社會重視。

另外，隨著部分學運世代與大陸留學生的密切互動，兩岸年輕世代——甚至兩岸學運世代的彼此了解，是否會擦撞出與前幾個世代不同的思維與想法，也都是觀察學運世代未來發展的重要面向。

學運世代唸北大

在民進黨內屬於舊美麗島系、現任台中縣議員的劉坤體，是第一個到北京大學唸博士班的台灣學運世代、民進黨公職，他在北大觀察與「被觀察」一年多後頗有感觸。

他認為陳水扁當選總統後，中共對台系統檢討過去對台工作太過狹隘，才會形成重大誤判，所以現在全面加強對民進黨與黨內各派系的接觸了解，「我認為自己就是在這種政治考量下被北大錄取」。但反過來看，民進黨也真的不了解中國大陸，只會以美國人觀點或國民黨反共教條觀點來看大陸。

劉坤體說，大陸一胎化政策至今已經二十多年，隨著一胎化出生小孩成為大陸社會中堅，共產黨集權氣氛已經完全不一樣，大陸年輕人跟老一代僵化想法可能完全不同，加上現在大陸菁英多半留學國外，他們與台灣學運世代背景很相近，未來會有更多對話的機會。

隸屬於「獨性堅強」的新潮流系、現任台北市議員的李建昌也認為，中國留美學生會逐漸當家，未來三十年甚至可能出現兩岸關係終極模式。「我認為大陸朋友愈多愈好，所以我現在的另一個思考，是可能會去考北大博士班。」

台北市民政局長林正修也強調兩岸年輕人對話的重要性，他說自己在二十歲做中國研究時，就認識中國、香港二十歲的年輕人，他們現在也三十歲了，「這是一代人的對話，只有這種菁英集團間的對話溝通，才可能解決大的歷史難題。」

犧牲部分主權以換取和平？

其實，學運世代的統獨觀，在九六年「新世代台獨綱領運動」中曾經集體表達過一次，只是如今又已事隔五年，學運世代也有了更多的觀察與想像。

民進黨國際事務部主任田欣曾因向美國僑界發表「可以犧牲部分主權以換取兩岸和平」言論而引發軒然大波，他的完整想法是：「除非中國分裂或改變吞併台灣的念頭，否則台灣還是必須面對現實。如果中美發生衝突，無暇顧及台灣，台灣就可以宣告獨立與其他國家建交？我不認為。這仍無法帶來永久和平，因為中國、台灣還是如此靠近。最好的方式還是與中國尋求和平共存、彼此都可接受的模式，如果這代表著台灣必須放棄、犧牲某些東西，來換取這個和平模式，我認為我們應該準備接受，不論這種模式是國協、邦聯或其他模式。

最好的情況當然是，中國能改變它的態度，但這取決於它內部的發展，如果民主化、繁榮到一定程度，與台灣衝突對它是不利的，那時可能有彼此都能接受的較寬鬆的模式。當然，最好是台灣不必付出任何代價，像芬蘭與蘇聯一樣，特別注意中國的利益即可，但若它對台灣夠友善，台灣犧牲一點換取和平是可行的。」

李文忠贊同田欣這種看法，「我們這一代會比較務實，我認為，台灣讓中國大陸取得一定的、特殊的政治影響力，可能是保住台灣現狀最好的方式。但是，中國一定要給我們東西。我認為這是台獨現階段的任務：讓中國取得的東西愈少愈好。我不認為堅持台獨，眼睜睜看著困境下去，這樣就是堅持理想。」

但是，長期擔任民進黨前主席林義雄核心幕僚、正在美國攻讀國際政治的陳尚志卻認為「統獨問題無解」，他強調「統獨是不同價值觀衝突，無法解決，要靠時間。沒有『務實解決』這件事，只有『統一』或『被統一』這兩種事。我擔心的是，很多年輕人強調『務實』解決時，其實是在為統一做心理準備。」

如果統獨要靠時間解決，時間會站在那一邊？

曾赴美國參加兩岸「第二管道」論壇，也是民進黨「台灣前途決議文」起草人之一的郭正亮強調「時間不在台灣這一邊」，他認為台灣像是美中兩隻大象間的老鼠，大象跌倒爬起來還是大象，只是體積有些不同，老鼠跌倒可能就被踩死了，因為小國的籌碼少，所以他一直在尋找美中台三方都可接受的解決問題架構。

但范雲卻認為「時間應該會站在台灣這一邊」，她說像著名學者薩伊德，一個人就可以扭轉美國原本一面倒對以色列的支持，讓美國也重視中東，由此可知價值這種東西還是可以感動人，因此只要不激怒中國，讓中國領導班子慢慢汰換，「等到我們這一代時，理性解決的可能性就比較高。」

大河史觀與國家經營管理策略

學運出身的林佳龍、顏萬進，在當前國家兩岸決策體系中又是如何看待兩岸問題？

林佳龍認為，學運世代對歷史要更謙虛，了解台灣歷史發生過的問題，還有對未來很好的想像，才能定位現在。他因而提出「大河史觀」看法：「這是歷史匯流的過程，從台灣主體看，一九四九年有中國主體來匯合，但從中國主體來看，是台灣來匯合。我認為應該從『大河史觀』而非『大樹史觀』來看，河流是很多小川匯合，都有貢獻，大樹則是有樹根，長出樹幹、分枝。問題出在認同，尤其是對『過去』的認同，對『現在』的認同問題已不大，獨派認為已經獨立，不必再宣布，統派也覺得現實上與中國統一可能性不高，共同性就會增加。未來不能把台灣前途一廂情願寄望於中國，中國發展好，當然可以建構一些東西，但中國發展不好怎麼辦？必然要以台灣做為實踐場域，不能太過勉強。」

顏萬進則認為，學運世代沒有亞細亞孤兒的棄兒情結，相對而言比較健康，可能為台灣國家發展保留開放式心胸，願意並且可以接受開放演變下的結局。顏萬進強調，兩岸關係太複雜，所以，保持這種開放式心態是這一代人必須做到的。「這也是國家生存的經營管理策略問題，國家要生存下去，如何排除不必要的風險、降低風險，讓國家生存保有最大優勢？只要確保國家生存，其實不是非怎樣不可。不論黨派、立場，我相信這一代會比較務實、開放。」

台灣人的特殊優勢

堪稱學運世代「大膽西進」力行者，在大陸發展網路商業版圖的蕃薯藤執行長陳正然，則從大華人社區定位問題，來看待「台灣人的特殊優勢」。

陳正然說，台灣在大華人區有策略優勢，經濟發展不錯，社會文化、人權、民主等各方面發展最平均，台灣將來要尋求出路，就必須處理在大華人社區中的定位問題。過去「戒急用忍」是把意願問題擴大成所有面向，但處理兩岸往來已經不是意願問題，而是在全球化趨勢下必須處理的能力問題了。

他強調「我不認為台灣需要憂慮，大陸很多外商公司用的都是台灣人才，大陸微軟、ＩＢＭ、思科、惠普的總經理都是台灣人，台灣過去已培育出一批了解東西文化模式，可以駕輕就熟的經營人才，美國人搞不清楚這一套，香港人、新加坡人已經太西化，也無法了解大陸人做事方式，日本人的一板一眼也已經不行了，台灣人適應力很強，台灣沒有道理迴避這些，這是台灣人的特殊優勢。」

除此之外，許多學運世代相信，兩岸關係未來的發展，將是學運世代可以發揮與承擔責任的新舞台。現在是《自立晚報》社長的劉一德強調，台灣必須在缺乏信心與戰爭威脅中努力度過危機，這對這一代台灣人或許是一種「幸運」，「別的國家可能一兩百年都碰不到這種機會，大家會認真思考，當台灣面對中國感到微弱無力時，是不是會有一群人能把台灣帶離這種困境？未來會是很好的時機，學運世代可能做得比上一代更爛，但至少提供一個機會。」

尋找台灣新定位

作者在民進黨執政後與學運世代的接觸經驗中，普遍感受到學運世代對於兩岸情勢更加嚴峻的焦慮——這種焦慮不下於民進黨政績不佳的挫敗與無力，不論相信時間是站在台灣這一邊或大陸那一邊，許多學運世代對於民進黨執政後，民調顯示支持「一國兩制」民眾比例不減反增的趨勢感到憂心。

但是，不少學運世代也強調，危機的反面很可能正是轉機，他們深信，既然兩岸關係會是未來二、三十年台灣發展最重要課題，則當年因為「老賊修憲」等重大社會危機使得野百合學運乘勢而起的機會結構，也很可能會在台灣未來面對中國更趨強大的威脅中出現。

不論是否過於天真或一廂情願，這些積極進取的想法，某種程度上都是學運世代企圖在焦慮中突圍而出的努力，無論是到大陸著名學府攻讀學位以增進彼此了解、或是嘗試提出解決兩岸問題的架構與觀念、甚至是「大膽西進」經略中國市場，許多學運世代採取的作為，顯然是主動多過被動、溝通了解多過故步自封。

若學運世代未來能夠展現更為開放的視野與胸襟，或許能夠真正走出屬於這一代的活潑彈性風格，在亞太華人地區甚至全世界尋找台灣的新價值與新定位。

學運世代有必要串連發聲？

十一年前，台灣社會已經聽過學運世代的團結吶喊；十一年後，學運世代還有必要再串連發聲嗎？更重要的是，學運世代到底還能共同發出什麼聲音？

各種串連僅具聯誼功能

過去十一年來，學運世代在不同時空、以不同方式進行過各種串連。一九九二年民進黨不分區立委選舉出現賄選弊端時，周奕成、羅文嘉等擔任立委助理的學運世代，即曾共同聯署要求民進黨候選人自清。

在此同時，林佳龍、羅正方等出國唸書的學運世代，以「台灣學生會」為基地進行海外留學生的跨校性串連，其中由台灣研究基金會支持的新生代論文研討會至今仍持續進行；國內部分學運社團也曾試圖每年固定聚會討論，例如東海學運圈的「社工會」，但最後終告解散，並未形成延續學運討論風氣的固定組織。

九六年由周奕成、陳俊麟、曾昭明、沈發惠、陳尚志等人發起的「新生代台獨運動綱領」，被學運世代普遍視為過去十一年最具意義的串連行動，但這場運動在很短暫的時間內煙消雲散。

去年三月，時任民進黨青年部主任的周奕成等人出面，在台北聯誼社舉辦野百合學運十週年紀念活動，由邱毓斌、王時思擔任主持人，上百位學運世代出席參加，但因為彼此已缺乏共同交集與話題，使得這場大規模紀念活動僅具聯誼功能。

此後林佳龍、方凱亮、鍾佳濱等人於去年七月成立「強身建國俱樂部」，每個月固定舉辦聯誼活動以維繫學運世代感情；李文忠、賴勁麟、王雪峰等十五位民進黨新生代立委成立的「六〇社」，目前也僅具聯誼功能。

今年二月十八日，范雲、陳志柔等學運世代共同發起「政治這條路──學運世代的期許與堅持」茶會，但因僅具選舉造勢意義，此後亦無後續串連行動。

林佳龍、周奕成的串連使命感

從國內校園串連到海外校園，再從政治部門串連學術部門，林佳龍近年來在學運世代串連方面下了很大功夫，他勾勒了心目中從學術部門出發的串連構想：

「學運世代差不多是該合流的時候了，既有黨派歸屬是障礙也是空間，問題在於如何組合。若未來類似智庫的串連機制能以『台灣的、改革的、政策的』做為三個方向，就不會被貼上黨派標籤，然後每年重要時刻都丟出議題，這樣不止政黨、政治人物，台灣社會都會被你帶著走。

例如美國傳統基金會，成立時只有三個人，是偏右派的保守智庫，但到一九八〇年雷根總統時壯大，到現在仍非常有影響力。他們仿照雷根的就職演說提出施政計劃，然後以理念為基礎快速行動，結合全美各地保守力量，重大事情時快速反應，兩天內就提出建議案送到國會議員桌上，記者在找答案時他們就開記者會，加上他們有草根基礎，全國有二、三十萬小額捐款者，研究報告會立即傳給這些捐款者在地方傳播，每年也都串連各地產官學界，所以他們不到二十五年就如此壯大。

台灣有些人已經開始在做，一、二十人的論壇已在各地慢慢出現，其中也有很多不是學運的人，不容否認，學運的人在社會比較單薄，產業、科技界都沒有人，所以學運世代要擴大解釋成世代文化，未來要讓這種世代文化對話、組合，至於形成什麼樣的組織，則要思考台灣社會的生態。

如果我不是在國安會，我會全力做這種工作。我想這種串連一年內就會慢慢出來。四十歲之前要趕快做這些事，再來就很困難，因為接下來有家庭、兒子，很多無力感，開始妥協，人會受到很多外在環境制約啦。」

在過去學運世代串連活動中扮演核心角色的周奕成，對於學運世代與更廣義的新世代串連，也具有極高的使命感。他強調「這是我的目標，所以我不參加派系、不參選，希望能廣泛連結，意識型態光譜也應該更廣，不只是民進黨人士參加。」

周奕成指出，等到學運世代成為既得利益世代後，潛在改變社會的力量就消失了，在還可以改變更多一點的時候，學運世代應該把握機會串連。他認為很多新世代還沒有意識到這個問題，因此相對缺乏行動力。他更擔心「很多民進黨公職已經不願再去挑戰舊遊戲規則，他們一定比其他政黨的公職清廉，但還是在想連任而已，相對位置好一點的人，野心會比較大一點，像羅文嘉、郭正亮，但他們也應該鼓勵其他人做串連的工作。」

至於如何串連？周奕成認為任何議題都可以，他希望形成一個更多溝通、資源分享的網絡，但不是成立一個固定團體。

樂觀其成與悲觀質疑

除了林佳龍、周奕成外，還有不少學運世代對於集體串連抱持樂觀態度。

羅正方認為，學運世代的鬱悶已經到達一個極限，「類似新生代台獨黨綱運動的東西，可能會再來一次」，學運世代如果不能專業分工、串連發聲，共同形成對未來十年的台灣戰略看法、重新贏得論述主導權，「我們這個世代也可能在五到十年後，就會被淘汰。」

鍾佳濱則這樣形容串連的意義：「你想改變這個世界，必須在你被它改變前自保，這些未來意見領袖菁英，要先學會如何團結與彼此奧援，就像西部片裡的篷車隊，遇到攻擊時就圍成圓圈圈自保，學運世代要趕快做這種事。」

陳正然也強調，學運世代最大問題是沒有凝聚力量，但單打獨鬥一定無法成氣候，未來就看學運世代能否坐下來把問題談清楚。

李建昌則認為，學運世代在民進黨內的確難以超越派系分際，但若未違背派系決議，都還有很大討論空間。以新潮流系為例，其思維產出物已經受到學運世代很大影響，以後若學運世代散布各領域，這股力量會有很大合作機會，他並不悲觀。

曾昭明則抱持「長期樂觀」的態度：「短期內我看不出有集結必要，但長期還是樂觀。因為某一種政治思維交替還是有可能，但這需要相當一段時間，而且這種集結一定包括很多非學運世代成員。」

儘管如此，許多學運世代卻對未來的串連感到悲觀，甚至認為沒有意義。

馬永成就直言，「我們已經擋了很多人的路了，我們二、三十幾歲的時候，可以到這個位置，佳龍這樣搞下去，可以到六、七十歲，那以後的人要混什麼？我當然沒有那麼偉大，會替以後的人想，但佳龍他們的企圖是去掌握一個長遠社會的主流，成為真正的分配者、操控者角色，他要做的是這個東西，這種努力可能成功、失敗，但就跟新潮流、美麗島、獨盟一樣，都是派系而已。」

林正修更強調學運世代串連「不必要也不公平」，他認為學運世代已經夠有特權了，還要求什麼世代交替？羅文嘉、馬永成等人已經超越太多才智之士，學運世代好好開個同學會就可以了。「我們唯一要做的是，儘量寬待年輕人，給他們機會，讓他們出類拔萃。」

郭正亮也強調，目前大多數學運世代從政者都在新潮流系，因此民進黨內的新生代與論述方向，只會有「新潮流」與「非新潮流」的區別，學運世代從政者的串連不可能超越派系。

羅文嘉則認為，學運世代現在最重要的不是集體發聲，而是在不同領域做好準備，建立聯絡網路、多交換資訊與了解。孫瑞穗也說，「在各領域發聲是必要的，集體就不必了，應該解放這種一小撮菁英的自戀和自憐」。

陳尚志、邱毓斌、王時思更一致認為，學運世代異質性已經太高，不必要也不可能進行串連。陳尚志這樣說：「我是在這個想法上改變最大的人，我在過去十年付出很多，當初想法是，這些人串連起來有意義，有共同理想，可以改變社會某些事，但隨著年紀、工作、想法不同，要聚在一起做某些事的背景已經不存在了。」

串連集結的不同思考

林國明看待學運世代串連的態度則是：「有些人會反駁學運世代集結的意義，但若關心的是公共型的知識分子，有沒有辦法形成對台灣社會的集體性思考，這的確是知識分子的課題。學運世代具有強烈民主與社會改革的信念，也有良好訓練，所以會關心知識分子在社會中的角色。」

他強調，學運世代因為沒有形成共同的價值觀，所以在各領域串連的意義不大，但對個人的意義很大，「像我在學界跟范雲、陳志柔、汪宏倫等人，彼此可以相互監督，如果亂搞，很難面對同儕，過去的經驗有助於個人理想性的維持，如果李文忠亂搞，將很難面對過去歷史。」

陳志柔則認為重點在於人際網絡：「我會用社會網絡、人際組織來看，學運世代辦參選茶會，大家都理解，僅有媒體效果，但若發展成串連，還需看長期的信任關係，看誰能把這種網絡搭得好，像新潮流那樣，否則一定搞不起來。」

沈發惠說，學運世代串連的可能性在於「價值觀」，學運世代比較傾向反抗主流、同情弱勢的價值感，會以這種方式在社會上產生最大影響力。「只有這種價值觀的集結才可能超越黨派。」

鄭文燦強調的也是價值觀：「學運世代若串連成一個世代派系，民進黨既有派系都會打壓，不必考慮。但如果是提出共同價值觀，就很需要，畢竟一定程度反映出執政菁英未來走向。學運世代以前是打天下，執政後卻必須承擔新的責任。當民主政治常態化後，過去素樸的理想不再是重點，重點是展現如何耕耘社會的能力。」

同中存異，異中存同

整體來看，學運世代存在著「同中存異，異中存同」的現實圖像：認為學運世代具有某種共同性的人，或許在現實運作中過度誇大了這種共同性；但是，認為學運世代的差異性無比巨大的人，也可能過度忽視了學運世代還隱隱約約殘留的某種共同性。

學運世代「應不應該」集結是一回事，學運世代「能不能夠」集結又是另一回事。但更重要的是，如果學運世代的集結，無法提出迥異於當前台灣社會主流論述的新聲音，則這樣的集結勢必失去光彩與意義。

無論如何，儘管學運世代現階段「異」大於「同」，「眾聲喧嘩」的氛圍遠大於「集體發聲」，但學運世代身上仍保有或多或少的理想性格，則終究是不爭的事實。這種理想性格在現實考驗中，是否可能因為某種社會劇變的刺激，從而產生多數人感受身同的新夢想？恐怕才是學運世代能否串連集結的關鍵。

沒有夢想的世代串連，勢必僅具形式意義；但是，沒有彼此溝通論辯，任何世代也很難形成共同夢想。學運世代的互動，將會在這種看似弔詭、實則隨時空環境變遷而有不同動態發展的架構下進行，「異」與「同」的正反辯證，也將伴隨學運世代的生命歷程繼續前行。

學運世代的未來願景

許多學運世代不約而同強調，學運世代的「過去」並不重要，學運世代能夠對「未來」提出什麼想像，才是他們真正關切與在意的重點，更是他們現階段最大的焦慮。

展望下一個十年，學運世代對於台灣發展能夠提出什麼樣的願景？學運世代在台灣面對內外重大挑戰中能夠扮演什麼角色？這不但牽涉到學運世代的個別或整體競爭力，更攸關學運世代在台灣民主化歷程中的定位與評價。

本書前面篇章及第三篇個人檔案部分，其實已觸及學運世代諸多願景，作者因而選擇尚未被觸及的國家經營、社會文化、國土規劃等三個面向，提供讀者了解部分學運世代對於台灣「未來」的某種想像。

郭正亮：用企業方式經營國家

不論在學運、從政生涯皆以論述能力著稱的郭正亮，對於台灣未來發展提出了「用企業方式經營國家」的願景，在國家發展論述上，他認為自己比較像是美國共和黨，多數學運世代聚集的新潮流系則像是美國民主黨：

「政治願景沒有論述就無法感動人，台灣的新論述這一兩年會逐漸出現，就像日本『團塊世代』是對吉田茂路線的不滿一樣，所以小澤一郎提出『普通國家』，日本要重新定位自己，包括小泉純一郎也是如此。所以日本在九〇年代開始講『生活大國』，不再講經濟倍增與『所得大國』，開始追求品質。

台灣前一階段的論述核心是『台灣主體、自由民主』，接下來呢？相對於新潮流系對於台灣前途的社會民主論述，我認為有別的方式可以體現台灣價值。我不贊成『戒急用忍』，也不認為台灣就會因此失去籌碼。如果說新潮流的論述是社民黨路線，我就是自由黨；新系是民主黨，我就會是共和黨式的。

我覺得台灣的主體是企業，應用企業的方式來經營這個國家，但不是以賺錢為主要價值，而是這樣可以有別於中國，台灣的價值可以被凸顯出來，可以結合歷史因素。台灣是移民社會，所以特別富於生機、活力、創業、冒險性格，國家要重新定位自己的角色，這些東西才會更冒出來。這不表示我們不做社福，只是不用社民黨的方式處理。

新潮流系想的是擴大內需、社會福利，我想的是如何增加人力素質，讓大家都有創業可能性，可以成為亞洲中小企業中心，所以當然會把中國當腹地，但只是腹地之一，因為對象是全世界。我們有經營優勢，當然要運用這種優勢，不能像新潮流，把台灣當撲滿，一天到晚擔心會被打破，只想著資金要如何回流，這不會成功。

國內秩序也是，我不會想去建立福利國家，這不是台灣社會的本質，如何讓台灣人民充滿衝勁與活力，是這種東西。台灣的活力要展現在經濟、民主、維持和平的決心上，所以台灣的籌碼不是主權，新潮流一天到晚在想主權與安全，完全錯誤，台灣的三大籌碼是經濟、民主、和平，如何廣為發揮，讓台灣成為這三種價值的代表，台灣的安全就會獲得保障，這與新潮流思考完全不同。新潮流往內就是想到福利、平等、分配，我向內是想到活力、企業、自由，這完全不一樣。」

羅文嘉：提升台灣人的品質

近年來將關懷重心放在文化面的羅文嘉，則是從文化、文明的視野提出台灣發展願景：「我們過去想要建立的是形式上的民主與制度，但制度是靠人在運轉，制度變了，人的觀念沒有變是沒用的。

我們應該以追求、提升台灣人的品質，做一個有水準的台灣人，來做為接下來奮鬥的目標。什麼叫有品質的台灣人、進步的台灣人？要先反省什麼是不進步的，只有反省才是民主進步的動力。這跟國會全面改選、總統大選是完全不一樣的東西。這是未來五十年到一百年的工作。

過去五十到一百年，台灣只創造出兩樣東西：一、財富的累積；二、民主的形式，但都大有問題——一是沒有應該有的生活品質；二是沒有真正民主的社會。我們連最驕傲的兩個東西都還大有問題，且與西方國家相較仍只是在追趕而已，台灣要創造的應該更遠，不是追趕西方社會，而是能超越他們、站到他們前面。

台灣人的更遠眼光，應該放在文明創造，台灣是可以領導世界文明的，像過去台灣的蛇毒研究就是全世界領導地位。有一些東西可以站在世界文明最前端，二〇〇一年是新世紀第一年，過去東方文明遠超過西方，但西方現在超過東方，所以這是更遠的夢，也不可能在學運世代手上完成。

未來十年，我們應該不斷訓練自己，十年、二十年後，該我們負責時，我們已準備好了，而且真的可以做好，不止是政治，是帶動社會所有領域的進步，也不止台灣內部競爭，還包括台灣外部競爭。我們的角色是在那時候，但現在也要開始做好傳承的角色。

所以學運世代不是用一年兩年來規劃，是看十年、二十年，這樣心情會比較篤定。學運世代應該創造一個環境、空間，讓下一代比我們更優秀，這就是世代間的進步，功成不必在我，我們只是接力賽中的一棒而已。

我們應該多栽培後進人才，因為人才才是國家民族最大競爭力。人才不是一天養成的，今日民進黨執政不佳，是台灣人才不足，各政黨都一樣，如果人才夠多就不是這樣。我算是幸運，過去十年的歷練讓我長大很多，但這不是陳水扁有意讓我有這些歷練，是因緣際會而已，所以我們要利用機會訓練年輕人，不然未來會接不上。學運世代也應該一直問自己：有沒有在進步，如果沒有，整個學運世代就會被淘汰。」

林正修：戰略性國土規劃

台大城鄉所出身的台北市民政局長林正修，則對台灣的國土規劃有一套完整願景：

「台灣領土還有很大潛力沒有被發揮出來。台灣不大不小，學什麼都不像，但正適合雕塑出二十一世紀新政治經濟治理型式。但現在包括網路寬頻、高鐵的發展，使得台灣太多可能性都被土地綁住了。其實，很多國有土地可以進行一系列戰略處理，因為二十年後，台灣西岸一千九百萬人會變成一個大生活圈，全世界很少有這樣的大生活圈。日本從東京到關西有這樣的生活圈，但生活品質太差，台灣可以利用這樣的大生活圈做多少事？

現在都市上班族抗議的是學校社區不夠好、地價太貴，但民進黨政府真正應該做的，是要結合中小企業、鄉鎮農民推動台灣城鄉改革，民進黨有這個機會。民進黨目前一是卡在中國政策打不開，二在沒有大戰略，三在積習太深。但是，台灣各縣市其實都可以像宜蘭一樣發展，宜蘭的客觀條件最差，都還可以做到，何況其他縣市？

二十一世紀新趨勢最適合台灣，香港與珠江三角洲雖然是一塊完整區域，但需要三種護照，新加坡與馬來西亞也要兩種，上海與長江流域的三億人則太大，台灣蠻靈活、蠻好的，陳水扁將是最好的發動者。未來若台中升格為直轄市，台灣『三都』的格局出現，並且各有空港，這就是『後國家』區域發展理論。

台灣其實有這個條件，但機會一步步流失，我看了很難過，這就是我的焦慮。我們曾經規劃出從一九九八至二〇〇六年的選舉時間表，但台灣一次又一次落後，沒辦法在這些選舉中提出戰略性大格局國土規劃，更重要的是國防負擔太重，導致台灣有三分之一資源用在軍隊。

台灣其實大有可為，以這種大生活圈的國土規劃為藍圖，讓台灣所有人回到故鄉，都可以住得輕輕鬆鬆的，新加坡、香港都做不到，我們這種所得一萬五千美元的國家，是唯一有可能性的地方。」

放眼亞洲，胸懷世界

不少學運世代估計，快則五年，慢則十年，學運世代就會在台灣社會各領域承擔起「接班」角色與責任。

但是，這種「接班」究竟是學運世代的集體能力使然，抑或只是學運世代年齡增長後的自然世代交替？多數學運世代並未自我膨脹，而傾向於只是因為年紀到了，即使主觀上尚未做好準備，屆時也已必須迎向台灣社會內外挑戰。

許多學運世代也都強調，台灣學運世代在解嚴前後成長的結構性背景中，雖然彼此分享共同的運動情感與歷史記憶，但是，台灣學運世代畢竟尚未形成清晰而足以影響整個社會、衝擊舊有體系的集體價值觀。與各國學運世代相較之下，台灣學運世代的崛起已經慢了至少二十年，世代意義也確實較為薄弱。

在六〇年代全球性學運狂潮中，台灣卻相對缺席與空白，因此，台灣學運世代更應該將視野放眼亞洲甚至全世界，當歐美各國與日、韓學運世代早已獨當一面，不但成為社會各領域領導人，柯林頓等當年學運分子更已當過總統之際，台灣學運世代其實才剛要起步而已。

美國學運世代紛紛進入強調進步、改革的民主黨後，民主黨近年卻在柯林頓主導的「新中間路線」之下，大量吸納共和黨政見而向中間靠攏；英國學運世代雖然沒有很強的學運活動，但卻擁有堅實的左翼文化傳統；日本「全共鬥」學運的深遠影響，至今在川口開治、弘兼憲史等人的作品中仍可清晰得見；以激進傳統著稱的韓國學運世代進入社會體制與大企業後，竟然以民族主義、國家強盛為由反向強力鎮壓工運，則可能是各國學運世代發展中最大的反諷。

在此同時，與台灣學運世代同一時期的大陸學運世代，也同樣在六四天安門事件後走過了第一個十年，他們有的人仍然流亡海外以打倒中共為職志，更多人卻已逐漸成為大陸各領域生力軍，未來也將在大陸發展中扮演更加重要的角色。

台灣學運世代呢？他們未來如何與大陸、亞洲各國學運世代相互競爭與合作？他們又將如何在全球化趨勢中尋找台灣新價值與新定位？台灣學運世代不只是要面對台灣內部挑戰，未來更應放眼亞洲、胸懷世界，以全球性視野思索台灣前途與戰略位置，提出更宏觀寬廣的發展願景，才能在亞洲甚至全世界的「未來」占有一席之地。

【結語】

和自己賽跑——學運世代的下一個十年

走過第一個十年的「眾聲喧嘩」之後，學運世代會有什麼樣的下一個十年？

學運世代在八〇年代回應了台灣社會的集體焦慮，儘管野百合學運提出的四大訴求，曾被批評為缺乏創意、只是跟著社會改革腳步前進而已，但學運世代仍憑藉素樸的正義感、單純的理想情操，在當時獲得社會各界毫不吝惜的掌聲，並於其後成為台灣社會最幸運與最受祝福的新生力量。

但是，台灣在二十一世紀初面臨的內外重大挑戰，諸如加入ＷＴＯ後的全球化經貿問題、中國對台灣逐漸加壓的政經攻勢、台灣內部的民主鞏固與深化等重大課題，其複雜、艱困程度皆遠非八〇年代時所能想像，解決當前重大挑戰所必須具備的能力，也遠非當年以熱情支撐的正義感與理想情操就能勝任。

面對未來，學運世代需要有更豐富的想像力與創造力，才可能走出與前幾個世代截然不同的嶄新格局；面對考驗，學運世代更必須展現足夠的成熟度與抗壓性，才可能真正在各領域肩負承先啟後的時代責任。

學運世代曾經對台灣社會做出小小貢獻，但台灣社會已對學運世代提供夠多成長歷練的寶貴機會。從這樣的角度來看，學運世代對於台灣社會的進步確實負有部分責任。

學運世代未來如果不能成為台灣社會的改革先鋒，就勢必成為既得利益保守階層的代言人；如果不能開拓視野與胸襟，就可能淪為故步自封的守舊者；如果不能在個別位置上自我努力提升，就更不可能擴及台灣社會生活品質與精神文明的整體躍升。

但是，回到「人」的角度——也就是本書寫作的初衷來觀察，學運世代即使曾經特殊過，也只是當年特殊歷史時空下的產物，今日既不必「以國家興亡為己任」，現實生活中更不需揹負沉重的使命感與歷史包袱。

人永遠是在和自己賽跑，學運世代何嘗不是如此？野百合學運在台灣社會留下了難以磨滅的足跡，第一個十年過去後，學運世代在這樣的足跡中漸趨成熟，但絲毫不保證在未來十年能夠留下同樣深刻的足跡。

學運世代能有什麼樣的未來？只有學運世代自己能回答。而且，每個人只需要回答自己內心深處的呼喚就夠了。

第二篇

野百合看太陽花

太陽花崛起與二十四年來的見與思

照片提供／黃謙賢

林佳龍：不斷「開路」，活出自我

個人何其有幸，恭逢台灣民主化以來，兩場最關鍵的學運。不同的是，在二十四年前的「野百合」，我是多位主事學生中的一員；而現在我已是國會議員，反成了「太陽花」批判的對象。立法院的表現，顯然讓年輕人看不下去，才會被占領。但我一點也不以為意，反而暗自竊喜。年輕人願意站出來，關心自己與國家的未來，表示這個國家還有希望。

過去我因緣際會投入學運及「野百合」，在民間社會的支持下，催化了後來台灣民主化的加速改革。但這樣的改革成果與步伐，顯然在二〇〇〇年後，逐漸失去維繫之動能，並在二〇〇八年國民黨再度執政後，因馬政府傾中與北京大力介入，而更加惡化。

還好有「太陽花學運」！年輕人從「世代不正義」出發，有感而發，不平則鳴，勇於表達自己的立場，力擋國家往錯誤的方向前進，令人激賞。從這個角度來說，個人認為，台灣社會應隔幾年就來一場大規模的學運；因為現況必須被深刻批判，下一步改革才有可能。

不過，長江後浪推前浪，今日的「太陽花世代」，以後也會被取代。或許，像我這樣的老「野百合」，在經歷過去二十四年的風風雨雨後，可以稍微分享自身的經歷與觀察，給年輕的「太陽花」們。

不論新舊，個人認為，學運世代必須一直向前走，以適合自己的角色與路徑，但不要忘記當初的理想性與要求改革的初衷。以我自己來說，我參與八〇年代後期學運及野百合學運，一直到一九九一年的獨台會案、五二〇反軍人干政遊行；學運豐富了我的人生，讓我具有更高的理想性，對自己也有更高的要求。但我沒有受到學運的束縛，一路走來，我儘量讓自己成為媒介與載體，善用不同時空環境下的角色，敢於選擇及重新歸零。

十三年前接受《學運世代》一書訪問時，我的身分是國安會諮詢委員，當時我希望用兩年時間強化實務經驗，長期則回到學術界工作。但機會來臨時，我決定接受挑戰，所以後來擔任行政院發言人、新聞局長，讓生命有更多的體驗。

二〇〇五年我第一次參選台中市長落敗，當時面臨要在台北或台中長期發展的人生選擇。周遭好友都主張我應該回台北，但我已清楚意識到地方政治的重要性，所以堅持在台中長期發展。其後我接下民進黨祕書長、總統府副祕書長等職務，同時在台中繼續長期紮根，並再一次獲得台中市長黨內提名。

但是，縣市合併卻打亂了原有布局。黨內因為派系因素陷入內耗，加上支持蘇嘉全的聲音逐漸浮現，讓我陷入人生最低潮。二〇一〇年年中時，我選擇退讓，自願幫蘇嘉全抬轎。事實上，我為了那次選戰已做好所有準備，如果再度落選，我也不會參選立委，因為早在二十年前，我就有機會參選國代或立委了。

這是我人生中第一次盡了全力還失敗，回想起來，這也是從政至今最難過的時刻。但也因為勇於讓自己歸零，我的退讓被認為是一段美麗的故事，所以才有機會繼續前進。兩年前當選立委後，今年底再度挑戰台中市長。

回頭看，我想，參與學運這件事，只是價值觀跟理念的一種表現，重點不是「學運」，而是我所懷抱的價值觀跟理想。我在與這個社會不斷互動及對話的過程中，活出自我。即使實踐的場域，從當初的公民社會轉到政治社會，我仍不斷找尋出路、開路。

不可諱言，少數當初參與「野百合」的夥伴，耽於學運光環，而在社會進步的過程中，逐漸失去理想性，甚至被淘汰。在政界，我發現一些中生代，已經成為社會進步的阻力，他們害怕競爭，在黨內提名時只想保障現任者，沒有辦法承載更高的理想性。從這個角度來看，部分中生代如果被淘汰，其實也是公平的，因為社會只是拿回給予學運世代的光環，我們不能把這些光環視為理所當然。

從歷史的角度來看，整個國家與社會，因為學運而改變；參與學運的這批人，同樣必須跟著被自己推動的歷史的腳步往前，否則仍會被淹沒在歷史的洪流中。從參與學運到從政，一路走來，我常常如此提醒自己。

所以同志們，老「野百合」也好，新「太陽花」也罷，不管將來你在什麼位置，讓我們時時刻刻警惕自己，不斷與自己及社會對話，做好調整，不斷向前，勿背棄理想與投入改革的初衷。

（林佳龍為一九八〇年代台大「自由之愛」學運領袖，代表民進黨參選年底台中市長選戰，本文為林佳龍在「市長官邸」咖啡廳接受何榮幸採訪的紀錄整理。）

段宜康：只有兩個字可以形容我的心情——「讓路」

從政多年之後，只有兩個字可以形容我現在的心情——「讓路」。

二〇〇一年《學運世代》此書訪問我時，我正要從台北市議員轉戰立法院，當時我仍然相信，進入立法院後可以改變一些東西。

但是，擔任幾屆立委後，我發現能夠改變的東西實在不多，讓我未必想要繼續走政治這條路。舉例來說，現在別說是最重要的修憲寸步難行，就連很基本的立法院委員會問政空間調整都做不到。立法院充斥作秀文化，每到會期結束前大家都在簽署法案，為的是應付公督盟的評鑑，除此之外當立委不知道還能做些什麼實質的改變。

當你相信可以改變事情的時候，你就會全力以赴；但當你在提案時就知道難以改變什麼，你就不會盡全力。這就是當前立法院的真實樣貌。

回頭看學運世代的朋友們，我以前覺得，選擇在社運領域努力、沒有進入政治部門的學運世代，保留了比較多的理想；但多年之後觀察，現在覺得也未必如此，在社運領域的朋友們也改變不了什麼，這點跟從政的學運世代沒有太大差別。

所以我覺得應該「讓路」。既然我們這一代能做的都做了，還是沒辦法改變什麼，那就應該讓年輕世代有更多機會展現能力，幫他們去改變一些東西。

我比較擔心的是民進黨缺乏人才，我們四、五十歲的學運世代就是這樣了，頂多參選台中市長的林佳龍等一兩個人還有機會更上層樓，如果我們這一代讓路了，民進黨的下一代在哪裡？

從老學運世代的角度看太陽花學運，其實有一些類似的地方，當野百合學運的訴求被社會接納時，野百合就死了，而太陽花學運的訴求也只是台灣社會「反中」、「反馬」的心理投射，並沒有提出比社會更進步的訴求。

太陽花學運世代的優點是聰明、優秀、反應很快，以及很會跟不同意見者溝通。我認為這一點非常重要，民進黨已經喪失跟不同意見者溝通的能力，黨內大老的各種「溝通」，其實都是「安排好的溝通」，不像太陽花世代能夠在沒有安排的情況下進行溝通。

然而，太陽花學運也有明顯限制。社運必須具有衝撞體制的能量，但在社會框架的限制下，太陽花學運卻只想符合社會主流意見以爭取主持。例如衝行政院的行動遭到學運領袖切割，後來是因為警察打人才獲得支持，但衝撞中正一分局的行動就被切割而失去衝撞動能了。

我比較擔心的是，社會對於太陽花學運的期待太高，對這些年輕人的壓力太大。原本社會對於新政團的期待不會那麼高，現在會高度期待太陽花學運領袖推動新政團，而未來新政團的表現若不符合期待，屆時會有支持者認為遭到背叛，這些是太陽花學運領袖會面臨的挑戰。

至於我自己未來的人生理想，其實只有四個字：「好好活著」。我現在最關心的事，其實是子女的教育與安全。去年五十歲時，我開始問自己還想做什麼？還要整天跑紅白帖？別人有勇氣選黨主席、選總統，我為何沒有動力了？到目前還沒有答案。但若還有二十年可活，人生最後的三分之一，我希望好好好活著。

（段宜康為八〇年代學運健將，本文為段宜康在立法院中興會館會議室接受何榮幸採訪的記錄整理。此次採訪結束沒幾天，段宜康獲得民進黨主席蔡英文重用，以不分區立委身分兼任民進黨政策會執行長，在綠營扮演更重要的角色。）

顧玉玲：不清算歷史，還是會重覆犯錯

解嚴後鬆動的政治空間，使我們有機會成為台灣第一代專職的社運組織工作者。因此，我對個人未來的想像，其實是鑲嵌於過去二十多年的集體運動中。儘管台灣的階級運動力量有限，成果總是不夠，但我更看重人在集體中的改變與發展，至今興致勃勃，動力十足。

就客觀的社會條件來說，野百合那一代得天獨厚，當年從反對黨、學院、到媒體都空出許多有利位置，現在這種機會結構早已改變了。太陽花這一代，成長於新自由主義席捲全球、貧富差距急遽拉大的年代，他們具體面對的是資本壟斷、官商勾結、失業及低薪的結構性困境，個別的單打獨鬥已經沒有用，必須靠集體尋求出路。

兩代青年都召喚「爭民主」，民主的基本前提無非就是面對差異，民間從來不是一體的，利害從來不是均等的，在資源分配不公、利益與所有權遭少數人獨占時，更不能將全民視為一體，不看見階級對立。當執政黨一再以「利大於弊」來推銷服貿，反服貿運動更需要公開指認：自由貿易協定究竟是誰獲利？誰得弊？前一代學運促成資產階級的政治民主化，卻未能碰觸「經濟不民主」的根本問題。這一代青年經驗到經濟上沒有出路，對兩黨政治徹底失望，更值得拉開社會辯論的空間，而不只停留在爭取程序正義。

所以我很討厭「交給你們年輕人了」的說法，聽到都快吐了。世代從來不是關鍵，不清算歷史就說交棒，未免太偷懶。我們必須要回答：過去究竟做對了什麼？可以成為年輕人的資產。又做錯了什麼？變成年輕人的包袱。什麼責任當時該扛而沒有扛？什麼改變原本要做而沒做到？歷史原就是積累的，此時此刻的抗爭條件都不是憑空而來，大人們一面批評當代青年吃不了苦，一面又說「未來就交給你們了」，這無條件的空白授權也令人害怕。「爭民主」從來就是現在進行式，不會在那一代的手上完成與終結。

從「清算歷史」的角度來看，野百合學運的從政者多數進入反對黨，完成資產階級的政治改革，這種性格吸納了當時社會不滿的能量，將動力引導到打破威權體制而非階級運動的方向，功過要有歷史公評。我並不否定民進黨裡面學運世代的表現比國民黨好，但這是應該的，何況後來他們的表現愈來愈差，兩黨的利益愈來愈一致，使人民失去信心。客觀來說，學運世代從政者只是鞏固兩黨政治的遊戲規則，擠壓其他政治力量的出現，並沒有改變原本的權力關係，提出更進步的價值與想像。所以我認為必須要清算歷史，如果不清算歷史，未來還是會重覆犯錯。

在這個脈絡下，說「背叛」其實也很無聊。很多野百合學運參與者本來就不是同志，只是時代浪潮把大家暫時捲在一起而已。當初學運路線未能對話、實踐清楚，以後各走各的路，也沒有誰背叛誰的問題。不過是道不同不相為謀。

對我來說，人生未來要走的路，仍然與運動的集體實踐緊密連結。我不認為在社運界領比較低的薪水，就因此擁有比較高的道德正當性。社運工作者必須思考，究竟還可以創造多少改變社會的條件？運動發展與組織反省一刻也不得鬆懈，運動者的怠惰一如政客的腐敗，都是需要批判的。

階級運動除了經濟性議題，也有文化表述的需求，近年來已有很多人在進行社運的文化實踐。我寫作《我們——移動與勞動的生命記事》，及主編《拒絕被遺忘的聲音——RCA工殤口述史》，主要是為台灣工運留下歷史記錄與文化積累，希望擴大社會討論，影響非運動圈的人。至於我到北藝大教書兼課，是因為面對組織內部的分崩離析、運動的挫敗與迷惘，離開第一線的組織工作，暫時將自己安置在這個社會位置上，既免去被追問工作的麻煩，也有機會接觸年輕學生，相互學習。

（顧玉玲為野百合學運校際代表，本文為顧玉玲在台北「書香花園」餐廳接受何榮幸採訪的記錄整理。顧玉玲也是何榮幸主編的「獨立評論@天下」網站專欄作者，長期在該網站書寫工運議題，對於工運的投入與熱情始終不變。）

李文忠：沒有能力打破遊戲規則，只好繼續跑攤

投身政治二十多年，到現在還在忙選舉（按：參選南投縣長）、跑攤，當然會有沮喪的時候，覺得跟當初從政的理想怎麼差這麼多。但遊戲規則就是如此，除非是陳定南，選舉才可以不用跑攤，創造新的遊戲規則，我們沒有能力打破遊戲規則，就只好繼續跑攤。

其實，二〇〇六年我辭去立委（按：因不滿扁家貪腐風暴，與林濁水連袂辭立委），隔年黨內立委初選我贏過尤清獲得提名時，曾經有兩個禮拜，我不排任何行程，認真思考退選的可能性，因為不斷跑攤已經跟從政初衷差很遠。

但後來我還是決定繼續參選，因為已經有那麼多人在黨內初選支持我，我不能辜負他們的期待。雖然沒有能力創造新的遊戲規則，也只能在原有的遊戲規則中奮鬥了。

回想起來，我們這一代在一九八〇年代投入學運時，雖然有民主的傾向，但卻缺乏對於民主深化的討論。我們雖然看了左派的書籍，但台灣沒有深厚的左派背景與傳統，我們對於民主的理解也不夠深刻，因此看不出來什麼才是我們這一代應該死守的價值。

以我個人來說，我原本相信自由競爭，一直到最近這五年，我對於自由競爭才有比較深刻的質疑，理解到自由發展之外，關懷與平等的重要性，這對我是重大的內心衝擊。

從這個層面來看，歷史對於我們這一代學運世代是公平的。當年學運沒有創造出自己的價值與天空，也未能展現出自己的能耐，現在就只能繼續在既定的社會遊戲規則中奮鬥。

對於學運世代的檢驗，我自己的標準是「有沒有離開初衷」。儘管學運世代從政者一路走來起起跌跌，有的人還身陷司法弊案，但我的觀察是，離開初衷者其實不多，大部分的學運朋友並沒有離初衷太遠。我其實很同情小馬（指陳水扁左右手馬永成），我不認為他做了很多違背初衷的事，他被指控的罪名（指陳水扁國務機要費等案件），他的老闆要負更大的責任。

人在現實中都會調整，不能說這種調整就是離開初衷。我在學生時代就以妥協出名，從政後也做了很多妥協，但我認為只要維持原來的信念，沒有被過度汙染，就沒有背離初衷。

我從不認為有那一代特別好或特別壞，每一代都有它的客觀環境，會在某一刻把能量爆發出來。但太陽花學運讓我驚訝的是，對於當前時代的挑戰，他們回應得很好。

太陽花學運也顯示，這一代年輕人有能力處理事情，這是最難得的地方。大規模的社會運動一定會愈來愈激進化，這些年輕人卻能夠控制得很好，穩健派與激進派並沒有分裂，這很不容易，他們對於政治情勢的回應，甚至比許多政治老鳥都做得好。

此外，能夠發動這麼大規模的社運，最後還能平和結束，這也很不容易，雖然其中有運氣、偶然的成分，但也有年輕人展現能力的必然。從這幾點來看，我認為太陽花學運超越了之前所有學運及政治活動。

（李文忠為八〇年代學健將，本文為李文忠在參選南投縣長行程空檔中，接受何榮幸電話採訪的記錄整理。）

羅文嘉：回首

經過二十幾年，年近半百，坐在海邊，靜靜回想年輕時的事、年輕時的夢，當年的理想、行動、和那些久遠的朋友。感覺很奇特，跟十幾年前的回首，差異很大。是多了生命的歷練與沉澱，還是多了人事變遷、物換星移的感觸與變化。

有許多的變化，在這麼些年發生。首先，是年歲與身分，我們陸陸續續也為人父、為人母、為人老師。這一兩年來與過去朋友聚會，竟多半是因為孩子活動，聊的話題，孩子多於時事，當然也多於當年往事。彷彿那些屬於過去的，只在每個人的生命中，留下記憶、發生作用，然後封包起來。對於未來，現在開始的未來，是屬於另一個世界，另一段旅程。這種感覺，有時讓人不願多說和多想，除非不得已被問到。

總是會碰到，年輕的學生這樣問：老師，你們所處的那個年代，是怎樣的年代？你們怎麼看，我們現在這個時代呢？

我忘記，年輕的時候，會不會問這個問題，以及有沒有人，可以讓我這樣好奇地問。我只記得，那時候，每天很忙，充滿鬥志，不怕困難，不相信死亡，認為理想最重要，要跟獨裁者拼高下。我很少疑問，因為獨裁者太強大，只能不停的戰鬥，直到他倒台為止。

我現在是這樣回答年輕的孩子：那是個混亂，但充滿希望的年代。那是個相信理想，而且可以為它燃燒的年代。那是個幸福的年代，因為我們可以為它而活、而愛、而戰鬥。

我的同班同學，總是在放學的黃昏，自己來到社團辦公室，拿了一疊傳單，到學校大門口、小福利社入口、或是自己宿舍，把傳單一張一張，送到沒有表情的同學手上，塞到宿舍每間房門底下，或是乾脆貼在系辦公室公布欄上。

我會和暗戀已久的女孩，喬裝成一對情侶，在軍警環伺的街頭，在總統府前探視軍情。後來，我們果然成為一對戀人，在革命中的愛情，對抗強權、反抗父權，相信我們心中所要到達的理想彼岸，那不是一種幸福嗎？

等到，有一天，獨裁政權在世紀交替那一年，果然倒台。我望著紙花碎片，隨著煙火炮聲，紛紛飄落，灑在我們寄望的人、組織、政黨身上那晚，我問自己，然後呢？接下來我們要為什麼而活。

可以很純粹相信理想這件事，而且身邊所有人，都跟你一樣，生命私利可以放一邊，你不會覺得孤單，也不會覺得氣餒，因為即使現在是少數，但因為站在歷史正確的一方，我們相信自己會贏。

那種感覺真好，我跟年輕的孩子這樣講。

那麼，後來呢？

後來，我們擁有了權力，即便不是全部的權力，但相對以往，已經是很巨大了。我們有沒有用這樣的權力，做過對的事、錯的事，顯然都有。不必問對錯所占的比例是多少，因為只要一件錯事，就會讓你的努力白費。

我們總以為自己可以主導世界，後來發現，歷史的主角既不是我們這一代，改變的關鍵也不在我們這些人。我們，年輕的熱情、衝勁、專業、只是上一世代的附屬；我們，理想國度的價值、理念、運作，終就逃不過歷史結構的制約宰制。

從某個角度講，我們曾經勇敢、無所畏懼，但後來顯然怯懦、有所退縮；對抗敵人顯然容易，反抗自己人，則往往遍體鱗傷。是我們的智慧、能力、勇氣不足，還是利益的結構、糾纏太深。

有人問，如果再重來，會怎麼做。問題是，歲月與歷史都不會重來，即使我知道怎麼做會更好。無法再年輕如昔，只盼望新一代，能比我們更看透結構的深邃，能有好的生存技術，也有堅持到底的智慧。

（本文作者為台大學生會第一屆會長，現為水牛書店社長。）

鄭文燦：真誠的力量，推動歷史的進步

我們在一九八〇年代成長，後來被稱為「野百合世代」、五年級生或是解嚴世代。那時候的台灣，正處於威權體制的末期，大學校園尚未擺脫黨國體制的桎梏。那時候的我們，在不斷胎動的大學校園裡，找尋自由、真理與正義。從爭取校園的言論自由開始，到追求台灣政治的民主化，每天、每月、每季，細微的變化中，進步的理念，逐漸匯聚為巨流。學生運動，成為一九八〇年代，一種大學生的生活方式，在運動中改變自己，在運動中找尋自己。就在一個一個事件中，我們目睹了大學保守之牆的崩塌、傾倒，最後，走向歷史舞台的野百合學運上場了。

三月野百合學運的背景，是源自一場白熱化的政治鬥爭，掀開了威權統治的面紗，權鬥的醜陋面目，讓台灣人民看到了統治者的謊言。一九九〇年二月主流、非主流之爭落幕後，荒謬的萬年國會，一群毫無民意基礎的老賊，繼續在陽明山的集會，上演山中傳奇。當時的台灣，要求民主改革的群眾抗爭，一波接著一波，始終未歇。可是，威權當局卻還沒有接受民主改革的誠意。

「老賊代表人民選舉總統」的荒謬劇，清楚表達了台灣政治的矛盾，在這個充滿張力的弓弦上，野百合學運迸裂出民意的狂潮，數萬個學生與群眾，在中正紀念堂的廣場上，以和平的靜坐形式，表達了最深的抗議。有數以百計的學生絕食，把情緒和主張推到了高峰。最後，李登輝總統接受了學運的訴求，學運和平落幕，台灣的民主化的議程，確定了時間表。

野百合學運之後，我們這個世代內部有過短暫的爭辯，但是，當我們走入台灣社會之後，我們才知道自己與社會的距離，理想與現實的落差。我們也才看到學運的價值，其實，學運是以理想主義的火炬，激發出人民的力量，也讓一個世代，通過自我洗禮，更具備關懷這塊土地與人民的公民意識。

但是，我們終究都以某些方式，走入台灣的社會體制，無論是從政、從商或者回到了大學學院，學運已然成為歷史，成為生命中塵封的記憶。二十四年後，二〇一四年的太陽花學運，我們看到了更狂狷、更成熟的新一代，他們做了許多我們當年做不到的事情。二〇一四年的太陽花學運，把我們之中的許多人的靈魂喚醒，我們內心的高興、感動，似乎是回到從前。即使我們被稱為學運大叔大嬸，或者是老骨頭，依然是感情上投射在這些年輕人身上，支持他們所做的努力。

兩代學運的血液，或許有相通之處。真誠的力量，可以推動歷史的進步。這是我深信不疑的。

（本文作者為野百合學運決策小組召集人，現代表民進黨參選年底桃園市長選戰。）

周奕成：關於學運世代的筆記

一、學運世代不是學運。要到了你們不再從事學運，而做了其他多多少少一些事情，你們才會被稱做學運世代。

你們不會在從事學生運動的時候，被稱做學運世代，因為那時候你們還不成為一個世代。二十多歲你從事學生運動，那個時候你叫做學運分子。三十多歲以後你做了這些那些，你的同輩人也做了這些那些，你們開始被看到、被記起，被稱做一個世代。

二、你們做了這些那些，其實也沒有什麼太了不起。世代的成就必須放在歷史裡比較。每個年代每個年齡層都有教授醫師董事長，都有議員委員市長部長，所謂社會菁英權力地位，不足以定位一個世代。世代應該以群體對社會的貢獻來定位。個人成就或權位都不算。

相對上你們這個世代並沒有很大的成就，因為你們並不曾建立重要的社會機構，例如：報社、政黨、學校、教團，你們也不曾掌握社會的文化領導權。

三、持平而論你們也不算太差。從政的你們幫助了上一個世代所建立的政黨，推動了他們的政綱。

在民間以及學院的你們則教育了下一個世代，讓他們在很壞的時代中奮起。

你們本身雖然沒有成就什麼，至少你們成就了上下的世代，這使你們不僅僅是個夾縫世代，而是個橋樑世代。

但你們因為一些些懦弱、自私、猶豫、算計，掩耳避聽歷史的召喚，錯過了自身的天命，這仍是有罪的。將來台灣的噩夢成為現實，可能讓你們脫離自滿，終於醒覺而從此活在悔恨中。

四、你們並不是自然成為一個世代。你們需要經歷很多對自己的認識、思索、論說、爭辯，其中有些是痛苦的。

痛苦曾經發生在一些人進入政黨成為政治工作者，也發生在終於要面對國家是否獨立或應該如何獨立，更發生在許許多多派系利益的爭奪，以及政策路線的選擇。

但最痛苦的莫如那一次，你們多數人所支持的政府領導者陷入危機，你們該怎麼判斷、該怎麼做。那次你們幾乎從基本政治和道德立場上決裂。

決裂還不是最痛苦，痛苦的是不管選擇繼續支持，或是選擇批判甚至脫離，你們都必須反復表態說明你們這樣做或那樣做的理由，因為你們都擔心世代同人誤解你們。那焦慮和煎熬點滴在心。

五、上一代的領導者讓你們幾乎分裂，下一代的青年人卻又把你們凝聚。你們再度成為一個世代。

七八年的屈辱讓你們鬱結，七八年級生的奮起點燃你們熱血。你們興奮得像是青春再臨逐漸衰敗的身軀，你們回到群眾現場吶喊有如山谷百合迎來另一個春天。

你們暫時忘記四五十歲人的職責並不是抗議。你們早該扛起治理，好好做個可以讓青年人抗議的對象。

你們重獲青春，卻沒有稱職地老去。你們沒有實現二十多年前的承諾，你們沒有能力帶起這個國家，你們沒有阻止最低劣的政權復辟。

青年人本來應該不必再為了基本的人權民主正義而抗爭，可以做更進一步的創造。而你們只能搖旗支持學生。

你們停滯在青春，國家倒退回過去。你們若是菁英，取得權力進行領導就是義務，沒有卸責推諉的餘地。台灣有一天毀敗，你們在餘生反省。

六、終於你們不必再背負學運世代之名。幾年以後，當青年人不再是學運分子，也開始做了這些那些，他們也將被稱做學運世代。

那個時候，人們所說的學運世代不再是你們。你們會有一點點悵然，但不必。

七、在你們老去之前，在世界毀去之前，還有一點時間。還有一點點時間。

（本文作者為野百合學運健將，現為創業人，創作人。）

陳裕鑫：不斷被喚醒，又不斷陷入沉睡的小巨人

我和吳叡人是學運老戰友，但我沒想過三十年後，三月十九日的深夜裡，我和他在立法院群賢樓的圍牆邊重聚。他剛在一場街頭的公民教室，對滿街學生慷慨陳詞，而我則是剛離開報社，沿著立法院周遭用手機記錄五場深夜講堂，貼在個人臉書上，這是太陽花學運的第二天。

我在蘋果日報即時平台上，看著吳叡人的演講影帶，他的語氣、熱情並沒有因多年的沉潛研究，而有稍稍的改變，反而在學生群裡有更多的感染力，他的文章、演講在網路上傳播更廣。而這就是橫跨三十年學運的一景，在新的運動網路上重溫昔日的熱情。

在總結學運十年的西元二〇〇〇年，是個奇特的時間點，一些學運世代進入政治權力圈，似乎掌握了改革的契機。但無力感卻又是無比的龐大，似乎沒有人可以推得動改革的國家機器，結果學運世代成為懷念的名詞，我更懷疑媒體能否扮演中流砥柱的角色。

還好，這十幾年來，有兩條軌跡讓我把路走得不一樣。一是繼續關注台灣的言論自由；一是繼續在網路上探索。

二〇〇〇年，我參與籌辦台灣蘋果日報，擔任首任總編輯，雖然我知道它的風格會為台灣帶來爭議，但它對言論自由的堅持，才是我珍視的價值。許多電子媒體及報紙為拓展大陸市場，在言論及新聞

自由上逐漸自我設限，幸好蘋果日報因黎智英的堅持，在兩岸政策及公共議題，常能發揮監督的力量。

但也有挫折的地方。二〇一〇年，我負責籌辦壹電視，它是亞洲第一個全數位化的電視台，更重要的意義是，它是要解構原本政商糾結的新聞台文化。結果，因NCC遲不批准壹電視上架，以及系統頻道聯手抵制，壹傳媒不堪虧損，只好出售壹電視。

二〇一三年，我負責推動蘋果日報的即時新聞，也逐漸建構容納更多獨立媒體的即時平台。原本，它即可預期是一座美麗的花園，沒想到，三月的太陽花學運，讓蘋果即時新聞的平台發揮網路的最大特性，不僅連續多日的現場直播，即時傳送的學生占領議場、行政院，警方驅散、五十萬人上凱道，都讓這座花園變成更壯觀的花海。

台灣的學運史，是一個不斷被喚醒，又不斷陷入沉睡的小巨人，你不知道何時她會被喚醒，也不知她多快又陷入沉睡。

很像電腦的進程，不同世代學運的組織演變，從集中邁向分散的架構。現在學運裡各校的界線模糊了，學運與社運的界線也模糊了。它的缺點是，學運的內部民主化，因架構分散而不易取得，像太陽花學運就有決策流程的檢討。但優點是遍地開花，網路一個節點掛了，封包還是可以繞道通行，任何一個學運小組織，都可能再點燃新的風潮。

新世代學運比過去學運有更活潑的型態，帶進更多顛覆性的創舉，但也承擔更大的壓力。過去的學運是面對台灣內部的民主化或憲改議題，對手就在眼前，雙方都必須在民意的天平上去秤斤秤兩，也必須在歷史的價值裡找定位。但太陽花學運是碰觸兩岸分合議題的起點，對手不一定是凱道上的總統府，如果一場學運再度被喚醒，你無法預期它的風有多大，浪有多高，就如同沒有人預期到太陽花學運，會在二〇一四年的三月如此盛開。

（本文作者為八〇年代學運活躍分子，現為「蘋果日報」社長。）

第三篇

野百合世代的第一個十年與近況

照片提供／時報周刊

檔案一

林佳龍

我給自己兩年時間來了解國家運作

※ 此為 2001 年受訪時身分。（以下人物檔案皆同）

國家安全會議諮詢委員／一九六四年生，台大政研所、耶魯政治學博士，台大「自由之愛」學運領袖。

二〇〇一年

五月十一日中午十二時，德也茶喫。巧合的是，這一天剛好是當年台大學生紀念校園普選運動的「台大學生日」，雖然偏重幕僚性質，但他已是學運世代第一位不折不扣的部長級高層官員，兩小時訪談結束後，他又匆匆趕回總統府開會……

二〇一四年

過去十幾年歷任新聞局局長、民進黨祕書長、總統府副祕書長等要職，新聞局長任內接受作者採訪，陳述公廣集團願景與理念；二〇〇五年起在台中市埋鍋造飯，經歷市長落選、立委當選，十年磨劍後，今年底再戰縣市合併升格後的台中市長……

一九八八年，我們在台大校園舉行五一一遊行後，校方以影響校譽為由，要把我們退學。校方在行政大樓開說明會，訓導長是周道濟，我印象很深，我當場抗議校方說法後，現場記者的掌聲兩三分鐘不停，本來是校方在審判我們，變成社會在審判他們，最後我們只被記小過。

九一年獨台會案及五二〇反軍人干政遊行對我是重要轉折，當時學運被外界形容為分裂，原因可能是我太強勢，也有路線、運動主導權的問題，但對我是傷害，我是帶著傷痕出國唸書，去療傷止痛的。

我在耶魯第一年就把所有課修完，事實上我常回台灣做田野調查，第二年起加入台灣學生社，與留學生進行串連。當時黑名單已經解除，李應元、郭倍宏等台灣學生社核心成員回台灣，美國就有點真空，我們決定加入。過去台灣學生社學理工的多、行動力強，不一定看得起學文法的，學文法的則自認為搞過學運有經驗，也看不起學理工的，我們加入有助於整合。

我們從九四年起辦北美洲台灣研究論文發表會，已經七屆，每次一百多人參加，各方面論文都有，這也結合到原本學運網絡沒有結合者，這些知識取向的人，已有幾十人回到台灣教書。

其實，學運末期我已感到學運的不足，學生其實不是進步、而是落後於這個社會。長期以來校園內控制最嚴，我們只是躬逢其盛台灣民主轉型，又因學生比較有理想性、沒有現實利害，所以扮演台灣轉型的「攜帶者」與加速角色而已，但學生本身沒有比較進步，對社會認識也很膚淺，反對運動除了要求當家做主，台灣未來願景是什麼？沒有整套東西，如何說服自己與別人？所以我出國進修，但同時進行串連、形成對台灣發展的看法。我們早期關心台灣經濟發展，後來是民主化、兩岸關係，現在是全球化，希望將台灣建設為有尊嚴、品質的民主體制。

所以，我當時想的是如何深化自己、做好準備，某個角度也是開拓戰場。我已看到台灣未來不只是政治、社會反抗，也是文化、國際性的東西，與其說出國是缺席，不如說是在準備下一個階段的東西。

我在耶魯七年拿到博士學位，並從九五年起參與國際性中國研究計劃，所以我去過中國很多次，考察基層選舉、農村、環境。後來我申請到總部位於東京的聯合國大學高等研究所，我參與的研究是中國的永續發展，計劃主持人之一就是現在駐日代表羅福全，一年後我才回來中正大學政治系任教。

在中正大學那一年多，常坐通勤電車一兩小時到民雄上課，旁邊都是綠油油稻田，生活非常愉快。我到了總統大選後期才開始上電視，一來因為住在南部，二來是避免自己成為公眾人物。在此之前，我已透過許文龍董事長的關係訪問過李登輝總統，談台灣民主化，也認識李登輝的優秀幕僚如張榮豐等人，慢慢開始提供一些意見給李登輝，那時我對政策的關心度就很高了。

外界對我在李遠哲院長挺扁過程中的角色，以及我與許文龍董事長的關係感到好奇。事實上，我叫許文龍舅公，這有兩重關係，他是我岳母的舅舅，應該叫舅公，但他也是我岳父的姐夫，應該叫姑丈，叫舅公是因為這是血緣而非姻親。我岳父是在奇美工作，但有人誤傳許文龍是我岳父，都不對。

九八年底陳水扁台北市長落選後，很多人關切「後李登輝時代」會怎麼辦？許董事長與李登輝、李遠哲、當時民進黨主席林義雄都很熟，也開始儘量促成一些討論合作。李遠哲雖無意願參選，但已表明需要時願意支持扁，這在九九年五月時就已確定，李遠哲認為連戰舊包袱太重，宋楚瑜也與黑金力量結合，因此李院長在思考自己角色，有關鍵影響力時他會出來，但什麼時間、形式，當時還不清楚。

我會與馬永成成為李院長、陳水扁陣營間的「對口」聯繫者，是因為有一次李院長南下拜訪許董事長，因為許董事長較少上北部，兩人說好有些訊息要有人傳遞，李院長也很重視年輕人的意見，他甚至希望多找年輕人集體研究、推動台灣改革，後來我們就建立了信任感。

總統大選期間太多人在傳話，每個人都說自己可以代表扁或李院長，但這種溝通會有問題，李扁動見觀瞻，不方便常常聯絡，所以希望簡化過程，後期我的工作負擔就變得比較重一點。

總統大選結束後，有很多種可能性，我傾向長期做政策建議，所以進國安會擔任諮詢委員，我的主要分工在兩岸政策方面。實際接觸政治是政治學的必需，我給自己兩年時間，好好了解這個國家與政府運作，長期則希望回到學術界，由於有這種實務經驗，未來寫論文會八九不離十，不會與現實差太遠。

我的博士論文在處理戰後五十年的台灣民主化，我一直希望寫一本台灣戰後政治史，往前再與日據時期做比較，國內這方面深入分析很少，我想做的是史觀與深度詮釋，不是資料與敘事而已。

【學運世代檔案說明】

一：廣義的「學運世代」範圍廣闊，並且遍布社會各行各業，此處所列僅為較容易被媒體與社會各界「看見」的學運世代，其他更多學運世代正在台灣社會各角落扮演推動社會向前的重要角色……

二：個人檔案之出現順序不具任何意義。

三：個人檔案中所列簡歷，原則上以當年參與學運時就讀大學科系，及其後最高學歷為主，並附上其當年較容易被「看見」之社團職務或學運角色。

四：個人檔案之現職，為二〇〇一年九月一日前最新職務。

五：為免西元紀元年代冗長重覆，凡第一次出現者皆使用全名如「一九九一年」，其後則使用「九一年」、「九二年」等簡稱。

檔案二

馬永成

——現在沒有「政治正確」的問題了

總統府祕書室主任／一九六五年生，台大政治系，台大學生會副會長。

二〇〇一年

七月十八日上午十時五十分，重慶南路馬哥孛羅咖啡。他以前不抽菸，現在則因為工作壓力而大量抽菸，在他視為心理需要的煙霧之間，我們一方面是學生時代舊識，一方面卻又存在新聞記者與「總統府高層」間永恆與無解的緊張關係……

二〇一四年

陳水扁總統連任後出任總統府副祕書長，但也身陷扁家貪腐風暴，「第一祕書」從雲端跌落谷底。二〇〇八年至今，因國務機要費案等官司纏身，很多時間花在跑法院，與朋友聚會時幾乎不談政治，未來還會有很長一段時間必須處理官司問題……

我從來就只想當幕僚，不想走到檯面。

我在台北市政府當過副祕書長兼發言人，但那是沒有選擇的結果。當時文嘉因為拔河事件下台，大家還是希望發言人能夠準確傳遞阿扁意志，沒辦法，只好我上去。但後來我推薦賀陳旦接任，就重新回到幕僚位置。

做為民進黨內的外省第二代，剛開始時我比較有一些特殊的感受，但現在感受就不大了，後來他們早就忘了我是外省人。他們跟我的利害關係，早就超過我的省籍。當然，坦白講，民進黨內還是有福佬沙文主義，但他們不能把我當外省人，把我當外省人對他們沒好處。

要觀察學運世代，可以看看韓國與美國學運的例子。韓國最有趣，韓國學運算是最普遍、有傳統、最強烈，其他國家沒有那麼長的學運，現在各國學運都消失了，只有韓國學運是一路走來、始終如一。但是，韓國學生畢業後，多數都成為體制內社會菁英，過去韓國學運與工運結合密切，現在大多數韓國學運學生畢業後，卻是到大資本家的企業工作，這就與學運經驗割裂了，每個人都成為個體，不再是一個世代。

韓國學運分子後來變成鎮壓學運的主角，從某個角度來看是「背叛」，但不過就是人嘛，一個普通人嘛，學運沒有這麼偉大，當學運分子變成一個個體的時候，就回到一個人了。

美國學運有趣的地方，是它從六〇年代後傳遞了一個價值觀，例如雅痞、反戰、愛和平，但人生不只是反戰而已，學運分子進入政治圈後，很多事情無法避免，不可能搞到最後，把反戰當成教條就好了，這會有現實上的困難。

我們以前一起搞運動，一起做一些事，現在變成一個人，面對的是自己，以及個人的生活，也許就比較沒有道德壓力，范雲他們或許希望有這種壓力，但不衝突。過去一群人聚在一起，大家比衝比勇，現在已經沒有「政治正確」的問題了。

少數人很堅持，那很棒，但多數人做不到。學運的價值觀，會讓學運分子比較自由、對權威的看法會比較下降，這些就夠了。再如同性戀這些價值，學運世代比較可能會支持，這才是有趣的東西，這種價值觀會在生活上影響你，但在政治上不容易。

因為政治太複雜，太大塊，政治是千秋不變的，不是靠學運世代普遍的價值觀就可能改變。但生活上比較自由、開放，這是可能改變的。那是一種生活態度、價值取向，不是對錯，也沒有特別高尚。我們這個世代對同性戀的態度，顯然跟上一代不一樣，接受度會比較高，可能也會比較自我、無所謂，這在台灣、美國都一樣，是真正自由主義、個人主義的高漲。

學運世代唯一有意思的是，可以再搞出風潮，例如主張政治應該怎麼搞，然後去爭取社會支持。但爭取社會支持又是另一門學問，某種程度也是政治操作，要有資源、錢，否則幾個人整天哀聲嘆氣，怎麼搞運動？你有沒有辦法找到資本家支持？你能拿什麼交換？如果你自己沒東西跟別人交換，除非這個資本家當年也搞過學運，他才會全力支持你，但台灣沒有這種資本家。

政治太大了，是個大黑洞，它的操作方式是固定的，是沒有辦法的，你可以有創意，但一些基本的東西變不了，它就是資源的分配與整合，就是靠資源分配去搞組織，這是千年來，古今中外都一樣的道理，你如果能搞出一個烏托邦，那我就佩服你，但不可能。

所以比較有意思的剩下那些價值觀，這些價值能不能產生、發酵，夠不夠深刻，如果不夠深刻，意義就更低，如果大家對自由、開放這些價值的容忍程度都降低了，學運世代就變成完全沒有意義的東西了。它只是歷史上的一個部分，價值只在於鼓舞下一代的人繼續搞學運，這都是有價值的，我還是覺得有意義。但後面的東西沒有那麼大意義，甚至可能會失敗、更反動都有可能，就看價值觀有沒有生根，能不能跟搞政治做一點切割。

只要還有一點理想性，就還有意義，但若一點都沒有了，也不過是一群新的政客，他們當年做過對的事情，就這樣而已。

檔案三

郭文彬

——不要老記得做過什麼，革命是論件計酬的

總統府參議／一九六三年生，台大政治系，大革會、台大「自由之愛」成員。

二〇〇一年

五月十七日下午四時四十分，施明德國會辦公室。他即將離開長期追隨的施明德，高升為外界眼中的「總統府高層」。當年唸到蘇聯已經解體，都還沒有從淡江蘇聯研究所畢業的他，感情特別豐富，談起一些傷感的事，眼眶忍不住紅了……

二〇一四年

繼續當行動派而不是理論派，喜歡當隱身第二線的幕僚，長期在民進黨中央黨部工作，從黨主席特別助理當到社會運動部主任。今年五月蔡英文回鍋黨主席後，他留任社運部主任，繼續穿梭在台灣各地進行組織與串連工作……

以前搞「自由之愛」時，郭正亮跟我是兩個極端，他和林佳龍都是「理論大師」，我負責實際行政。例如在校門口演講時，音響是我向鄭南榕借的，去立法院陳情時，路線是我規劃的，他們講的理論，我都沒參與，對我來說，是非、好人壞人都很清楚，沒什麼好說。反正學院派就去寫，行動派就去發傳單。

我唸書時就到五、六個黨外雜誌工作，都是短短幾個月，不斷被查禁，最後一個是在鄭南榕的《自由時代》雜誌。當時書報攤賣《自由時代》都像在賣「小本的」一樣，到最後覺得像在搞同人誌，每本黨外雜誌都大同小異，內容都是可惡的蔣家、把外省人趕下海，成效有限，幾乎是寫給同一批人看，專業訓練也不夠，不但寫不出真正內幕，很多黨外雜誌根本都是亂傳謠言，都是假的，亂寫一通。

所以我一九八八年畢業後就到《自由時報》，因為想去主流媒體搶占橋頭堡、加強專業訓練，一待就是將近三年，最後離開是因為要幫女朋友王雪峰選國代。

九二年底我先後幫葉菊蘭、施明德、謝長廷選立委，選完後先去謝長廷國會辦公室，但謝長廷授權不夠，給的待遇也很低，九三年七月就到施明德國會辦公室，後來換了很多不同角色，但基本上都是施明德的幕僚。

關於我長期追隨施明德，很冒昧講，其實我是「帶藝投師」，我和他的關係比較像是兄弟，而且有些時候我還比較像哥哥。或許因為坐牢太久，他在大政治走向的視野很前瞻，但在小事情政治執行面很空白幼稚，例如政商勾結領域他就完全不會，很排斥，也沒有意願會，也許是我自大，我總覺得想照顧施明德。

我雖然決定去總統府工作，但不會結束和施明德的合作關係，只是轉換形式而已。我合作、效忠過的人，葉菊蘭、謝長廷、王雪峰、施明德，至今跟我都還維持很好的合作關係，只是參與程度不同。

我是很被動的人，通常是我被選擇，不是我主動選擇什麼。鄭南榕選擇我，是因為當時缺人，阿扁這次也是，但如果對象爛，我也跟很多人說過不。

我的人生理想？我也在思考這個問題。我個人一次又一次陷入感情的漩渦，跳出一個，又被拉到另一個，如果只是在意幫助一個人、讓他快樂就好，就會讓自己無法自拔。

我不需要養家，反而是家在養我，所以沒有後顧之憂。我也沒什麼成就壓力，很多人批評我散漫，但散漫也很好，沒有職位就不會被期待、求好心切，我沒有時間表、生涯規劃什麼的，我的人生時間表早就被打亂了。

學運世代的未來？民主運動完成時，學運世代就沒有太大意義了。別忘了，托洛斯基和他的好朋友在奪權後都死光了，最後領導人是史達林。未來會冒出頭的人，是否參加過學運根本不重要，就像施明德坐牢二十五年一樣，政治做為志業的時代已經過去了，不會再回來了。

有時想想也很感傷，想繼續下去只好繼續當現實政客，不要老記得自己為革命做過什麼，革命是論件計酬的，以前要做的事也已達成了，社會也已給你夠多回饋了，過去犧牲是為了理想，但理想已經實現，就別再囉唆。我是這樣看學運，也是這樣看施明德。

學運對我的意義是，有時候回顧一生，覺得做了一些你很喜歡的事情，做多做少並不重要，但在那個時代參與過那些事情，覺得很開心，很愛自己，覺得很好，這就夠了，不會覺得到了四十歲很丟臉。

檔案四

曾昭明

外界過度誇大我們的決策權力

前總統府諮議／一九六四年生，輔大社會系、英國蘭開斯特大學政治經濟學博士班，大革會、民學聯學運領袖。

二〇〇一年

六月二十二日下午一時三十分，重慶南路馬哥孛羅咖啡。向來行事低調的他，沒想到在副總統呂秀蓮控告《新新聞》案中被列為「祕密證人」，使得他以這種奇怪身分受到社會各界矚目，此次訪談即是在他發表「與此案完全無關」聲明後進行……

二〇一四年

曾任經建會主委祕書、青輔會研究委員、台灣企業社會責任協會祕書長，現為企業社會責任顧問，以各種「責任型經濟」的倡議為關懷重點。業餘興趣是研究對「中國天朝主義」的系譜學批判……

我畢業後到英國留學五年念政治經濟學，感受最深的是對於「左派」的重新理解。

我回台灣後，在很偶然的機會進入民進黨中央黨部政策會工作，原因很簡單，我對當時黨主席林義雄有一定的信任，相信在他領導下的民進黨會有一定作為。從八〇年代教條主義的立場來看，可能會覺得民進黨、國民黨都是全民政黨，沒有什麼差別。但對我來說，民進黨在台灣政治領域中，仍然是唯一有意義的中左翼力量，它與其他政黨的細緻差別，對我而言已經非常重大。

在民進黨工作三年的經驗中，學運朋友對我不致於不諒解，但那個互動到現在都還在調整當中。學運朋友會期待我用社運角度處理他們面對的事，但我很清楚政黨與社運的角度不同，政黨面對多元議題、社會不同要求時的權衡困難，這與社運工作者專注於單一議題完全不同，但仍然可以尋找合作途徑與方式，絕對不致無法溝通。

總統大選結束後，我受邀進入總統府工作，這是很難得的學習機會，可以對這個最重要的政府機構有第一手接觸體驗，另一方面也帶著理想，希望在自己職務範圍內儘量做一些事。

其實，學運朋友對於我們進入政治圈的人容易有種誤解，會過度誇大我們的決策權力，無論被外界認為權位有多高，都是浮面表象，很多溝通誤解都被這種浮面表象所困。不要說羅文嘉、馬永成、林佳龍，甚至連陳水扁總統本身都是一樣，如果認真觀察，最高階層政治人物能改變的範圍其實相當有限。這點我與八〇年代的看法相同，你要政府做出改變，就必須要有一定的社會基礎。我從來不是國家主體論者，不認為一群人掌握國家權力後，就可以照他們意思做出什麼，我不相信。

不論是核四、工時、金融改革等，新政府都必須凝聚新的社會共識才能推動，不是政府想怎樣就怎樣。如果沒有適當的社會基礎，強求用政治手段實現某些目標，要小心反挫後，也許就是更大的倒退。

核四就是最好的例子，我覺得大家都低估了這種反挫的危險。

我自己從來沒有幻想，我希望帶著理想，在自己職務範圍內儘量做一些事，但我不認為自己真的有什麼影響力。我一直相信，細微的差別可能就會有重大的意義，能前進一分就是一分，一寸就是一寸，我不企求一跳就是好幾公尺。

現在回頭看當年民學聯與台大的學運路線分裂，當初民學聯主張，如果沒有社運改造，只單純依靠國會改革，只會把原本在地方層次的黑金勢力發展到中央，我們當然無法預測李登輝上台後與黑金勢力結合等後來變化，但過去十年來的發展，確實印證當時我們的某些憂慮是存在的，以致於二〇〇〇年陳水扁總統勝選的主題，就是對於黑金改革的決心，我對此心裡相當感慨，因為我們在十幾年前就已憂慮這個問題。

但現在已很難論斷當年是非，因為當時人民對國會改革是非常期待的，在這方面而言，你可以說民學聯的期待相當不切實際，我們期待必要的社會力量形成後再推動國會改革，但當時人民對國會改革的期待確實高於社運改造。

整體來看，學運是達成了可以完成的任務，但事後看仍然有所不夠，我們提出的只是不成熟的政治綱領、新社會運動、人民民主，有些是對的，但純粹是社運觀點，做為中左翼政治力量，我就有所保留。從過去到現在，我都不覺得學運世代是可以自我標籤的事物，有一些集結，我都不是主動，只是被動參與，學運世代已進入不同專長領域，有人關注勞工政策、有人關心兩岸，目前不覺得有急迫需要集結起來做一些事。

學運本身不見得成就了什麼，但是它養成一種方法論與態度，如何面對社會問題，在界定問題、找尋答案時有一套比較嚴謹的過程，這是學運最珍貴的資產，是很個人的東西，不是其他留下來的東西。學運的影響，應該是在每個人工作的範圍內帶領起這種風氣，如實面對社會問題、民眾需要、尋求解決問題方法，這也是政治領域最需要的態度。

從學運時期我就覺得，自己能夠為台灣民主、進步盡一分力就很高興了，如何盡力，在不同時候、條件下會有不同情況，但只要可以為台灣民主進步做出一些貢獻，我就無所遺憾了。

檔案五

周奕成

我除了造反、選舉，其他什麼都不會

二〇〇一年

六月二十六日下午二時，德也茶喫。剛回國沒多久的他，尚不知自己會落腳何處，因此還是一副輕鬆閒散的樣子，但言談間也有一些希望找到著力點的焦慮。訪談結束沒多久，就傳出他已到總統府任職並自我定位為「短期打工」的消息……

二〇一四年

二〇〇七年組建「第三社會黨」，隔年投入立委選舉但未跨過門檻。其後投入微型創業與文創產業，創立陶瓷品牌「台客藍」，在迪化街先後推出「小藝埕」、「民藝埕」、「眾藝埕」文化街屋，成為作者在《中國時報》報導「我的小革命」主角之一……

總統府諮議／一九六七年生，文化新聞系肄業、美國約翰·霍普金斯大學國際公共政策碩士，三月學運校際會議代表。

三月學運結束後，我們這些各校學運組織者想留在校園當「職業學運家」，所以我故意被當、多留一年，第二年不小心作業沒交，被迫再延一年，後來降轉政大新聞系，一年後就考上政大新研所，所以沒有大學文憑。

一九九一年我進入民進黨文宣部，當時主席是黃信介，後來我去當謝長廷國會助理，一直到九五、九六年時我重回黨部當文宣部副主任，並且準備回學校寫論文，卻因為跟老師發生衝突，學科考連續被當兩次。當時政大很多老師認為此事背後有政治因素，支持我，但我還是被退學。

九九年一月退伍後，我第三度進入民進黨中央當文宣部代理主任，羅文嘉來黨部後我去當青年部主任，直到陳水扁當選總統後，我才出國唸書。

我認為「學運世代」不是我們主觀塑造出來的，而是一個客觀存在。我們跟上一代共同分享戒嚴時代的經驗，也與下一代共同分享物質富裕的經驗，我們這一代是在解嚴前後十年完成社會化的過程，彼此共同分享一些特殊的經驗與情感。

其實，早在九二年民進黨內爆發林文郎、徐明德不分區立委賄選傳聞時，我、楊長鎮、羅文嘉等立法院助理就已聯名要求黨內反省、自清，那份文件也是我寫的，印象中，這是學運世代畢業後的第一次集體行動。

九五年時，我們決定用「新世代」這三個字為自己命名。當時我、陳尚志、沈發惠、曾昭明、吳叡人、陳俊麟、丁勇言等人，常在我木柵家中進行討論。以前搞學運時，大家都有不同意見，後來覺得必須用世代做連結，但不用「學運世代」，用「新世代」比較好。

新世代的第二次集結，是在九六年民進黨總統敗選後，我們發起「台獨運動新世代綱領」黨內大辯論，以新世代名義發表與民進黨領導階層不同的意見。

那次運動我認為很成功，我們提出的觀念，跟後來民進黨轉型、新政府執政後的國家定位很接近，證明我們有掌握到那個趨勢。但是，不是我們看得特別清楚，是大家都知道，但只有我們把真相講出來，我們只是沒有包袱，可以務實認識真相而已。

有人認為我們在權力上沒有奪權成功，但我採取修正說法，我們在那次運動中被說成是一個世代，而且那次運動也成功讓上一代知道，我們不只是幕僚，也可對重大政治議題發表意見，所以九六年以後，我們才能紛紛成為民進黨黨務主管。

至於這次運動的失敗，主要是因為陳文茜而中斷。當時陳文茜是青年部主任，我是副主任，她召開一個新世代擴大會議，把已經在各派系內及她可以影響的學運前輩找來，照她的方式開一個大會，想把這次運動「收編」到黨主席許信良之下，但新世代不願意，我們就很消極，這次運動就失去了動力。

後來這些新世代在民進黨內都有很好的發展機會，例如二〇〇〇年總統大選，陳水扁競選團隊中，除了各派系頭頭掛名外，真正在各部門做事的都是學運世代，完全都是，從中央黨部、陳水扁文稿小組、競選指揮中心到地方黨部都是。

我相信，新世代未來承擔台灣社會的領導權，是很自然的趨勢，非做不可，若積極一點來看，解決兩岸問題，也就是世界和平的責任，就在我們身上。假如台灣政黨重組勢在必行，也許未來所有政黨皆是學運世代在領導，因此，如何在民氣可用時，對家族政治、金權政治等舊力量做強一點的壓迫，都是我們應該去對抗的東西。

我現在最大的焦慮是，覺得很多事情沒有做好。以前犯過一些錯，學運時對人的批評過於激烈，很幼稚，希望現在比較成熟，可以彌補。還有就是會的東西太少、學識不夠，對國際、經濟知道太少。我們從學生時期接受左派洗禮，說真的是有些反商、反經濟，但從國際角度來看，維繫台灣經濟，與台灣獨立、台灣國際地位非常相關。

我除了造反、選舉，其他什麼都不會，但現在不是造反的時代了，選舉雖然是我長到這麼大最會的東西，但台灣選舉又過了頭，會這些東西的幫助也愈來愈小了。

檔案六

顏萬進

我的人生哲學是「隨波逐流」

海基會副祕書長／一九六五年生，政大法律系、日本京都大學法律碩士，政大《野火》核心成員。

二〇〇一年

五月六日下午二時，海基會副祕書長辦公室。他拿出保存得相當完整的當年學運時期資料，述說著政大《野火》這群人的深厚情誼、日本全共鬥學運對他的影響，以及他如何用心改變辦公室內原本很「中國」的陳設氣味……

二〇一四年

曾擔任民進黨副祕書長、內政部政務次長，二〇〇六年涉入北投纜車弊案（收賄一二〇萬元協助業者取得執照）遭到收押，最高法院去年十一月依違反貪污治罪條例判處十二年六月徒刑，今年二月他在戶籍地宜蘭監獄開始服刑……

人生很多東西，都是事後看才有脈絡可尋，當初不見得清楚、很有計劃。

搞學運時我很強調學生權，我認為學生事務不需要很快跟政治事務掛鉤，其他學校學生似乎很快沾染黨外運動的思考與習性，我認為不好，這會讓學生在反省上無法深刻內化，學生應該跟政治保持距離。所以我退伍後去國策中心，有兩個好處：一、那時是國策中心最強的時候，可以學到很多法律外的社會科學，讓我學問變寬；二、讓我的「問題意識」更清楚。

我能夠去日本京都大學唸書，最大資助者是台獨前輩郭榮桔博士，郭榮桔是黑名單，願意資助台灣推薦的優秀年輕人去唸書，我是由「台灣青年社」推薦的第一個「實驗品」，但我也同時當郭榮桔的祕書，常跑東京，去了十幾次。後來我的京大老師要我改唸國際經濟法、國際貿易、海商運送，我也很幸運，能夠跟京都產業大學法學院院長一起做中國涉外經濟法的研究，研究中國公司法、海商法如何與世界接軌。我沒有在京大拿博士，因為拿不到，那麼多年才發了九個法學博士學位，而且我借二十萬去，才三個月就花完了。

我去日本前就接觸過全共鬥資料，甚至對他們那個時代有憧憬，《政大青年》在我任內被查禁那期，封面就是日本全共鬥照片，政大《野火》也是，我們當時受楊碧川影響很深。我到日本後，全共鬥時代雖然早已結束，但我在京都大學內還是嚇一大跳，有一棟建築物，到我去的時候仍被學運團體占據，要進去還得拿學生證，門口有人站崗，還貼著口號，反對新天皇即位、天皇制等。我在京大有個好朋友，他是日本共產黨的學校負責人，他用假名，我們一週連繫一次，還一起開車到東京參加反對天皇即位的示威，討論如何推動馬克思主義國際聯合，但我回台後再也沒有他的消息了。

一九九三年回台灣後，本來想去政府部門，去做對台灣很重要、但很少人做的中國研究工作，也差一點到陸委會當約聘研究員，但去的前一刻才說沒有缺。後來花了一年時間，幫監委康寧祥成立一個基金會，然後在九四年正式去當林濁水立委助理，其後有整整兩年時間，我的筆名就叫做「林濁水」，以他的名字寫很多關於兩岸關係的文章，後來他出了一本名叫《站在歷史的轉捩點》的書，大概有二十萬字是我寫的，我也在此時加入新潮流。

後來陳忠信找我去民進黨中央黨部，第一年在政策會、中國事務部兩邊都當副手，後三年則是中國事務部主任。總統大選時，我負責陳水扁陣營的戰情部與中國政策，不止是推出陳水扁兩岸政策白皮書，我從一年前就規劃中國政策會報，與學者接軌，何時推出政策、研討會、發表政策，都經過設計，這些都經過全盤思考。

至於新潮流系，有一年日月潭大會中的政情分析，邱義仁竟說由我來負責，這部分過去都是邱義仁自己做，結果那天改選政協委員，我第一次當選，這是新潮流很有趣的地方，我都不認識他們，但他們可能覺得我分析得不錯，我就一直當選政協到現在。

所以，我的人生哲學實際上是「隨波逐流」，我沒有明確的計劃，只是覺得這件事很重要，而且又少人做，我就會去做，但也沒有非做什麼不可。我第二個人生哲學是「眼前一寸之後就是黑暗」，把眼前工作做好最重要，我沒有戰略性、計劃性的工作規劃，這種戰略性只呈現在我做的事情上。

我很幸運，至今遇到很多好老師，體制內的是李鴻禧、林山田、黃越欽。黃越欽當年介紹我去律師事務所，他教的勞工法有左派色彩，很棒，他知道我窮，還給我兩千塊資助。林山田是我搞學運時的系主任，如果不是他，我很早就被退學了。另外，體制外的楊碧川、國策中心楊國興、蕭全政、京大時清河雅孝教授、新潮流林濁水、邱義仁，都對我有很大影響。而張榮豐在兩岸研究與態度上對我的啟蒙，更是無可替代的。

我們這群當年政大《野火》的朋友，後來還成立「人文空間發展基金會」，努力在各地推動社區總體營造，上一代推動政治結構改革，我們這一代應該紮根，像九二一受災最嚴重地區，就是我們基金會在做，花蓮部落辦傳統打耳祭，我們基金會也出錢，這還是我當年的初衷，做比較少人在做的事。

檔案七

鍾佳濱

——我是在選垃圾袋，不是在選國代

文建會主委辦公室主任／一九六五年生，台大歷史系，台大代聯會祕書長。

二〇〇一年

五月三十一日下午三時，文建會貴賓室。當過國代、澎湖縣與屏東縣政府機要祕書的他，始終保持精力充沛狀態，是學運世代近年來聯誼互動的核心人物之一，訪談之間，碰巧三月學運五人教授團之一的夏鑄九也來到文建會貴賓室……

二〇一四年

曾出任李應元競選台北市長辦公室主任、民進黨副祕書長，其後返回家鄉屏東輔選曹啟鴻當選縣長，並成為曹啟鴻最重要左右手，先是擔任機要祕書，繼而在二〇〇六年八月出任屏東縣副縣長至今……

從學運、社運到政運，由於我容易懂得不同人的語言，所以一直成為不同觀念特質者的溝通橋樑，甚至於我在擔任外獨會祕書長時，也是扮演這種橋樑的角色。

我大學前後連當兵總共花了八年，大一時台大校長是孫震，我畢業時孫震已接任國防部長，當時很尷尬，因為我也已經是國會助理，負責提供資料給新潮流系立委修理孫震。

我唸書時主張政黨退出校園，對政黨的認知相當負面，但在新國會辦公室時，洪奇昌、葉菊蘭、戴振耀、盧修一這些立委都需要黨員票支持，我對政黨的「處女心結」就自然消解，因為相處久了之後，發現這些立委都很值得支持，入黨就變成很自然的事。

在新國會辦公室待了三年後，一九九一年我到澎湖縣政府當機要祕書，這是新系第一個縣市長，新潮流希望我去磨練，我當時沒有什麼掙扎，也可能是自己短視，認為團體需要、又是難得歷練，就去澎湖，不去想政治應該如何經營，回台北後則去林義雄那裡協助核四公投。

後來曹啟鴻在屏東選省議員，對新系很重要，我出生屏東，就決定回去透過助選紮根。但坦白說，當時要我跟林義雄說結束社運去參選，我也無法說服自己，所以我就跟林義雄說，曹啟鴻在屏東有地下電台，值得投入來突破媒體封鎖、爭取言論自由。但後來的發展被很多前輩料中，在地下電台一發揮後，就會投入選舉部門，我也意識到從九五年國代選舉開始，將走上政治不歸路。

即使如此，我第一次參選時還是無法釋懷。學生時代是要廢國民大會，現在為何要參選國代？當時心裡很掙扎。後來告訴自己，我不是在選國代，是選垃圾袋，當選後把自己當做垃圾袋，把國民大會打包一起丟掉，這樣才勉強說服自己接受參選。

命運很奇怪，那時候其實只是安慰自己，沒想到後來國大真的會廢掉，實在很僥倖，等到廢國大成真後，我才真的是問心無愧。其實，選民不會記得這些事，只有你自己銘記在心。否則你的承諾變成轉眼雲煙，選民、你自己都不會記得。

我看到不少學運世代的朋友，身不由己被政治大染缸捲入。我是少數運氣很好的人，不是我自己定力夠，是我遇到的人都很好，讓我一點也不能鬆懈。跟在林義雄身邊，怎麼可能馬馬虎虎、日上三竿才來工作？

但我也不是成熟或成功的政治人物，我有太多「前政治時期」的社運浪漫，很多不切實際的想法或包袱，總覺得有些神聖的外衣不能脫下，所以不能全然成為選舉人，注定不容易很快在選舉部門發揮。

民進黨執政後，我本來出國進修，但後來逐漸有想要做事的急切感，我想對年輕人做一些「新政治」的準備工作。新政治需要組織、管道、資源，行政部門是不錯位置，所以我決定來文建會歷練。

「新政治」的某一個面向是女性政治，不是性別生物上的女性，而是女性重視合作、談判的特質。台灣的男性選民已經固定僵化，但未來女性選民的結構性變化遠大於男性，掌握女性選民需要的產品、政黨、政策，是完全不同的，才能讓舊政治退位，否則不論那個政黨執政，我們還是不快樂。

我最近的心得是，改變世界要靠群體的力量，不可能只靠一個世代完成。踏入社會第一個十年，是要努力把事情做好，第二個十年，是要把人帶出來，第三個十年，要把事情做對，第四個十年，不但要在社會上帶隊，還要把權力交給對的人。我過去只是把事情做好，現階段與未來要花更多時間帶年輕人。

檔案八

田欣

——台灣四百年移民史，有誰不是外來移民？

民進黨國際事務部主任／一九六二年生，台大資訊系、美國印第安那大學電腦碩士，當年赴教育部請願修改大學法。

二〇〇一年

五月二十九日下午四時十五分，民進黨中央黨部。他剛因赴美訪問時發表「民進黨願犧牲部分主權換取兩岸和平」發言風波，被黨中央記了一個小過，當過外獨會祕書長的他，在訪談中對外省第二代的從政心情有很深刻的描繪……

二〇一四年

二〇〇二年底當選台北市議員，〇八年參選立委落敗，轉回資訊產業領域，在晟鑫軟體公司負責新產品研發規劃，三年前被挖角到浩鑫公司進入ＯＤＭ領域，去年成為中國清華同方集團ODM House 軟體團隊的領導者……

當年我和吳叡人去教育部請願，我們合寫陳情書，那時我媽嚇得要死，當兵時我媽也很緊張，我很幸運平安退伍，我媽後來半求半拜託我出國唸書。

拿到碩士後，我留在美國摩托羅拉公司工作，前後總共在美國七年多，一九九三年底才回國。我當時是很成功的資訊工程師，三十歲時每月已賺十多萬，有很好的事業前景，之所以決定回台灣從政，是因為我不認為十年後可以滿足自己的成就壓力，我希望做一些事情、改變一些人的生活，所以就要擁有權力。

我回來後去資策會工作，九四年初外獨會找我接祕書長，我也開始在地下電台主持節目，並且成立華語電台。

九四年台北市長選戰時，族群對立相當激烈，劉世芳來找我，說新潮流系想找我、周威佑、鄭麗文三個外省背景的年輕人在台北市選國代，我答應了，結果差三千票落選，後來高志鵬邀我去當台北市黨部執行長。

在這兩年熟悉黨務的同時，新潮流洪奇昌等人認為我青年工作做得不錯，所以九七年我當選新潮流政協委員，至今只有一年不是政協。後來我擔任新潮流辦公室副總幹事，去年七月才來到民進黨中央黨部。

做為民進黨內外省第二代，我認為族群問題的解決只是時間問題。台灣四百年移民史，有誰不是外來移民？為何四九年以後的移民要被特別化？因為他們是跟國民黨政府過來，是一大群，不像過去是一小批，所以很特別。當時台灣才六百萬人，他們就占了六分之一，這在世界任何地方都會發生族群衝突與暴動。

但國民黨政府也不是有心照顧外省移民，而是不得不提供地方安頓，否則他們會占地造成治安問題，所以第一批眷村出現，這是不讓台灣社會受到衝擊的現實做法，也導致大部分軍公教人員與政府機關依存，沒有特別意願融入台灣社會，最後更變成國民黨政權的代言人。不用這種方式去理解，很難真正理解外省人。

但是，這些人沒有特別的宗教、語言，以及完全不同的歷史，他們很難一直維持對中國的認同，如果不是台灣還很泛政治化，省籍總被當做政治鬥爭的工具，族群問題應該兩三代就會過去，三十年後，不會再有人分本省人、外省人。

我從政至今的感受是，學運世代未必能夠忍受政治工作的繁複與挫折，碰到別人抵制往往就跳起來。我最喜歡韋伯的一段話：「政治是什麼，是可以理解政治裡面所有的困難，接受這些困難，做最現實的計算，如果最後沒有辦法做到，就是這樣子。」而不是以為滿懷理想，所有人就應該要聽你的，做不成就是別人的錯誤，不是你的錯誤。政治不是這樣，是在艱苦中懷抱熱情，進兩步退一步，但仍然知道要的東西在哪裡，這是我對自己的期待。

我現在最大的焦慮是成就壓力。這來自幾個部分：身為男人，不論從事什麼行業，尤其是過去表現不錯的人，成就壓力更大，這是基本人性。另一部分是政治本身，我原來從事電腦業，多少努力就是多少成就，但政治牽涉太多非技術專業因素，使得政治工作充滿不確定性，成就壓力會更大，我坦白說壓力很大。

民進黨距離操作龐大政府機器還遠得很，如果認為一進去就可以天翻地覆，那真是太天真了。我希望未來有機會操作政府部門一部分機構，可以學習如何運作，來準備做更多事，否則就從地方選舉一步步來，再來選立委。我比較喜歡做事，但能否進入政府部門則不是自己能夠決定。

檔案九

陳俊麟

我們把自己捧得太高，把過去講得太低

民進黨民調中心主任／一九六五年生，中興社會系、清大社人所碩士，清大學運活躍成員。

二〇〇一年

六月十四日下午五時，民進黨中央黨部。幾年工作下來，他已經是民進黨內的民調專家，對於民調技術、選舉生態如數家珍，談到當年學運經歷時，他還立刻從辦公室書櫃中拿出珍藏許久的「全國學生運動聯盟」紫色大旗……

二〇一四年

一直在民調領域發揮所長，歷任民進黨黨主席特助、行政院研考會副主委，二〇〇九年回任民進黨民調中心主任，三年前出任小英基金會社會力研究中心主任，協助蔡英文邁向大位……

清大社人所畢業後，我想暫時遠離台北，就到台中一家建設公司，在那裡學習管理經驗。後來因為參加慈林基金會的社會發展研修班，認識邱義仁、賀端蕃等人，老賀就找我來民進黨社運部。我進中央黨部後，陸續擔任過選舉對策委員會副執行長、民調中心副主任及主任。

我在社運部期間，正好是民進黨逐漸脫離社運階段的轉型期。當時我的感觸是，民進黨在社運領域不再只是面對單一價值而已，台灣社會已經出現愈來愈多元的利益團體，過去不會走上街頭的團體，後來也都團結起來爭取權益，並可能與民進黨原本支持的團體發生利益衝突，民進黨必須去面對這種情勢，希望儘量多元兼顧社會上不同利益。

學運世代受過現代化教育，有新的想法，也受過左翼等訓練，進入民進黨後，對於民進黨傳統的簡單化論述，自然覺得需要改進。而一九九六年總統大選時，彭明敏打的是很傳統的選戰，我們這群黨內新世代都很不以為然，認為這場大選已被玩成老式戰爭，我們會覺得「怎麼還是這樣」。

在此之前，我們對於九四年陳水扁、趙少康的族群對抗感到憂慮，就很能接受施明德提出的「大和解」理念，強調應該重視弱勢族群、外省族群。所以彭明敏提出的傳統選戰方式與策略，我們都認為是不好的，加上建國黨出走，黨內一片檢討聲浪，祕書長邱義仁、選對會執行長游盈隆也都希望黨內廣泛對話，所以就出現了讓新世代集體發聲的舞台。

我們想要在大和解等基礎上提出不一樣的東西，於是我、周奕成、陳尚志、沈發惠等人在討論後提出「台獨運動新世代綱領」，再發揮各自的學運人脈，把洪耀福、段宜康等新世代拉進來，當時我還沒有加入新潮流，我們真的是跨派系的結合。

但事後檢討覺得不對，我們把自己捧得太高，相對把過去講得太低。在策略上也不對，如果把這次行動視為年輕一代想要奪權，也是太大的決裂與割裂，基層無法跟上你的腳步。

這次行動的優點，是把建國黨出走的力量、氣勢擋住了，但就客觀的台獨運動來說，我們的策略是錯的，沒辦法與原有接軌，跳躍得太快，所以反彈就大，這是年輕一代的衝動。

這是學運世代在民進黨內第一次集體發聲，也是最後一次，以後看不到了。九六年時大家還是初生之犢，但現在大家都已進入派系，人老了，會愈想愈多，會保守化，顧忌更多。

我只希望能兼顧個人工作與家庭生活，我的政治企圖心不強，比較想當有影響力的幕僚，不會想當檯面人物。很多人都說，我實在不像是新潮流的人。

從事民調工作六、七年下來，我認為台灣社會有一種錯覺，以為會有「社會多數」存在，但事實不然。以統獨為例，社會以為「維持現狀」這種人最多，但事實上支持統、獨的人都很多，否則統獨不會一直是台灣社會主要問題，只是看如何問而已。

有人認為，政治人物不能只依照民調行事，要堅持自己的信念。我覺得不能這樣看，有的民調結果只是暫時浮動的現象，有的則確實是比較多數的想法，要看政治人物有沒有能耐看出民調的實際意義，如果只是浮動現象，就應超越民調提出前瞻性看法。

檔案十

羅正方

我們這一代還沒有獨立人格

前台南市政府建設局長／一九六五年生，成大測量工程系、美國德州大學奧斯汀分校航太工程博士，大革會南部學運領袖。

二〇〇一年

七月十四日下午四時，敦化南路IR咖啡。他是八〇年代南部最活躍的學運領袖，運動經歷遠比羅文嘉、馬永成等人豐富，但卻無法通過今年民進黨立委初選考驗，從地方到中央的公職經歷，讓他對民進黨執政有很深的感觸……

二〇一四年

近年回歸航太領域專長，歷任GEOSAT執行長、經緯衛星資訊股份有限公司總經理、台灣管理學會祕書長，目前全心投入發展無人飛行載具系統，以及空間資訊科技，在無人機的應用領域已有相當的成績……

當兵前我沒有想過要出國唸書，很多學運朋友畢業後也都去當國會助理或從政，但我開始思考，有沒有可能走出「專業改革」的第三條路，因為民進黨第一、二代多半是教師、醫師、牧師、律師等「四師」，我們這一代也是學文法的居多，學理工的很少，同時我也覺得只在國內搞運動視野太窄，應該出去培養國際觀，所以就決定出國攻讀航太工程，這對我是很大的轉折。

儘管如此，我在一九九一年出國時還是蠻痛苦的，因為當時國內還很熱鬧，自己有一種缺席的感覺。我後來還是忍不住搞海外學生串連，我和林佳龍、范雲等人相濡以沫，整合了海外十幾個校園。

拿到航太博士後，台南市長張燦鍙找我去當建設局長，我一向是「南方論者」，認為國家資源南北分配不均，南方人民想法與北部差很多，北部已過度開發，南方卻更有生命力，所以決定在台灣高科技產業往南移的趨勢中貢獻心力。

我回台灣的第二個原因，則是羅文嘉、馬永成在台北市政府的執政經驗，給我們很多啟示，當權力在我們這一代手上時，我們真的可以做出不一樣的改變，我們是有能力進行一些改造。

新生代若能在地方上好好紮根，其實是很好的井崗山，可以贏得民眾信任，但地方政府真的很窮，就必須有創意，把手頭上資源用到最大限度，重點是給新世代多少機會與權力。不過，地方的新生代都還不是核心，與首長考量不同時，會很辛苦，後來我就去交通部。

在交通部是很好的學習機會，但我也深刻體會到，民進黨執政的一大挑戰，是如何讓事務官對你心服口服，操守好其實只是最基本的要求，有沒有這種能力才是問題。民進黨很可惜，過去十幾年能拉住中智階層與進步力量，執政後卻沒有建立讓民間力量做後援的機制，反而變成腹背受敵、每天救火都來不及。我不想苛責他們，因為我自己在政府團隊內，我也覺得很痛苦，每天都有突發事件，大家救了一年火，結果又如何？

現在大家都很苦悶，不下於八〇年代學運時代的苦悶。當時大家在高壓下繃緊，急著找細縫來解構、創造、衝撞空間，與黨國體制奮戰，現在卻是深沉的無力感。

我們這一代有不錯的機會到地方歷練，也在中央執政了一年，但我們發現台灣真的生病了，台灣要改的東西，遠超過我們想像的複雜，要改革還需要更多時間，但台灣有沒有這個時間？很難講。領導者有沒有這個準備？也很難講。我們又卡在不上不下的地方，無法充份發揮我們的想法。

我會離開交通部去參選，是因為葉菊蘭長期助理楊長鎮在回苗栗耕耘前說的一句話：「我們這一代人都還沒有獨立人格。」這給我很大震撼，讓我決定回台南長期埋鍋造飯經營基層。

我的心路歷程很複雜，之前走技術官僚的路，從地方到中央，但自己愈來愈清楚，如果不到第一線作戰的話，不可能寄望別人幫你規劃生涯，天下沒有白吃的午餐，但選擇去參選後，又必須面臨很多很惡質的東西。

坦白講，民進黨各派系的態度是：你有膽就「離家出走」，不然就必須順著這個生態。這種政治文化已經很老舊，我很失望，但也證明自己若要繼續拿綠旗子，可能會非常辛苦。

但是，如果沒有經過民意洗禮，以目前這種文化與生態，再好的人才也很難長期發揮。只是民進黨沒有長期培養人才的戰略規劃，大家必須放牛吃草、自求多福。

檔案十一

林正修

馬英九找我當民政局長，其實蠻凶險的

台北市政府民政局長／一九六七年生，台大哲學系、台大城鄉所博士班，台大「自由之愛」成員。

二〇〇一年

五月二十八日中午十二時五十分，新舞台餐廳。他剛開完關於台北市廣告招牌的會，訪談結束還得趕赴市議會備詢。當絕大多數學運世代從政者都投入民進黨陣營時，選擇加入馬英九市府團隊的他，因而顯得格外孤單與特殊……

二〇一四年

二〇〇四年以「馬家軍」身分在台北市參選立委落敗，其後投入南亞海嘯傷亡最重的印尼亞齊省重建工作，擔任台灣亞齊青年工作隊召集人，並擔任綠黨中執委多年，目前是規劃諮詢公司負責人……

我大一時碰到「李文忠事件」，產生兩個看似不相干的衝擊，第一個是讓我決定念哲學，這是人生很大的幸運，第二個是學運結束後去念台大城鄉所，培養我的專業。城鄉所的訓練讓我可以在民間部門做ＮＧＯ（非政府組織），也可以做社區或國土規劃，當時我還因為參與社運而差一點被抓去關。

一九八九年天安門學運對我影響很大，那時我剛考完研究所，但台大校園內的氛圍讓我很難過、孤獨。校園內一種是救國團式啦啦隊，不知道在講些什麼，非常濫情；另一種是冷漠到令人害怕，如果天安門事件發生在菲律賓，這些朋友不可能這麼冷漠，所以我有非常孤獨的感覺。

但是，中國對台灣是這麼大的變數，怎麼可以不了解它？所以後來我去中國做研究，在他們生活最苦的地方待了幾個月，希望多了解中國。

我後來擔任過環保聯盟祕書長、ＯＵＲＳ（專業者都市改革組織）祕書長，在社運領域待了很長一段時間，中間還插花幫陳婉真、張金策選舉過，也幫民進黨做過兩輪國土規劃，所以兩年多前馬英九市長找我當民政局長時，其實蠻凶險的，但我考慮三天後就答應。

坦白說，馬英九會選上，我們都很意外。我們本來認為，陳水扁有很好的機會發動都市改革，陳水扁選台北市長時，他的白皮書是我的「大師兄」張景森帶著城鄉所學生做的，但在十四、十五號公園拆遷後，我們對陳水扁已不存希望，開始想跟馬英九交個朋友，因為馬英九以後可能會選上市長，但陳水扁的選情一直比較穩，我們也沒想到馬英九能夠提前當選。到現在我還是覺得張景森的頭腦好、夠前瞻、有戰略性，是一個對市民有利的發展局長，只是扁團隊的氛圍讓他無法發揮。

我原本想試試在台灣發展ＮＧＯ的力量，所以一直沒有與政黨、政府發生關係，也比較欠缺這部分的經驗，所以就決定到馬市府做做看。

很多學運好友都在民進黨，只有我在馬市府，我覺得這是一種不得不清醒的狀態，我反而很感謝這種狀態。我不敢說眾人皆醉、皆濁，我只能說，我現在的位置，可能比學運朋友們更能發揮，例如本土文化的保存、環境保護等，以及台灣整體力量的提升。我願意接受每件事的檢驗，馬市長給我的支持度，讓我可以跟過去的學運朋友講，我現在做的事，正是我們以前講的理想。

不過，我在文官體系中確實非常孤立，馬市長的天下不是我打下來的，他在選舉期間曾經問過我的意見，但我並沒有真的助選，我在馬團隊的角色像是客卿，又像是宋江被招降。

官場文化其實有點無聊，但還不致於摧折生命，我也因此得到很多廣闊的見識，可以看到很多不做這位置看不到的事，即使明天就不當民政局長，我還是最大受益者。

我希望自己的專業有所發揮，對亞洲有些幫助，在以台灣為基地的亞洲ＮＧＯ工作。我過去在ＮＧＯ中的最大感受，是希望台灣政治部門、企業界要多包容，讓ＮＧＯ轉變成有爪有牙，對國家發展有看法、對政策有立場，不是人家抗議才出來的，這是我最大的關心，否則什麼事都是各搞各的，這會是台灣最大的危機。

但命運不隨人，我得到馬市長的提攜，不能自私，若他未來還需要我，我就會做到他不需要為止，很多人寄望於他，我這樣也是幫很多人。

馬英九是很特殊的人，他跟我個性差很遠，他像曾國藩，我像石達開，他像是那種從《論語》中走出來的人，給我一些衝擊，有一些我以前不喜歡的個性，有一些我想不到的優點。像我一忙公文就亂寫，意思清楚就好，但我看他沒有一個字是隨便寫的，那種「顛沛必於是」的感覺，我以前以為孔子講假的，但他就做到了，剛好我管孔廟，我就覺得這東西不是開玩笑的。

以前總覺得我們是正義的，歷史是站在馬克思主義這一邊的，現在覺得未必如此。我不敢說馬英九說的都對，但他給我一些哲學上的衝擊，搞不好社會就是這兩種人的平衡，策略家與垂拱而治者是平行的，他也許慢，但方向是對的，加上下面一些能臣猛將往前衝，社會才會成形。阿扁與文嘉很像，有理想有衝勁，有時衝很快，但有時會出事，我和馬英九性格不像，有時配合很辛苦，但也會有不一樣的合作結果。

檔案十二

許傳盛

九二一時，我是社會局長也是受災戶

台中縣政府社會局長／一九六五年生，台大社會系、東海社會工作研究所博士班，台大「大新停刊事件」中被記過。

二〇〇一年

六月二十九日下午三時五十分，台中周家齊診所。上午台中縣議會開會時，他是台上備詢的縣府官員，劉坤鱧則是台下咄咄逼人的縣議員，但下午在台中市相聚的短暫片刻，他們放下現實中的政治身分，回首畢業至今的種種轉折……

二〇一四年

長期擔任民進黨新潮流系縣市長的局處首長，包括台中縣長廖永來的社會局長、彰化縣長翁金珠的社會局長、高雄市長陳菊的社會局長、客家事務委員會主委、市府副祕書長，今年則出任高雄市府觀光局長……

我在服役時回想學運種種，覺得自己有點空，書沒有念好，因為這種想要「補償自己」的心情，所以我考上研究所後努力唸書，沒有去管學運與其他社會運動。

但是，我研二時發生了「獨台會案」，我的同學陳正然、好朋友廖偉程被抓，當自己的兄弟遭到威權體制這樣迫害時，我不可能只是專心唸書，就跳出來一起努力營救陳正然、廖偉程。

那時我心裡感觸很深，如果政治體制的改革還未完成，很多人還是會繼續受到傷害，我們以前搞學運時的努力也都是白廢，所以就決定繼續搞廢除刑法一百條運動，也因為在運動中與立委洪奇昌熟識，所以畢業後就去新潮流系立委的新國會研究中心工作，並在一年多後加入新潮流。

對我們這些搞過學運的人來說，我們的體驗會比一般人更加壓縮，因為父母親對我們的期待很高，因此退伍後很難跟他們說要去當國會助理，他們認為助理不是好工作，這對我是很大的心理壓力，但既然決定走這條路，就要對自己負責。

九四年我支援陳定南選省長，陳定南落敗的同時，陳水扁卻當選台北市長，這對我來說非常關鍵。當時阿扁找陳菊去當社會局長，陳菊不是專業，但很想把事情做好，所以要找有經驗、專業的祕書，最後就要我過去，這是我第一次進入政府部門。

我當時覺得，阿扁當市長後，的確帶動了台北市民的期待，所以希望自己做好工作、不能漏氣。那時候很好笑，覺得自己是代表一種很重要的期待，工作上就有很大的自我要求，做不好大家都沒面子，一定要做出成績。

當時陳菊很信任專業，黃大洲時代的社會局預算才六十億，陳菊一接任就暴增為一百二十億，其中雖然包括阿扁的重要政見老人津貼，但已顯示阿扁團隊對社福工作的重視。沒想到這樣一做就是四年，也沒想到阿扁競選連任時會落選，後來才來台中縣當社會局長。

但是，我接任局長不到三個月，就發生九二一大地震。由於地震搖得太嚴重，那一霎那間我只想著：我就這樣死在這裡。

我是社會局長，但我住的房子也倒了，所以我也是受災戶。地震過後緊急照護的業務量非常大，台中縣全倒與半倒的房子共計三萬六千戶，露宿街頭的災民約有十萬人，全縣最多曾設置一百五十個收容點，這對我個人是前所未有的挑戰。

過去台灣只有北、高兩市的社會救助體系比較完整，所以我只能努力建立起基本社會救助網。我知道災民需要金錢，所以授權兩萬元以內的救助金當場立即發放，超過再回來處理，公務部門只能如此。慈濟是所有罹難者都給三萬，重傷再給一萬，我們沒辦法如此。

其實，地方社會局根本沒錢沒人，台中縣社會局一年預算才十二億，光是中央政府規定一定得辦的事項，就要用掉十億，再扣掉縣長政見中的兒童意外保險、百歲人瑞補助，剩下來能用於自己規劃的經費已經很少。

我知道很多官員在面對議會時，都會有被羞辱的感覺，甚至覺得很沒有尊嚴，我沒有那麼強的感覺。我覺得這可能跟社會局的性質有關，一方面社會局的預算、利益沒有那麼多，議員頂多是推薦人事、要求社團補助款，不像工務局等部門有比較龐大的資源；二方面社會福利的目的是與人為善，所以也比較不容易發生糾紛衝突，只是議員會拿社福來當選民服務就是了。

進入政府部門工作的風險其實很大，首長如果落選，工作就沒了，等於是全有或全無，所以我不會把政治當成終生行業，只是爭取機會努力做事。

檔案十三

丁勇言

我已經不會想當馬克思或列寧了

高雄市政府勞工局局長室祕書／一九六八年生，中興社會系，三月學運決策小組成員。

二〇〇一年

七月十八日中午十二時三十分，德也茶喫。從學運左派到獻身工運，他和邱毓斌、顧玉玲等人的長期執著，說是「一路走來，始終如一」也不為過，訪談之間，他大力鼓吹著成立階級政黨的夢想，並相信這一天終會到來……

二〇一四年

他在臉書私訊上如此說明近況：「目前在我的故鄉屏東縣潮州鎮公所，擔任工人鎮長洪明江（石油工會老幹部）的主任祕書，也是大高雄總工會顧問，老樣子數十年如一日。……」

一九九二年底立委全面改選，是台灣真正實施西方代議民主的第一次實驗，所以我進去蘇嘉全國會辦公室，想看看有沒有讓重要法案通過的可能性，但我只待了一個會期，感覺很混亂，覺得個別立委能夠發揮的空間並不大，對那種國會生態很失望。

後來就去台灣勞工陣線，當時碰到圓山飯店大量資遣員工，勞陣祕書長簡錫堦要我去試試看。坦白說，在學校時工運理論比勞工法令懂得多，真正到勞工抗爭現場後才發現，一定要搞清楚勞工法令，才能對工人有專業幫助，不然根本幫不上忙。

在勞陣時我們隱然談出一個路線，認為工運應該結合其他社運來成立一個階級政黨，我們也真的這樣做，在各種勞工教育時一定講未來要組黨，先試圖讓工會幹部認同這個思考。

後來不少人不能諒解簡錫堦去選民進黨不分區立委，我不是這樣看問題，我會覺得，政治發展必須聯合或依附於黨派時，不見得是錯誤。我們不必唱高調，工黨、勞動黨過去並沒有與民主右派民進黨共同挑戰國民黨，所以沒有取得社會正當性，這是前一波工人組黨運動失敗的原因之一。

簡單說，台灣工人還沒有信心，認為自己組黨可以成為政治上一股重要力量，但到目前為止，我還是認為有機會，只要工會組織共識夠，有足夠所謂的工運明星，依照目前台灣自主工會的力量、選票而言，超過百分之五選票門檻是可能的，只是目前工會組織的共識不夠、工運明星培養不夠。

我後來去當公營事業產業工會聯合會祕書，再去做台南縣產總總幹事，然後催生「全產總」。全產總是為了跟過去長期被國民黨控制的「全總」進行區隔，也是成立階級政黨的必要過程。本來我很焦慮，覺得工會幹部對籌組政黨方向不感興趣，每天只能處理關廠等個案，所以全產總成立那年我很興奮，幾個工運派系終於願意在同一個屋頂下共事，現在顯然屋頂又不夠大了，但這也是必須付出的代價。

後來謝長廷選高雄市長，希望同屬福利國連線的全產總籌備處召集人方來進幫忙，我就去幫謝長廷研擬勞工政策。而且我在高雄唸高中，青少年時期在此度過，所以我會特別希望高雄變得好一點，那時候提出蠻高標準的勞工政策，沒想到後來有機會執行。

我的思考一直沒有體制內、外的差別，要達到目的，手段不能劃地自限。所以方來進到高雄市當勞工局長後，我也跟著進入行政部門。對個人而言，我思考的重點一直是：哪裡機會比較大？

進入高雄市政府兩年多來，沒有一般人想像中悲觀。在高雄市有限預算中，勞工權益基金每年要兩億，謝長廷做到了，我們成立申訴中心、教育中心，未來設立勞工社區大學。以前搞社運時花很多力氣爭取資源，現在則是思考如何運用資源。

隨著社會經驗跟年齡增長，我會更務實看到自己，以前大一看馬克思，就覺得自己應該當馬克思，大二、三看列寧，又覺得應該當列寧，掀起撲天蓋地的革命。現在會覺得我們都是平凡人，應該在自己努力的方向中，找到適合自己做的工作，而不是再想著我要帶領大家去做什麼。

工運是我一輩子的路，我希望有一個左翼政黨，台灣需要一個真正的社會民主黨，台灣也有這樣的社會條件。

檔案十四

周克任

我曾在崩潰的邊緣中尋找自我

屏東縣政府縣長室祕書／一九六八年生，台大大氣系，三月學運決策小組成員。

二〇〇一年

七月十四日晚上六時，伊通公園旁「寂寞聖賢」餐廳。他是作者大學創立「傳真社」的第四任社長，更是當年最早到中正廟靜坐的學生，從高中相識至今，他早就從一個愛玩相機的文藝青年，變成社運性格強烈的政治工作者……

二〇一四年

民進黨執政期間參與屏東、台南、高雄市政府等地方執政與輔選，自認「沒有時間沉澱，沒有思考分析，感覺自己被時代灌氣成一個不知在忙啥的充氣娃娃」，二〇〇九年告別政治，在八八風災後投入災後重建計畫，去年回到熟悉的南方水資源議題奮鬥……

三月學運後，我幾乎全力投入環保運動。事實上，這跟我從高中時開始觀察基隆河生態，以及受到當時《人間》雜誌一系列河川環境報導產生的衝擊有關。所以，過去十年我在運動界的人脈互動是以環保生態界為主。

「若保不住土地，何來台灣之有？」我一直秉持這個信念，成為個人持續參與改革的動力。一九九〇年夏天，因為受到「下鄉」理念的影響，我以有限的學運資源，進駐花蓮縣秀林鄉的和平村（太魯閣族原住民部落），企圖協助部落組織反對設置「和平水泥專業區」的運動。這場運動前後斷斷續續五年之久，最後以失敗收場。然而，這場運動對我人生經驗有重大的衝擊。

我是第一次真實面對所謂「原住民」生存的困境，而且還不能站在旁觀者的角色，我幾乎是在挫敗感累增的狀況下，處理逐日增加的陌生議題，同時也感受到運動中的耐性與持續力等組織課題。我也從中學習如何解讀弱勢群體、基層民眾的心理及需求邏輯，這與學運或都會型菁英社運有極為不同的時空感。

在資源匱乏及「邊陲部落疏離自卑」的壓力下，當時我曾經自問：為什麼我們這群年輕世代，得去承受那麼大的挑戰與壓力？這種問號常讓我在崩潰的邊緣中尋找自我。

「和平反水泥專業區運動」的挫敗收場，導致我必須選擇離開花蓮。當時大學已畢業一年了，沒有欲望想去唸研究所，也沒有清楚的生涯規劃，大概是我人生最低落的時刻。

直到透過陳菊認識屏東國代曹啟鴻，透過他對屏東大武山的熱愛，讓我重新看到土地的生命力，也讓我重新回顧過往的運動挫敗經驗，加上在台北參與反核運動的手法，我從水資源保育的角度，對屏東平原這個地方，建構屬於自己的觀察面以及參與面。

認識「反美濃水庫」運動的鍾秀梅、鍾永豐及張高傑這群伙伴，則讓我首次了解什麼是南台灣的生命力。這些新動力讓我從挫折中站起來，也使自己磨練出更多的耐力與技巧，小心翼翼地扮演規劃水資源保護運動的戰略與戰術角色。也因為水資源運動深入的認識，我才領悟到國土規劃的重要性。

然而，手中籌碼與資源不足以將議題推展至如此深入的境界，需要有一些掌握行政權的機會與工具，這也是我決定進入屏東縣政府的重要原因。

許多同是學運圈的朋友，勸我應該對未來人生有更清楚的規劃，譬如是否參選或從商？坦白說，這兩個方向一直納不進我心中的計劃與圖像。

對於未來的規劃，我沒有產生過嚴重的焦慮現象。倒是屏東面對台灣加入WTO的時間倒數，對我真的是有很大的焦慮感。

因此，我有點急躁地想跟時間賽跑，盡可能推動社區營造的工作，或是推動地方特產再造計畫，甚至主導引進高科技工業區。這樣的方向轉折，固然與大環境變遷有關，但也讓我在土地利用與資源保育上，因為苦於沒有精確的「決策支援」模式或基礎，而產生新的焦慮。

新政府上任後，並無法真正解決我的焦慮。所以，我養成自救自助的習慣，成為自己能持續推動改革、鼓勵地方民眾面對現實的內在動力。

檔案十五

翁章梁

老闆的政治命運和幕僚息息相關

前民進黨台南縣黨部執行長／一九六五年生，中原資訊系肄業，三月學運總指揮。

二〇〇一年

七月二十日晚上八時二十九分，收到他傳來的e-mail。由於能言善道、煽動性十足，他在搞運動時一直是拿著麥克風的「總指揮」，搞政治後也一直是演講場上的「主持人」，對他來說，向群眾喊話似乎已是這輩子的宿命……

二〇一四年

歷任民進黨青年部主任、台南縣長陳唐山祕書、台中市政府新聞室專員、嘉義縣政府縣長室主任、人力發展所所長，目前是嘉義縣社會局長，關心兩岸關係，以及政經發展過程中因社會型態、家庭結構、城鄉發展不均衡衍生的社會問題……

我當兵前仍然是熱血革命青年，堅信「群眾創造歷史」，一股腦兒研讀馬克思相關理論及論述，信仰毛澤東群眾草根運動，系上的課程一丁點兒也占據不了我的時間，這個階段可稱得上是「革命造反浪漫期」。

但每當學校科目被當得很慘，一再延畢，有一點現實壓力下的憂鬱時，我總是告訴自己，以後要當個職業社會運動者，所以文憑無用。最後我真的拿到肄業證書而不是畢業證書，當兵後回到主流社會工作或競選時，確實有一點感受到肄業的難堪。

我是少數當兵後就進入政治圈工作的民學聯學運分子，在人際關係上進入民進黨美麗島系統，泛台大學運分子則多半進入新潮流系及其外圍社運團體。

一九九三年我去當國會助理，九四年成為民進黨組織部專員，九五年擔任民進黨台南縣黨部執行長，參選台南縣國代卻高票落選。九六年我擔任民進黨文宣部副主任，九七年則是民進黨青年部主任。九四年成為民進黨主席許信良的幕僚，是我政治上的重要轉折。當然，老闆的政治命運和幕僚息息相關，當許信良的人氣不斷受到黨內挑戰時，有時會碰到許多人勸告我們，跟著許信良是沒有前途的，你看「羅馬」就跟對人，所以飛黃騰達。

從許信良、施明德被鬥臭鬥垮的過程中，我真正體會政治的現實與無情。

那是一個爭戰及苦悶的年代，民進黨群眾要的是一個能夠打敗國民黨的「戰神」，而不是要一個天天挑戰民進黨集體意識的理想主義者或政治理論家，林義雄當選黨主席，可說是民進黨群眾對許信良、施明德的反撲，但我們仔細回想民進黨發展史，若不是許信良、施明德挑戰民進黨路線過左的激進主義，陳水扁是否能當選中華民國總統？實在值得懷疑。

許信良是標準的政治賭徒，政治意志力超乎常人。當許信良在九八年卸下黨主席職務，組織「金達尼號」全國輔選立委時，我隨著他征戰南北，他當時已有一股不惜退黨參選的態勢，我們跟在許信良旁邊的年輕幕僚，都很清楚那是「知其不可而為之」的選擇。

大家陷在情義或選擇自己道路的掙扎，我因為結婚，無法再過那種征戰南北的日子，所以離開許信良團隊，而其他年輕幕僚後來也因和陳文茜的衝突，集體離開許信良團隊，當時大家面對未來從「零」開始，走上一條非常辛苦的政治道路。

我在九九年選擇回到曾經參選過國代的台南縣重新出發，擔任陳唐山縣長幕僚，進入政府機關歷練，同時也開始尋找我的政治出路，準備有機會參選立委。家庭的負擔加上政治出路的壓力，確實讓我保守許多，去年我選擇到台中市政府上班，想多了解都市發展的問題，還有到都會區似乎比較能解決選舉募款的問題，選舉對沒有財力的職業政客來說，似乎是件不容易的事。

尋找政治出路及解決現實生活的挑戰，一直是我的焦慮。

對我來說，我的人生理想一直是「如何調整人與人的關係，不要有人吃人的社會」，這需要透過國家資源幫助需要幫助的人，透過法律的保障讓人有基本活得自在的環境。所以，我仍然在尋找競選的機會，希望取得公職後善用國家資源、實踐理想。

李文忠

如果只要討好支持者，我何必從政？

台北縣立委／一九五八年生，台大政治系肄業，「李文忠退學事件」主角。

二〇〇一年

五月四日上午十一時，李文忠國會辦公室。他在擺著孩子照片、放著貝多芬《田園》交響曲、桌上空無一物的辦公室內抽著煙，談著外界的質疑與他的堅持，訪談結束後，他還要趕去聽國防部副部長對立委進行的簡報……

二〇一四年

立委任內建立國防專業形象，二〇〇六年時因不滿扁家貪腐風暴，與林濁水連袂辭去立委；〇八年捲土再戰立委卻落敗。隔年投入家鄉南投縣長選舉，以兩萬多票差距落選，其後擔任民進黨組織部主任，今年再獲民進黨提名參選南投縣長……

我當初會唸政治系，就是打算跟萬惡的國民黨拚了。後來搞學運串連，關鍵當然是劉一德來找，但我本來就準備好了，只是看誰來找而已。

唸書時其實沒有想從政。我早期只是素樸、不平的正義感，因為我的國二、國三導師支持黨外運動，拿黨外雜誌給我看，後來我受到《台灣政論》啟蒙，大學時看《美麗島》雜誌，林宅血案發生後，就決定要跟國民黨萬惡政權拼一輩子。

我是在一九八四或八五年加入新潮流系。被台大退學後去當兵時，也還沒有想要從政。那時反對運動民選公職太少，更不可能進政府單位，能進去的也只有縣長、機要等少數位子。退伍後因為賴勁麟、蕭裕正都在工運，所以很自然去工運，去勞支會、自主工聯，當時工運與民進黨結合緊密，我在工運待一年多後到立委盧修一服務處，之後才認真想要從政，後來先當選國代，再選上立委。

從政十年來，我學到看事情應該有不同的價值。過去反對運動時期認為對的事，後來發現不是唯一的角度。例如國安三法，當初民進黨以肢體抗爭，但現在阿扁就任後，國安三法照用，編制、法令一字不改，顯示它也沒那麼壞。

對我來說，從政是一種堅持。我知道講聯合政府、尊重憲政這些話對支持者不討喜，事先就知道，但若只要跟隨、討好支持者，那我何必從事政治運動？

從政者一方面來自選民支持，另一方面也應引導選民。我的支持者有一定比例對我不滿，因為我主張聯合政府，並且跟反對黨一樣批評扁政府及核四決策，我的立場與民進黨傳統立場、民進黨支持者傳統期待明顯不同，這種對錯可以辯論，但就是因為參加過學運，可以讓我有這樣的堅持。

我主張尊重憲政體制，認為在國會多數反對下必須續建核四，這就算是「背叛」嗎？對我來講，反而是主張停建核四者背叛了憲政。我的堅持是：一、憲政體制是民主國家最重要的信仰；二、政治現實的考量，打核四本來就是錯誤的計算。

我不是在批評民眾，是在批評菁英，核四繞了一大圈，最後還是續建，但賠上政局不安、阿扁聲望下跌、在野聯盟成立，宣布續建後，又增加了反核群眾的憤慨。

我也反核，過去每一次反核遊行我都參加，但政治需要策略與現實計算，我很佩服林義雄等反核朋友，但這種操作是對的嗎？如果我們正確打這場仗，可能還可以拿到核四公投、年底決戰，公投輸了就認帳，大家可以接受，但由於策略錯誤，我已經看不出年底還可以處理核四問題。

政治不是只講理想就好了，如果照我們主張的方式，年底或許還有機會核四公投，但照他們的方式根本沒辦法，這不是離理想更遠？政治當然需要「計算」，否則如何完成理想？在野時只能喊口號，那就是勇敢，現在執政，有機會實現理想，當然要經過計算，才夠格實現理想，不然就是空想家，這種理想有個屁用？

檢驗政治人物是否堅持，要看他們有沒有付出代價。最近五年用力喊台獨的人，已經很難讓我佩服，因為他們已經不必付出任何代價。二十年前美麗島世代要付出那麼大代價，就算他們只是陰錯陽差變英雄，我也佩服，這才是堅持。

當然我也有妥協的部分，我在學生時代就是妥協性比較高的人。不過，學生時代敵人很清楚，敵人的邪惡度也很純粹，但後來慢慢發現不是這樣，環境不斷在改變，很多事情的本質也在改變，敵人也在改變，可能變得比較不那麼可惡了。國民黨是應該被推翻，但國民黨已經與過去不同了。我們投入的運動也變得比較有資源，過去只有赤裸裸、硬碰硬的方式，才能改變，現在有可能透過議會鬥爭來促成實質改變了。

坦白說，我也很訝異，我發現很多民進黨的人、學運的人，他們的妥協、變化比我大得多，有些人在學生時代看起來比我更堅持、更激進，但他們到現實社會的變化讓我難以置信，我也不了解是什麼原因。那些把左派、新左琅琅上口的人，出社會不過一兩年，就一變八千里。

學運經驗對我最重要的影響，是讓我會去想當初為何要從政？我算是比較清廉，從政以來即使高數額誘惑，我都拒絕，這就是學運經驗的影響，讓我覺得還會有一些堅持。有的人認為當選連任最重要，我也認為重要，但這不是唯一的考慮，有的人當選後政商關係複雜，我們這些人都比較單純一點。

我現在最大的焦慮是「不知為何而戰」，我們十多年前要推翻萬惡國民黨，現在推翻了，發現民進黨執政比萬惡的國民黨好不了太多，這讓我很沮喪。

立法院就像瘋人院一樣，無聊，去選區服務也很無聊，民主國家根本不應該由立委做這些服務，有的選民的請託根本就是違法，他也要你幫忙，跑紅白帖有什麼意義？我只是忍耐與忍受而已。

檔案十七

賴勁麟

我被安排在第四批準備被關名單

台北縣立委／一九六二年生，台大政治系，台大「大論五人小組」成員。

二〇〇一年

六月二十一日上午十一時，賴勁麟國會辦公室。他曾投入工運長達五年時間，但在變成「執政黨立委」後，面對來自部分勞工團體的質疑，他的心情有什麼樣的變化？他又如何回首早期從事反對運動的巨大風險……

二〇一四年

曾任勞委會副主委，民進黨下台後淡出政壇，擔任台灣服務業發展協會理事長。他的女兒賴品妤長期投入學運與社運，太陽花學運占領議場後，二十二歲的賴品妤擔任糾察員並負責第一線狀況，名人子女、亮麗外形成為媒體報導焦點……

我們當年在台大進行串連時，就與校園外的黨外雜誌互動密切，這種互動也直接影響我們後來投入反對運動。

當時搞學運還有很大風險，可能被關，我大二暑假時有個案子印象最深刻，當時調查局副局長高銘輝的回憶錄也有提到，他們當時想把我們這幾個台大學生跟林濁水弄出一個台獨案，我們也得到風聲，所以大家都躲起來，劉一德到深山，我擔任救援，陳文茜那時也幫忙，送錢或東西。

後來我參與民進黨組黨時，也做好了分批被抓的心理準備，我們年輕人被排在第四批，當時計劃第一批被捉後，第二、三、四批就接連出來組黨，所幸連第一批都沒有被抓去關。當時完全靠理想與熱情，因為主流價值不會認同我們，家人也不知道我們在搞什麼，一般人更覺得奇怪，但我們很愉快。現在的年輕人搞運動已經沒有什麼風險了，沒什麼好擔心的。

民進黨成立後，我開始思考繼續做什麼事情才有意義，由於大學時讀了較多左派的書，關心勞工議題，就在一九八七年投入台灣勞工法律支援會，前後待了五年。

不過，參與工運後期開始出現無力感，一來真正有勞工意識者畢竟只是少數，只透過工會很難有突破，二來制度面還有很多地方需要進行體制內改革，所以九一年國代改選時，新潮流系問我選不選，我決定以參與學運、工運的精神來投入選舉。

一般人選舉都會找民進黨票源多的地區，我沒有，我選擇是的民進黨票最少的雙和地區，一般人也認為我選不上。但我拿出學運精神，向選民表達國代應該要做什麼，我也不認為選舉就一定要當選。當時準備期還不到半年，拜票、紅白帖這些都是學生時代不必參加的，但決定要選就必須接受這些，該跑的地方就跑，最後我竟然順利當選。那次選舉花了二百八十萬，我個人沒有花一毛錢，全是募款與捐款所得。到目前為止，我選過兩次國代、一次立委，沒有落選過。

民進黨執政後，我們的確面臨來自勞工團體的更大壓力。但以備受矚目的工時案來說，我個人認為，對勞工而言，就業機會的重要性還是大於工時，否則休假再多，還是會有勞工受害。台灣正在產業轉型期，工時減少速度不能太快，不然失業問題無法處理。我和李文忠在過程中不是只站在執政者、資方角度，而是希望整體而言做到對勞工最有利的事。

部分勞工對此不諒解，尤其是不必擔心失業的國營事業勞工，但我不能因為局部勞工的利益，而去傷害多數勞工利益。我不覺得有什麼背叛勞工的問題，因為產業轉型後的再就業、協助勞工獲得新技術等，都跟減少工時一樣重要。

我目前的自我定位，是在環保、醫療、社福政策上面多下工夫。環保不能只講反核，更要提出新的能源政策，所以全力推動獎勵再生能源發展條例，再生能源若發展起來，未來根本不用再談核能。還有節約能源法、環境基本法，這些都很重要。

我最大的焦慮，是公領域占去太多時間，花在個人生活品質、家庭的時間太少，但除非不當民代，否則這種焦慮無解，所以未來希望不要再當民代，到一個不必占用那麼多時間的位置去發揮。

我覺得台灣的政治愈來愈八卦，尤其是立法院，立委認真問政，媒體覺得不重要，反而是八卦的東西大家有興趣，一個傳一個，完全扭曲。之前的確有一些雜誌來問我，有關於所謂的「緋聞」，我的態度是有就是有，沒有就是沒有，有也不怕你報導，沒有還報導就是侮辱自己雜誌。

一切都應該就事論事，立法院人多，很可能張冠李載，之前對我有一些錯誤傳聞，我的個性是不會去主動澄清，因為澄清也不一定有效，但沒有的事情就是沒有。

檔案十八

王雪峰

感謝學運成就我的姻緣

台北市立委／一九六四年生，台大法律系、美國康乃爾大學碩士，「五二〇事件」中被打學生。

二〇〇一年

五月十六日下午三時三十分，王雪峰國會辦公室。她是前台北市議員王昆和的女兒，年紀輕輕即已尋求立委三連任，更是得票紀錄最高的學運世代，訪談之中，她還透露與早期學運活躍分子、現為醫師的王作良已論及婚嫁……

二〇一四年

《學運世代》訪談隔年，她連任立委並與王作良結婚，其後淡出政壇。二〇〇九年四月媒體報導她和王作良在新店山區拾荒為生，年底傳出家暴，王雪峰驗傷後提告，今年一月高院判決王作良賠償一百萬元定讞，她表示將與王作良離婚……

我父親很早參與黨外運動，所以我從小看黨外雜誌長大，那時黨外是「當選過關、落選被關」的時代，從政代價很大，等到我搞學運時心中已無恐懼感。

大學時我本來沒打算從政，搞學運只是希望人生不要留白，從政治系轉法律系後，曾想做個法律人，但五二〇事件給我很大震撼。我們幾個學生坐下來，幾千名鎮暴警察衝過來，那種親身經歷的感覺，很可能會被打死，我們後來被關了一天多才交保，即使如此，我也還沒決定從政。

沒考上律師後，由於自己仍面臨被集遊法起訴的可能，我開始思考，對於剝奪言論自由的惡法，當律師只能消極依法辯護、審判，若能當立法者就可以積極改變，就乾脆先去民進黨社運部工作。

一九九一年底二屆國代改選時，民進黨需要大量年輕人，我就出來選。第一次是吊火車尾上，很辛苦，外界說我得到父親庇蔭，我不在乎，因為部分是事實，但我要走出自己的路。

林義雄有一句話影響我很大：不要看我一時，看我一世。我一路走來以此為座右銘，對得起自己良心就好，別人毀譽不必太在乎。

我父親其實很民主放任，他忙他的，我們忙我們的，我的人生規劃自主性很大，只有在我決定選國代時，他有些擔心，但也不是反對，他要我三思，說從政很辛苦，特別是女孩子。剛當上國代時是有困擾，別人都認為是我父親的功勞，但選上國代後，我逐漸走出自己風格，某種程度上，我的知名度還超過我父親，後來在我最高票選上立委後，就更沒有這種困擾了。我們家都是各自忙，我也不知道我弟弟對從政有興趣，九八年還選上台北市議員。

當上立委後會接受更多檢驗，我不覺得自己的理想標準降低，反而是覺得愈來愈嚴格，尤其是九六年受洗信仰基督後，宗教對我影響很大，我現在對別人的包容比過去高，但對自己的要求更嚴格。我到現在不跟政府做生意，不介入任何公共工程與採購，有選舉支持者要我協助，我一概回絕，我的風格就很清楚。我的競選經費很省，上屆才花七、八百萬，有所圖的政治獻金我不接受。

政治是我的最愛，我從政是想要自我實現、讓理想落實，我對賺錢沒興趣，錢夠用就好，對自己選擇無怨無悔。達成目標會很辛苦，但我不會自怨自艾。選舉是很累，但若不經選舉就可當立法者，誰不願意？政務官我也有興趣，但我不會主動去求。今年如果順利連任後，三年後我就已經擔任十三年中央民代了。選民如何評價我比較重要，所以操守這些東西我會很重視，要留好名聲，不要留臭名。

至於人生焦慮，三年前競選立委連任時，由於第一次是最高票當選，我很擔心若選不好，是不是選民不肯定我？我又愛面子，被選民唾棄的壓力就很重，但信仰給我的力量很大，我愈來愈相信任何結果都是上帝的安排，即使落選，也是上帝安排我走另一條路。

我也曾經擔心自己嫁不出去（大笑），終究是女孩子，只是沒碰到理想對象，之前的感情也不順利，日子又一天天過去，但現在已找到對象，焦慮解除了，明年就會結婚吧。他也是基督徒，是蠻值得我信賴的人啦，能不能信賴對我很重要，一方面是以前的共同經歷，一方面是人與人之間合不合。我們在學生時代就很熟，冥冥中那麼巧，繞了一大圈又回來，好像要感謝學運，成就我的姻緣。

檔案十九

郭正亮

我在追求對這個社會的影響力

東吳政治系副教授、台北市立委參選人／一九六一年生，台大社研所、耶魯政治學博士，台大「自由之愛」核心成員。

二〇〇一年

四月三十日下午二時，承德路郭正亮競選辦公室。三、四個工作人員忙著輔選事宜，他則有接不完的「二一〇〇全民開講」等叩應節目約邀電話，他把自己定位為政黨菁英，強調政治人物不會預測一年以後的事……

二〇一四年

兩度當選立委，二〇〇八年連任失利，曾短暫出任體委會副主委，一一年在立委黨內初選落敗，隔年出任《美麗島電子報》副董事長。他長期在各媒體撰寫政論，擔任談話性節目名嘴，在政壇依舊活躍，今年並與陳昭南等人提出凍結台獨黨綱提案……

我當年以江迅筆名在編《南方》時，全國到處串連，幾乎各地學運菁英都認識，這種學運經驗、人脈對我來說非常重要。

我在一九九〇年學運顛峰時出國唸書，那時我就感覺到，反對運動的論述基礎太弱，我們要對政治、反對運動、國際情勢有更高的認識，我對自己的期待是這樣，所以出國改唸政治，花很多時間研究中國政治。

我認為國民黨本土化後，反對運動就要直接面對中國了，這時已無外來政權的代言者，接下來就是與中國周旋。我認為台灣一直是「三黨政治」，國、民兩黨在競爭，北京是參與者，不是競爭者。因此，從九〇年開始，我每年都會去中國兩到三次，觀察它的變化，九一年就在上海復旦大學待了六個禮拜，也在香港做了六週研究，都是在研究中國。我敢說我是民進黨新生代中接觸中國的第一個，從國際來看台灣，思考民進黨應該怎麼走。

我得到的結論是，台灣需要與中國、美國弄出一個解決問題的架構，而不是民族主義的問題。我未必贊成中程協議，若只凸顯台灣的自我主體、而無解決問題的機制，最後會以戰爭收場，台灣不能承受，因為台灣是小國。所以我一直在思考，這個架構是什麼，台灣如何才能維持自己的政治自主性？

九四年修完課回台後，我幫許信良助選，那時許信良總統初選失敗，去選黨主席，因為陳忠信、陳文茜的關係，找我去中央黨部。九五年我拿到耶魯博士學位後才到東吳大學任教，這是我第一次在學界與政界做生涯抉擇，因為在此之前，我的幕僚角色都是在檯面下，頂多是幫《中國時報》寫社論。

我後來被說服了，有人問：你讀那麼多書，到底在追求什麼？我待在學界真是為了清心寡欲、追求知識？好像也不是，事實上是在追求對這個社會的影響力，追求讓自己覺得對的論述，成為台灣社會的主流論述，這廣義而言還是影響力，所以我被說服。當時陳水扁選上台北市長後，施明德說「不必也不會宣布台獨」，民進黨進入轉型期，需要的是嚴格的論述，而不是口水戰，他們覺得也許我有一些角色可以扮演，所以我進去黨部。

後來民進黨內接連發生「九六年建國黨出走統獨辯論」、「九七年修憲憲政辯論」、「九八年中國政策辯論」，這三大辯論都是民進黨的轉型問題，我都因黨職關係被捲進去，直到最近才又發生像核四的辯論。

在這樣的過程中，我開始覺得這是我的工作、我的使命，如果民進黨沒有轉型好，這不只是民進黨的災難，也是台灣的災難，會使台灣有一些問題不能面對。這樣會使台灣失去很多機會，台灣永遠在踩煞車，但沒有提出解決問題的架構，就會使得正面的東西提不出來，只有像李登輝戒急用忍式消極作為，但對我而言，這都只是以拖待變。如果沒有正視矛盾、介入並解決，它對小國是不利的，這是我的立場。

我的第三個人生轉折，是為阿扁總統助選後，面臨要到政務系統、留在學界或自己跳出來，我後來選擇自己參選。我做了前一段論述轉型工作後，愈來愈覺得自己可以站到第一線，因為我對新政府前半年表現有些失望，我反省到反對運動領導素質的問題，這東西只有你站到第一線才可能改變，在幕後狗吠火車是沒有用的。

整體而言，不只民進黨，台灣政治的素質可以提高，這當然不是我一個人就可以做到，但一個人就是一份力量。後來看到游盈隆、羅文嘉從政務系統跳出來，我很慶幸，我的選擇是對的。

我最大的焦慮是時間不會等台灣，不會等小國。我個人的提升也許做得到，但我怕我拉不動這個社會，如果時機過去，那我拉也沒有意義了，這是國家集體命運的問題，這種集體命運都是在幾年內決定。

我知道有人說我是「變色龍」，認為我先跟張俊宏，後跟許信良。但我與張俊宏是個人關係，八八年我們就認識，合寫《從地方包圍中央》，我直到九四年回台後才正式與許信良深談，所以我跟張、許的個人關係實在差太遠了。我被當成許信良的人，是因為九七修憲、九八中國政策辯論時，我和老許的理念接近，有兩次合作經驗，但不能因此說我是他的人，我從來就不是許信良的嫡系，陳文茜、陳忠信才是。

算命的說我這輩子永遠會有兩個Job，到目前為止一直都符合，至於未來的人生規劃？政治人物不做超過一年的預測，沒有意義。

檔案二十

羅文嘉

我不會再自我膨脹，搞得傷痕累累

前文建會副主委、台北市立委參選人／一九六六年生，台大政治系，台大第一屆學生會會長。

二〇〇一年

五月二十九日上午十時三十分，作者石牌家中。他是作者妻子的大學同窗好友，某種程度上更是台灣社會看待學運世代從政者的指標之一。辭去文建會副主委職務後，他第一次投入選戰，訪談結束後轉赴社子島拉票……

二〇一四年

二〇〇一年當選立委，〇四年出任客委會主委，隔年參選台北縣長落敗。〇七年參選台北市大安區立委落敗，一一年立委黨內初選落敗。近年因返回家鄉桃園從事有機農業、創立「水牛書店」而受到矚目，政治色彩漸淡，致力推廣社會企業理念……

踏入社會以來，我的焦慮不多，但困惑始終存在。

一九九一年剛退伍時，覺得離開社會好久，是從另一個世界回來，另一個感覺是一無所有，一切重新開始。陳水扁找我當國會助理時，我的目標很清楚，打算以一年當做出國唸書前的過渡與準備，所以我根本沒進去辦公室，而是做我當時最想做的軍中人權。

但那一年我在各種社運中實在太衝了，出國也就愈來愈遠。我當時甚至有心理準備，可能會被抓進去關。雙十國慶反閱兵時，真正要衝的是我和鍾佳濱等學運分子，結果上面跟國民黨講和了，我們都還不知道，他們也不敢告訴我們，我們一心就是想要反閱兵。

九二年底阿扁要選立委，我就一整年認真準備打選戰，選完後阿扁說，國會全面改選後的政局很重要，我就接國會辦公室主任。人生每個階段該做什麼，就去做，我不會想得太遠，蠻隨感情走的。

一年後阿扁選上台北市長，我擔任新聞處長，然後在「拔河事件」後出國，當時想一圓出國夢，也覺得在這個圈圈很久了，擔心自己沒有進步，離開也好。出國半年，再回來也沒有想太多要做什麼，一心只想再幫阿扁打一次選戰，這次卻失敗了。

其實，九八年投票前夕我就跟小馬（馬永成）說過，不管阿扁能否連任市長，我都想要暫時離開這個團隊，小馬也跟我說了很多次想要離開，只是他從來沒有離開過。選戰失利後，告訴自己真的要離開了，我再度出國消失一段時間。

九九年初回來時，我弄「愛情城市」網站，沒有馬上回到扁陣營。總統大選時我去接民進黨文宣部主任，其實是在打總統大選文宣，所以一直沒有認知自己是在黨部工作。至於選後進入文建會，其實已有脈絡可尋。

過去十年的前半段，我一無所有，所以一直往前衝，後半段就開始焦慮，擔心自己一直扮演某一個角色，沒有進步。

第一次選台北市長是我碰過最快樂的選戰，沒有人知道該如何打，可以任意揮灑，不知道會不會贏，所以沒有很大壓力，整個調調就出來了。但阿扁競選連任時就有太多壓力與負擔，其實很多事已非我能負責，但我扛了太多責任，連任失利的帳就都算在我頭上，讓我快樂的只剩下扁帽工廠。

總統大選時我已對自己能力有所認知與調整，就只負責文宣。之前我什麼事都一肩扛起，結果讓我受傷嚴重。過去想得太單純，那是學生時代的天真，但想要生存下去、想要保持理想與浪漫，就要更清楚界定自己的角色。所以總統大選時我的角色界定就很清楚，做得也很愉快。在那個範圍內可以掌握與負責，不必承受太多我這個年紀承受不起的責任。

這也會影響我對事情的判斷，過去一年來，很多人說阿扁、新政府做得不好，如果回到剛畢業時，我會把這些全部都扛起來，認為都是自己的責任，但最後衝了老半天，對大局沒有影響，自己已經先陣亡了。

我現在認為，有些事是你知道問題何在，但沒有能力解決，也不是你進去就能解決，但你必須要知道哪一個部分可以做好，哪些部分做不好就是自己的責任。我不會再像早期無限自我膨脹，說是使命感也好，把自己撐得很大很大，好像國家興亡都是你的責任，弄得自己心力交瘁，傷痕累累。

以前沒有意識到大環境如此複雜，初生之犢，但幸運、機遇一直很好，就以為自己可以攻無不克，打倒所有大老虎，等到有一天真的大老虎來了，才知道真的害怕。

現在我會看遠一點，每個世代都有自己的角色與使命。現在國家、新政府的好或壞，不是學運世代應該承擔的責任，重責大任是在阿扁、謝長廷、蘇貞昌、邱義仁這一代，不應該由我們跳過去幫他們承擔，我們也承擔不起，現在是他們在當家，他們應該負責，這跟我早年想法很不一樣。我也曾經跟阿扁說，有限的總統任期內不可能解決台灣所有問題，只要全力以赴，無法解決的問題自然會由以後的世代來承擔。

我長時間和民進黨上個世代菁英一起打拚，可以近距離看到他們的優缺點，我常在想：十年後換我們時，我們可以做得更好嗎？還是會應付不了，心有餘力不足？

未來十年，我們應該不斷訓練自己，十年、二十年後，該我們負責時，我們已經準備好了，而且真的可以做好。不只是政治，是帶動社會所有領域的進步，也不只是台灣內部競爭，還包括台灣外部競爭。我們的角色是在那時候，而不是現在跳過去說這是我們的責任。

所以學運世代不是用一年兩年來規劃，是看十年、二十年，這樣心情會比較篤定，你用二十年甚至五十年的心情來規劃時，就不急了。例如台灣媒體的問題，不是急就可以解決。不求急功近利、不會受太多熱鬧東西影響，這是我對學運世代的定位。政治人物照常理應該進去總統府權力核心，但我選擇離開，那種熱鬧不是長遠。

學運世代應該創造一個環境、空間，讓下一代比我們更優秀，這就是世代間的進步，功成不必在我，我們只是接力賽中的一棒而已。我們應該把人的生命放大，往前也往後延伸。我已算是幸運，過去十年的歷練讓我成長很多，但這是我個人因緣際會而已，所以我希望利用各種機會培養年輕人，不然他們未來會接不上。

檔案二一

沈發惠

這個社會已經不知道要怎麼改變了

台北縣議員／一九六六年生，東海法律系，民學聯核心成員。

二〇〇一年

五月十五日下午一時三十分，德也茶喫。他的NOKIA 8850手機不斷響起〈勇敢的台灣人〉音樂，一再提醒周遭朋友他的「台灣意識」與「獨性」有多麼堅強，他對於左派的轉變與焦慮有很深感觸，但還是堅信左派的價值……

二〇一四年

二〇〇四年當選立委，〇七年黨內初選失利後，歷任民進黨政策會副執行長、社會發展部主任，一〇年當選第一屆新北市議員，隔年受徵召參選立委失利。他曾任新北市議會民進黨團總召，至今議員任內表現頗獲肯定……

我的人生是一連串意外，完全不在規劃之中。

我家對政治非常排斥，我是在高中時代受到黨外雜誌影響，後來因緣際會碰上學運串連、大革會成立，被動捲入時代狂潮。三月學運之後，認為自己在大時代中不會餓死，所以主觀上想要當社運工作者。

畢業後沒考上社研所，在大時代中又捨不得離開台灣出國求學，擔心缺席會遺憾一輩子。最後準備考律師或司法官，但一年後碰上國會全面改選，民進黨立委從十二席變成近五十席，一時之間需要大量國會助理，當年比較著重政治思考而非專業能力，學運出身者自然成為國會助理重要取才對象，我們民學聯的一群朋友認為，體制內的改造仍可期待，到國會是一種運動、路線的選擇。

所以我們一群人各自進入國會當助理，那時候新潮流立委還很少，形象比較好的是福利國連線，我是在謝長廷辦公室，成為學運幹部出身的第一代國會助理群，在此之前國會助理都只是附屬。後來很多學運世代適應不良而離開，我是同梯進去做最久的，從一九九二到九六年，整整做了四年助理，當到謝長廷國會辦公室主任。

當時很多學運幹部對謝長廷有意見，我的角色就變得很特別，由於謝長廷與台北市長陳水扁同級，學運朋友對我有很大期待，使我承受很大壓力。壓力最大是在九六年總統大選時，民進黨推出「彭謝配」，民進黨內部也面臨轉型問題，很多話我現在不願意講，但當時基本教義派與轉型派發生極大摩擦，我在同輩間承受最大壓力，雖然站在這麼顯眼的位置，卻無力改變那場大選的基本教義走向，所以最後選擇離開彭謝競選總部。

後來又是歷史偶然，汐止鎮長補選，周雅淑到黨中央討救兵，因為我是汐止人，就要我在總部接執行總幹事，結果選上了，周雅淑更進一步希望我去做鎮公所主任祕書，當時很多朋友已進入台北市政府行政體系，我就決定在地方行政體系衝衝看。

以前沒人想過鎮公所可以做什麼，但我自認那幾年很充實，做很多很大膽的事。九七年縣議員選舉時，我本來不想選，因為志不在地方事務，完全不了解縣議員要做什麼，所以結婚後準備去度蜜月，誰知黨內意外出現沒人參選局面，我登記後就成了同額競選。當時以為選上後還可以做很多關心中央的事，但選上後，很多地方上期待就沒有辦法擺脫。

我們這一代的苦悶是，當我們真正要改變社會時，這個社會已經不知道要怎麼改變了。這短短十年變化之大，連世界都沒得解釋，何況是台灣！改變台灣社會的可能性到底在哪裡？我相信這是整個學運世代的苦悶，有人可能放棄了，像我就已放棄全面改變台灣社會的天真想法，退縮到我能夠改變的部分。

我現在的最大焦慮是：我們是否已無力改變這個社會，你只可能對社會做一些小騷擾，不可能做結構性改變。

另外，民進黨的基層真的是很爛、很糟糕，我在今年黨內初選中第一次深刻體會。以我的問政表現，大部分老黨員都支持我，但其他很多普羅工人、無業遊民、社會底層，平常在你服務處表現得很有理想性的樣子，非常支持你，對別人包工程破口大罵，但初選時就是要錢，我不給，就是跑票，說對方會給他錢解決生活問題。

基層每天都有人來借錢，我自己環境又不是很好，但黨員不會這樣想。汐止七百個黨員，假設一百個來借錢，你都不借，初選時怎麼會投給你？但你借個一兩千，他就會再來借，其他黨員也會來借，而且他們也不是真的急，常常當天晚上喝酒就喝掉了。

我對所謂基層，真的是很不能適應，有很多情緒。平常不管多認同你的理念，對手真的砸錢後，票就全走了。我努力維持風評，這是初選過關最大力量，但仍然飽受威脅。民進黨的結構遲早要改，但不要被逼到要垮了才改。

檔案二二

李建昌

人頭黨員每個人都有，但不能用金錢選舉

台北市議員／一九六二年生，台大社研所碩士，三月學運研究生諮詢小組成員。

二〇〇一年

五月三十日下午四時三十分，台北市議會。他和學運同志江蓋世、段宜康合組的「蓋健康」質詢小組，被媒體認為是市議會火力最猛、水準最高的問政組合，他們監督的對象，則包括三月學運教授顧問團之一的鄭村棋……

二〇一四年

《學運世代》出書迄今，在台北市內湖、南港選區連戰皆捷，今年底將尋求六連任台北市議員。二〇一一年參選立委失利，開始思考立委選制不公問題，希望有更大的社會力量推動中央政府體制與國會選制改革，以改變南綠北藍結構生態……

我大二時就參與黨外活動，後來到大陸社認識陳鴻榮、周威佑、賴勁麟、王作良一堆人，大四到黨外雜誌當編輯，曾經有十一個月跟江蓋世是同事，當兵時碰到台大「自由之愛」學運，退伍後唸台大社研所時碰到三月學運。

一九八八年那時候，台灣工運還很強，我被唐雲騰、賴勁麟拉到台灣勞工運動支援會做義工，我的論文也寫八〇年代台灣勞工運動。畢業後一度徬徨，就先到勞支會工作一年半，沒有想過要從政，只是接連幫李逸洋、林濁水助選過。

一九九四年碰到台北市選區重劃，李逸洋就鼓勵我出來選市議員，所以選舉對我來說只是偶然，因為選區重劃而突然出現空間，才會有參選機會。

那時沒有想很多，只覺得「黨外三劍客」時代，謝長廷、陳水扁、林正杰衝撞體制，有很大的空間，覺得市議員可以發揮，所以沒有太大掙扎。沒有太多掙扎的原因，還包括不必花太多資本，因為內湖、南港我很陌生，全是靠李逸洋的基層實力與民進黨民氣而當選，九八年尋求連任時就順利多了。

兩屆市議員下來，我從市議員的角色看到公權力的無奈。公權力不彰，人民守法性不足，這是台灣很大的問題，市議員角色扮演久了會很沮喪，大環境就是如此，你能做的只是不逾越分際、忠於自己。市議員四年任期所能得到的成就感，與黨外時代風潮相比已相去甚遠，就會想說還要不要繼續走下去。

今年出來選立委，就是想給自己衝擊，不然已經碰到瓶頸，擔任市議員充其量就是維生，繼續扮演忠於自己的角色，沒有辦法拓展商界等其他領域的資源。後來雖然在黨內初選中因分數相同而抽籤落敗，但至少已盡力尋求突破。

正好在這個關鍵點，我開始有其他思維。因為我的助理去北大考法研所博士班，之前立委韓國瑜等人也去考北大，我開始在想，台灣與中國的關係非常重要，未來三十年內，台中關係會有很大變化，可以預見兩岸的交流會更加頻繁，大三通對台灣人民的生活也會有很大衝擊，甚至可能出現兩岸關係終極模式。

所以我認為，加強兩岸彼此了解，是台灣很重要的生存之道，大陸朋友愈多愈好，對大陸愈了解愈好，所以我現在的另一個思考，是可能會去考北大博士班。

我認為不應用高標準來看學運世代，認為學運世代就比較有理想性，我不以為然，重點應該是在個人的自律感。我敢自豪我們「蓋建康」三人有自律感，但這是個人要求，不是世代特質。

我不太同意政治環境惡劣、個人就會腐化這種觀點，民進黨的初選過去被罵人頭黨員、賄選，以民進黨的遊戲規則，沒有黨員的確不可能跟別人拼，所以人頭黨員每個人都有，但不能用金錢選舉。其他學運世代若用金錢或墮落方式競選，不見得是環境逼人，是個人企圖心、自律感不足讓他們如此，這依舊是個人問題。

不過，學運世代很多人已經回到校園，在公私立大學與智庫有一定位置，對於這群人的聚集，我還有一定信心。

對於校園內的學術風潮，我也有一些感觸。當年那些左派思潮、刊物，都是運動的利基，會激勵年輕人投入進步運動，但現在學校卻只教時尚。我的同學拿到博士回來，開的課是愛情社會學、傳媒社會學、廣告社會學，這些都只是時尚，變成學生想要什麼，老師就開什麼課，專題討論也在混飯吃，也沒有對社會大架構有什麼衝撞，都是消費而已。

檔案二三

段宜康

你會發現自己喪失的東西愈來愈多

台北市議員／一九六三年生，台大政治系，台大大陸社活躍成員。

二〇〇一年

六月四日下午二時三十分，德也茶喫。他在問政時永遠穿著一襲襯衫、牛仔褲，像是日劇《HERO》中不修邊幅的檢察官久利生公平，他的問政向以犀利著稱，前幾年更曾因抨擊民進黨內「福佬沙文主義」而備受矚目……

二〇一四年

二〇一一年底當選立委，其後兩度參選失利，一二年以不分區立委身分重返國會。曾任新潮流系總召，擔任多屆民進黨中常委。延續台北市議會「蓋健康」小組風格，立委任內問政同樣以犀利著稱，今年五月獲重用兼任民進黨政策會執行長……

我當年因為有一科社會心理學沒有去考試，所以晚一年畢業。退伍前很掙扎，不知道要不要走政治這條路，後來覺得還是試試看，就到新潮流系的新國會辦公室上班。

九一年七月，洪奇昌台南立委服務處主任出缺，之前大家都說關心這片土地，但對台北之外的了解卻又太少，所以我決定去與台北差距大一點地方。隔年洪奇昌轉赴台中市參選，我就到台中輔選，九三年初到澎湖幫高植澎補選縣長，年底改選又打一次，九四年底出來選台北市議員。

會出來選舉，是因為覺得自己的能力不適合當幕僚，但有信心扮演公眾人物。第一次參選的過程，則讓我一輩子難忘。

當時新潮流系內部協調後，我決定投入中山、萬華選區，但我在萬華出生後就搬走，在萬華認識的選民不到十個人。當時很荒謬，應選八席，民進黨卻提名六席，國民黨也提名七人，因為我既沒知名度又沒錢，競選主任就建議我挨家挨戶拜訪。

我跑了四個月以上，幾乎選區跑完一遍，這對我造成非常大考驗，不是體力，而是挫折，沒有人要理你，按電鈴不開門，開了門覺得你神經病莫名其妙，後期才好一點。那次參選對我是非常重要的經驗，地毯式拜訪對選區才會了解更深，自己的忍耐力更會增加，這是最重要的一點。

我常常在想，自己為什麼會走這條路？

民代可以改變的事情，其實沒有那麼多，沒有能力或改變不了現狀時，自己的包袱卻愈來愈重，為了選舉必須做出妥協與讓步，選的層級愈高，讓步就會愈多，那麼繼續參選的目的是什麼？自己又做了多少改變？

為了生存，你必須花盡力氣做很多無聊的事，要迎合媒體，尤其是電子媒體，你會發現自己喪失的東西愈來愈多。

我當初對教改充滿熱情理想，第一屆任期時，花了很多力氣推法案，曾經為了一個法案幾乎整個寒假沒有休息，但最後我在發現這個法案不可能過關後，把法案放在抽屜鎖起來，否則會浪費更多力氣。後來就發現自己不太做這種傻事了，變得愈來愈聰明，這種聰明與當初的理想、從政這條路的出發點，是違背和不一致的，所以常常會對自己有所懷疑，也漸漸習慣享受一些特權、習慣一些掌聲。以前不習慣喝個茶有人過來跟你打招呼，買個東西有人認出你，那種感覺非常討厭、不舒服，對我來說有被侵犯的感覺，現在那種厭惡已經慢慢降低了，覺得自己整個人都改變了，對自己會有些懷疑。

我有三個理由，決定在今年參選立委：一、我有信心比大多數議員更可以扮演好民代角色，至少我做的壞事會比較少一點；二、派系、支持者都希望我選立委；三、已經走到這個地步，要我不走這條路，我也不知道該怎麼辦，這是我心裡的話。

我最近跟沒有從政的學運朋友談話，不論是醫生還是從商，覺得他們保留了更多當初理想，還很天真，沒有在政治領域遭受現實汙染，這是我們失去的東西。

未來我希望盡力扮演好民代角色，迎合媒體要求，儘量不要做得太肉麻，為選舉需要做很多選民服務時，儘量不要違法。我對自己比較可以交待的地方，是我不會故意去處理牽涉到比較大利益的案件。

我覺得學運世代不見得更有能力解決台灣面臨的問題，成長背景讓我們更能迎合政治生態與媒體環境，但現在媒體環境要培養出深思熟慮的政客是不容易的，所以一代比一代更急功近利，更重視媒體效果，大家只在乎報紙標題、新聞鏡頭，以及在叩應節目中如何傷害對方，而不是思考對國家的長遠看法。可能會有少數幾個例外，但無法改變整個學運世代的參政特質。

檔案二四

鄭文燦

學運世代以前像鬥魚、現在像鱒魚

桃園縣議員／一九六七年生，台大社會系、台大社研所，三月學運決策小組成員。

二〇〇一年

七月十日下午一時三十分，德也茶喫。他是當年台大學運圈的「理論大師」之一，在民進黨立委初選失利後，成為李政團點名吸納的學運世代選將之一，但他說自己是「正綠旗」，不可能離開民進黨加入其他政黨……

二〇一四年

歷任民進黨文宣部主任、行政院新聞局長，二〇〇七年因台視公司釋股案宴請日資股東而辭職，轉任海基會副祕書長，再回鍋民進黨擔任文宣部、組織部主任。〇九年參選桃園縣長僅以微幅差距落敗，今年底捲土重來，再戰升格為直轄市的桃園市長……

我的第一個轉折，是決定從台大電機系降轉社會系，跟著歷史的號召走。第二個轉折，是由學生角色轉為政治角色。我在一九九〇年五月後，與邱毓斌、陳尚志一起進入新國會研究室，後來去《新潮流》雜誌社當編輯，九一年七月加入民進黨，差不多同時加入新潮流系。

九五年省長選舉結束後，台灣社會狂飆已告一段落，未來的趨勢是，每個人都必須選擇一個地方與定位，新系也希望把年輕人下放到地方，所以我決定回到桃園紮根與參選。

我在決定從政時有很大掙扎，因為我有走學術路的條件。但是，我認為台灣未來需要兩種學運世代：一、有良好學術訓練，成為改革陣營內的思想幹部；二、很早投入政治，成為組織與政治活動幹部，兩種都需要。而且三月學運時自己扮演重要角色，所以會思考可以為台灣社會做些什麼。

當年自由派學者像葉啟政、胡佛都是理念人，不是行動人，但葉啟政的學生包括郭正亮、陳鴻榮、李建昌、我，胡佛的三大弟子陳明通、游盈隆、林佳龍全都從政，跟著時代的洪流跑。

我投入選舉後的最大不同，是清楚感受到，公職角色的每一分成敗都要由自己負責，做不好就無法連任、被淘汰，所以責任感也比以前更強。以前學運是媒體在看，現在是所有選民在看，建立風評非常重要，如果不是向上提升，就是向下沉淪。

其實，台北政壇與地方政治是兩個世界，在地方耕耘的人很辛苦，沒有媒體報導、資源保護，只能做苦工。但是，回歸地方有一定的意義與價值，這是台灣政治再發展的力量，政治工作者會在地方政治學到很多，對台灣政治、社會運作邏輯更清楚，以後若有機會更上層樓，絕對是很好的訓練。

有理想的人從政後，問題不在於理想還在不在，而在於每天的挑戰。你若在官僚體系，每天有看不完的公文，這些公文與背後價值觀未必能夠連繫得那麼好，當民代也是一樣，每天有進行中的工作，與背後的價值觀未必能連結。

堅持與否只是一種語言，但現實政治工作是，學習如何做得好、做得成，遠比你堅持什麼來得重要。例如我支持勞工，但不能簡化為支持工時案就是支持勞工，問題其實很複雜，工時縮短後有的勞工就失業，所以支持勞工這個價值固然重要，但如何具體表達卻遠比想像中複雜。學運世代的成熟與否，在於面對現實的勇氣與決心，這比較重要。

學運世代喜歡用接近童話式的價值觀看世界，黑白善惡分明，早期學生在統獨、左右兩大座標熱烈爭辯，這是屬於年輕人知識圈的批判文化，在乎的是價值觀差異，但畢業後大家反而看到彼此的相同性，這部分可能是所有學運世代都看到的，所以學運世代的差異正在不斷減少中。

學運世代以前像鬥魚，現在像鱒魚，每個關卡都是考驗。在某一個關卡，有的人上去，有的人下來，但世代內的競爭已經不重要，重要是這個世代如何與社會其他群體競爭，要有人扮演整體性的思考角色。

學運世代見面時雖然會相互嘲諷，笑說大家都變得不一樣了，但嘲諷的背後其實是相互警惕，因為大家不一樣的方向又都很接近。我們雖然都投入政治，但都把以前年代的高高燈塔放在內心，這部分還有，若有人過分向世俗傾斜，會讓其他學運世代感覺怪怪的。

我覺得，以前李文忠絕食時，大家手拉著手，很怕李文忠被抓走，其實現在也是一樣，大家還是應該手拉著手。現在主要是集體約束、互相勉勵、內部監督，這個文化要形成，成為學運世代的一個新標準。

檔案二五

劉坤鱧

我在北大的同學都是中共中層官員

台中縣議員／一九六五年生，東海政治系國關組、北大政治系博士班，三月學運校際會議主席。

二〇〇一年

六月二十九日下午一時二十分，前半段訪談在劉坤鱧車上，後半段在台中周家齊診所。他被認為是中部地區最有戰鬥力的學運分子，也是學運世代中第一個北大博士班學生，在從政過程中受到民進黨前主席許信良的深遠影響……

二〇一四年

有兩年多時間南北奔波，最瘋狂時在九所大學和兩家補習班兼課。因台灣不承認北京大學博士學位，因此同時攻讀台師大政治學博士。二〇〇六年投入倒扁運動，擔任紅衫軍組織部主任。目前在四個大學兼課，並投入台北市長參選人柯文哲陣營……

范雲、鄧丕雲曾經在一九九一年來台中訪問過我，范雲提出她在中正廟學運時的疑問，為什麼我會被推為校際會議主席？我說很簡單，因為你們認為台大領導學運是理所當然，但以大陸天安門學運的模式來說，我當校際會議主席其實是「外高聯拼倒北高聯」。

我跟范雲說，我沒有那麼多悲天憫人的胸懷，我們出身中下階層，父執輩一輩子都是弱勢，所以我們站出來是為了反抗宿命，我只是很務實反映我的出身階層而已，就是這麼簡單、素樸的觀念。

九一年底國代選舉時，我去許信良辦公室當研究助理，後來許信良當上黨主席，陳忠信、范巽綠來找我去當黨主席特別助理。當時主跑民進黨的記者都不認識我，竟然還問我是不是老許的私生子？我說怎麼可能，我是外省第二代。但他們就是不相信，老許怎麼會找一個沒有特別關係的人去當特助？後來在這個圈子久了，我才知道，很多政治人物跟他的助理都有特殊關係。

九三年時我被借調去幫楊嘉猷選台中縣長，台中縣黨部主委林豐喜就跟我說，以前你是「學生組」，犯錯沒關係，現在你是「社會組」，站那一邊很重要，我只好選他那一邊，然後去縣黨部當副執行長。

那次對我而言感觸很深，你從一個好事、自以為進步的學生，為了想像中的價值，願意貢獻、不計較待遇踏入這個圈子，但兩三年後，卻必須務實面對「選邊問題」，否則根本很難發展，更別說是實現理想。

後來我回去中央黨部當過青年部副主任，我會下來選縣議員，與國發會、許信良直接相關。我當時是國發會民進黨幕僚小組成員，我不認為自己研擬的東西會成真，但前一個晚上老許召集大家開會時，他興高采烈地說，李登輝就是要幹掉宋楚瑜，只要拿這個去交換，一定可以換到我們要的。我們都不相信會這麼簡單，更不相信國民黨會退讓那麼多，但老許要我們把所有的主張都列上去。結果，沒想到隔天兩黨協商後，蕭萬長跟邱義仁走出來宣布的結論，竟然跟我們提出來的要求一樣，這是我第一次親眼目睹歷史事件的發生。從那次開始，我就把老許的政治判斷，當成我個人未來發展的重要依據。老許認為，台灣未來只有兩級民代，中央是立委，地方就是縣市議員，以後國會議員一定會有養成階段，很難再空降，以後政治菁英也一定要經過選舉洗禮，所以我決定回到台中縣參選。

我認為學運世代無法迴避對於台灣前途的思考，民進黨在兩岸關係方面也最弱，所以我去年四月去考北大政治系比較政治組博士班，希望第一手研究中國大陸。當時陳水扁已經當選總統，而我是唯一被錄取的民進黨人士，這讓我相信，我可以進北大唸書，是因為中共也希望多了解台灣與民進黨，所以才會對我開了一扇小門。

我的同學們都是中共政府單位送來唸書的中上層官員，例如中央辦公廳的司長，或是黨校副教授，能力、敏感度都不容低估，我去上課一年多以來，很清楚感覺到自己是「被觀察的對象」。我也有很大的體會，台灣領導人應該對台灣有信心，只要加速兩岸開放、增加了解、降低誤判，我對兩岸關係前景仍然樂觀。

地方民代想要保持理想性，只能自我要求。全台灣地方議會大概只有我還到處兼課教書，我不是為了微薄的車馬費，而是為了強迫自己不要隨波逐流，否則地方民代很容易就會腐化。如果我跟別人一樣去混，天天都去拼命喝酒，那種喝法一定會喝死，不騙你。我沒辦法決定一個好的開始，但可以決定結束時留下什麼風評。

我今年會出來選立委，是因為重新檢討跟林豐喜的合作關係後，理念不同所以分道揚鑣。我前一陣子出面檢舉黨內初選賄選，不但林豐喜系統很幹我，地方上非新潮流、美麗島的「散鳥聯盟」也恨我擋他們財路，但這卻是民進黨成立以來唯一成立的黨內賄選案例。

檔案二六

王時思

我想走出一條專業社運的路

二〇〇一年

五月二十一日下午三時二十分，松江路民間司改會。她在一個很難界定為既得利益還是改革據點的曖昧位置，展現了很強的行動力與反省能力，訪談中途她接受電台 call out 訪問時，仍然堅持社運團體對民進黨政府應有更大的監督……

二〇一四年

離開民間司改會後，曾任替代死刑推動聯盟執行長、法律扶助基金會國際論壇組召集人、青輔會NGO青年國際參與工作圈召集人，二〇〇五年擔任高雄市政府新聞處長，其後擔任凱達格蘭基金會執行長，現任台南市政府研考會主委……

民間司法改革基金會執行長／一九六八年生，東海法律系、清大社人所碩士，三月學運決策小組成員。

我在唸清大社研所時就兼職《新潮流》編輯，畢業後進入新國會政策中心，做了三年，做到副主任，但我沒有加入新潮流，他們也不強制。我沒有從政的發展需求，所以我連民進黨都沒有加入。

當時新潮流是民進黨內比較願意談理論、政策的派系，這對我有吸引力，所以陳正然找我進去時，我很高興，也不覺得是在為派系服務。不過，新潮流在社運界很惹人非議，一直被認為想要控制社運團體，所以新國會中心解散時，陳菊、袁嬿嬿雖然找我去台權會，但我最想去的是工運、環保，不想再跟新系這些人發生關係。不過，袁嬿嬿她們花了很多力氣，說服我台權會已在轉型，會長邱晃泉也不是新系，我才決定去試試看。

結果十個月就離開，在台權會的日子一直很痛苦，因為我希望能援引律師等社會力量進去，但原來掌控台權會的政治力量對我卻有不同要求，前者有理念但沒有行動力，後者太政治化但行動力強，我夾在中間就很尷尬。

我雖然唸法律出身，但很討厭唸法律的人，我原本很懷疑，司法改革到底算不算是社運？當時單純認為，司法既然不挑戰既有秩序，這樣如何算是社運？所以司改會剛找我時，我沒什麼意願。

但司改會展現很大誠意後，我看到其他社運團體又都沒有專業背景，所以我開始有一個幻想：專業性社運團體會不會是一條路？後來看了一些美國ＮＧＯ的書，他們很多運動都是透過專業性團體來推動，就決定在九七年來司改會發展一種不同的社運。

當時面對很多過去學運朋友的質疑，有人認定律師是「小資產階級」，律師需要的是上流社會的改革，對真正社會底層不會有任何改變。當時很多人不諒解，認為我是到一個律師組織，不是到一個社運團體，我與他們雖然還沒有到決裂那麼嚴重，但的確是很疏離，我想努力做一陣子再去說服他們，讓他們相信，司改具有一樣的改革意義與價值。

我當時其實沒有那麼清楚，只是對比較粗糙的運動方式不耐煩，以環保聯盟為例，它是台灣最大的環保組織，但這麼多年下來，環境論述根本就不普及，談來談去還是只有核四，我對這部分很有意見，這會讓抗爭停留在街頭，沒有其他實踐場域。改革的最後目的，還是希望對的價值能夠被整編進體制內，如果永遠停留在街頭，就不知改革的意義在哪裡。

可能我自己也不是喜歡衝撞的人，我過去迫不得已成為街頭運動的指揮，但這不是我的專長，我的專長是做規劃，也許結合專業可以開創社運其他模式。司改會很優渥，資源真的很多，如果能用這些資源做一些改革的事，總比待在一些可憐的地方，沒有錢沒有人，用贖罪式的參與來自我安慰好得多。

如今司改會已進入穩定期，我當初對專業社運的期待與焦慮卻沒有減輕。應該這樣說，當初我的疑問只解答一半，司改會的經驗證明，專業社運團體是可以運作的，法律人對改革也沒有那麼僵化，這些人是可以被說服的，像醫界聯盟應該也可以做得起來。放大格局後，各領域一定都要有人做事情，才能在這塊土地生根，至少證明社運人士可以操作這種專業團體，不是專業人才能做。

但另一方面，我們很在乎的那種替代性的價值，那種對既有價值的挑戰、提出新的格局與方向，卻一直沒有出現，這也讓我很焦慮。

另外，我從學運到現在工作都清楚感覺到性別歧視，但這是整個台灣社會的問題，不是只有社運界才這樣，所以有一天，我一定要去做婦女運動。

我覺得學運世代還保有理想的末稍，會認為有些東西不能輕易交易。例如公娼，理智上我們應該支持公娼的工作權，但當一切包括身體、心靈都可交易，那個部分還是很幽微在騷擾我們，所以即使支持公娼在理論上可以自圓其說，但你還是會不安。

我是還蠻珍惜這些不能交易的部分，這樣說或許蠻傳統的，但就算這些東西有一天消失，我們不一定能抗拒，但總可以留下一些痕跡吧。像是詩的存在，總是會留下一些東西吧，我這樣浪漫地想著。

檔案二七

邱毓斌

工人應該組黨，起碼組一個左一點的政黨

全國產業總工會副祕書長／一九六七年生，中興社會系、清大社人所碩士，三月學運糾察隊隊長。

二〇〇一年

五月二十八日下午二時四十分，捷運古亭站星巴克咖啡。他從不遠的全產總騎機車過來，在工運領域奮鬥多年後，即將於八月出國唸書，他在出國前談到去年主持野百合十週年紀念活動時的感觸……

二〇一四年

曾任全國產業總工會祕書長，留英取得博士學位，先後在高雄醫學大學、中山大學社會系任教，現為屏東教育大學社會發展學系專案助理教授。他和太太、中山大學社會系助理教授邱花妹是南台灣著名的社運夫妻檔，各類社運無役不與……

畢業後我考上清大社人所，一九九二年底我去蘇煥智國會辦公室當助理，但只待了九個月就離開。雖然學到很多東西，但從既有政黨、政治人物、政治操作，都看不到更大社會改變的可能。

後來我和丁勇言等一批人就去台灣勞工陣線，想在社運領域試看看。我在勞陣從九三年底待到九五年七月，這個過程就覺得比較有趣，在工運領域可以實際改變一些東西，幫助到人，而且這些事情一直沒人做，這才是我想要的東西。

這些工作每天做就會有改變，即使沒辦法上報紙版面。比如說勞工教育，還有每一次勞資爭議、衝突，都是對資本主義體系的衝擊，不管贏或輸，至少政治不會去衝撞這一點，只有社運會去衝撞。基於這樣的信念，後來我去中華電信工會，之後就來全產總，一直留在工運領域努力。

台灣工運其實才剛剛發展而已，過去台灣社運都是零，都是在政治反對運動之後、八〇年代自力救濟開始後才發展，當時的共同敵人都是國民黨，所以工運與民進黨就有親近性，但在反對運動建制化後，分道揚鑣是遲早的事。

所以，不要去怪民進黨背叛勞工，沒有這回事，民進黨從來沒有要與勞工站在一起，一旦民進黨建制化後，就是case by case，純粹政治上的計算，工運還是要有主體性。工運與政黨結盟互動，自己要先搞清楚目的是什麼。

我覺得工人還是應該組黨，最起碼成立一個左一點的政黨，對現在的社會經濟面有挑戰，但不是現在就組黨，是長遠目標。台灣工運的問題是，現在、未來目標都很清楚，但中間要如何做，有很多可能，卻一直沒有討論清楚。

從事工運多年下來，我最大的焦慮是「沒有人」，要如何讓更多人在左翼社運中擔任組織者、幹部？走到每個地方都真的缺人，工會、工運團體、全產總都缺人。這問題可能解決不了，但不代表不應努力去解決。

決定去英國唸書，就是來自這種焦慮。我有次去美國找我妹，過境西雅圖，在吸煙室碰到兩個台商，他們聊訂單、調貨、調現金、國外策略聯盟，這些似乎與工運沒有關係，但我當下就覺得，在工運未來的過程中，若不懂這些，就是死路一條。如果不懂什麼叫外銷導向、資本全球化、中小企業何去何從、產業轉型，未來要怎麼搞工運？所以我下定決心要留學。

之前去美國找陳尚志、范雲時，我才罵他們留學好像沒有進步多少，但後來我寫信給他們問如何考托福，他們也嚇一跳。

未來我希望做一些現在實務工作者做不到的事，例如組織對運動有幫助的智庫，來連結學界與社運界，或是編寫台灣自己的勞工教育教材。

談到學運世代，如果一些朋友要資源重覆使用，我無所謂，但我自己不會當成資產。我覺得學運世代沒有集體行動的必要，大家分散在士商工農，彼此講話愈來愈聽不懂，如果能夠挑戰既有價值、爭奪資源才有意義，不然就是個人同學會而已。

講白了，像李文忠在工時案跳出來跟我們對幹，我們雖然是老朋友，但怎麼可能去支持他？我對李文忠的定位，就是政治人物，執政黨立委，就這樣而已。

去年三月野百合十週年紀念活動，在太平洋聯誼社，來一百多人，我跟王時思主持，無聊的要死，大家都在聊天而已，後來又把當年錄影帶放一次，氣氛很不好，如果只是這樣，還不如不搞。

檔案二八

顧玉玲

如果沒辦法自我改造，還談什麼改變社會？

工作傷害受害人協會祕書長／一九六七年生，輔大英文系，三月學運校際會議代表。

二〇〇一年

六月二十一日下午二時，金山南路工傷協會。她綁著辮子，在五、六個工作人員中穿梭忙碌，牆上掛滿了工傷人物影像與活動海報，談到畢業至今的工運之路，她覺得那是一個人最重要的「自我改造」過程……

二〇一四年

曾任TIWA（台灣國際勞工協會）祕書長與理事長，近年參與「人民火大行動聯盟」，並擔任台北藝術大學兼任講師。著有《我們——移動與勞動的生命記事》及《拒絕被遺忘的聲音——RCA工殤口述史》，太陽花學運期間在議場外演講為弱勢發聲……

我的學運感並不強，總會有人問我，野百合學運對我有什麼影響？我只覺得是一個出口，是我們這群在解嚴前後唸大學的人，有機會做出不同的生命選擇。但如果不是學運，我可能會成為我從小以為自己會成為的那種人，所以我覺得蠻好的。

畢業後進入工運，對一個本來期待自己是往上爬升的大學生來說，那絕對是一種往下掉的感覺。我的第一個工作，是在《自立晚報》工會當祕書。《自晚》當時還有些進步色彩，我有些學運朋友在《自晚》當記者，我很清楚與這些朋友已經處於不同位階上，非常明顯，而且來自家人的壓力會很大。

但是，學運時期所有東西都在正義感下被合理化，大學生其實並沒有放棄自己身上的優勢。我在工運中才意識到，愈往前陷愈深，我身上的優勢就愈會一層層被脫掉，我覺得這是公道的。

十一年了，我與這些工會幹部是在同一位置並肩作戰，也看到自己的成長、改變。我們當初老是想要改變這個社會，帶著本來那個大腦袋，但如果連改造自己都做不到，很多東西是虛假的。

我參加工運是為了自我改造，有沒有辦法真正去認識無產階級、工人的世界是什麼樣子？我花很長時間去了解工人的世界，說話才會大聲，身上優勢也慢慢褪掉。超過三十歲以後，我覺得自己找工作都有些困難了，那是一個複雜的過程，掉到社運中，個別與集體改造才開始。

我在看跟我不同位置的人，主要是看他們夠不夠老實，是否冒充站在弱勢這一邊，但事實上的行為卻不是。我不是選擇比較有效率的方式，我選擇的位置是，讓比較弱勢的人也能跟上來。

在工傷協會就很清楚，他們是斷手斷腳的朋友，把他們拉到一般好手好腳、平行作戰都很不容易，這個過程很緩慢，但如果重要，就應該透過組織化讓他們共同往前。

有時候我沒有那麼樂觀，特別是在工作傷害這個領域，這不是死就是傷，不止是弱勢，它的出現幾乎無可避免。如果台灣的經濟結構沒有改變，我不認為工傷可以改變，因為大家談的都是降低成本、工廠數、股票指數，都是錢的向上提升，但到底我們要什麼樣的生活與社會型態？

台灣可能會有更嚴格的安全衛生法令把關，但造成的結果就是，資本家會去第三世界國家殺死其他的工人，因為發生在別的地方，所以台灣看不見而已。從工傷看台灣經濟發展或經濟體制，不論是統或獨，其中的經濟發展圖像都是「屍橫遍野」，所以整個社會應該進行非常劇烈的翻轉，社運工作者則應該抓住社會脈動，否則終究成為像勞動黨等老左派，已經脫離社會太遠。

我沒有認真想過我現在最大的焦慮。但從另一個角度來看，什麼樣的現實讓我沒有空想這個問題？這就是我的焦慮。第一線工運幹部都非常忙，這個忙有時會讓一個更大的方向就模糊過去了，我想從事社運的朋友普遍都會有這種焦慮。

我未來想做性別，因為我們雖然強調階級與性別，但必須承認，我們在性別這層面的翻動比較少，這是需要挑戰的，但不是用說的，而是有沒有辦法集結力量，所有的改變都是因為被威脅，而不是被提醒，這在工運中特別明顯。我在工運中有很多實際觀察，我很希望能從這些實戰經驗中，發展出比較不一樣的台灣婦運。

檔案二九

陳尚志

——有些朋友想法沒進步，連笑話都一樣

前慈林基金會台北辦公室主任／一九六八年生，中興地政系、美國雪城大學國際政治博士班，三月學運決策小組成員。

二〇〇一年

五月二十八日下午五時，紹興南街伊堤咖啡。他在美國留學期間開設的「雪城紀事」個人新聞台，已經成為學運世代在網路上相互討論、關懷近況的據點之一，訪談結束隔日清晨，他將再度赴美陷入趕寫論文的水深火熱生活……

二〇一四年

近年進入學術界，成為中正大學政治系助理教授，並參與高教工會運作。與核四公投基金會維持密切互動，太陽花學運後，前民進黨主席林義雄展開反核禁食行動，他擔任禁食行動連絡人，成為外界了解林義雄動態的重要窗口……

我人生的第一個轉折，是決定唸研究所。大學時唸地政，很無聊，就搞學運，去清大社人所時很用功，那時才發現，自己大學時都沒有讀書。

當時清大社人所吸引很多優秀師資，像徐正光、吳乃德、張茂桂、錢永祥等人，我在大學讀書會時，只用馬克思、左派的角度看世界，這些優秀老師讓我學會用更多元的角度思考，有更多工具去分析這個社會。

一九九二年底我去謝長廷國會辦公室當助理，與沈發惠一群人一起體驗實際政治，但半年後就離開，原因是不知道自己可以做什麼。我的研究對立委問政沒有實際幫助，我的工作之一是陪福利國立委吃飯，但這些立委跟我都不知道福利國連線究竟可以做些什麼。

後來林義雄、吳乃德找我去慈林基金會，我就從九三年一直做到九八年底出國唸書。之間當過慈林基金會台北辦公室主任、董事，也兼任過核四公投促進會執行祕書、執委。

我一開始在慈林做社會發展研修班，用社會科學知識教育草根社運、政治工作者，我很有興趣結合這三方面。我不知道未來要做什麼，但清楚自己對政治很狂熱，而且認為社運也是一種政治工作。

我也做很多行政、組織的事，不困難，忙而已，我很會處理那些事。但從構想、執行「千里苦行」，到推動北市核四公投，這樣一個完整的社運過程，對我啟發很大。

千里苦行總共走三十五天，我全程參加，負責後勤補給，這對體力、毅力是很大考驗，有時很懶不想走，但撐過去就好了，也沒有預期會引起很大風潮。千里苦行走過後，就不會對社運有太多不切實際的幻想，不必要對任何行動有過高期待，也開始了解社運的寂寞。

九五年林義雄參加民進黨總統初選，那次我也學到很多東西，如何做一次比較正面的選舉。林義雄的堅持對我啟發很大，他宣布參選後的第一件事，是花兩三個禮拜去拜訪學界跟上課，我很難想像選舉第一件事是做這個，林義雄認為，政見不清楚的話，選舉就沒有意義。後來他去祕密拜訪其他候選人，大家君子協定，輸了就算了，這是第一階段初選過程能夠很正面的重要因素。有過這個過程，後來林義雄選黨主席時就是小case了。

我在九六、九七年時最焦慮，忙了幾年後，開始想自己未來要怎麼走，要出國還是選舉，或是搞一個社運團體？那時很多人與我一樣焦慮，我們有小小討論會，都是年紀差不多的各社團正副執行長，如王時思、廖偉程、郭國文、徐佳青等人，相濡以沫，討論彼此焦慮，但留在台灣似乎無解，後來我就決定出國唸書。

我想，有一天我還是會去選舉，我認為沒有經過民意洗禮，就不算參與政治。但我不會參選地方民代，我的很多朋友被迫去選縣市議員，好一點的去選直轄市議員，但對我而言，我的興趣不在地方政治。而且我看到一些沉淪的景象，有些朋友的生活實在太無聊了，一年不見後，想法都沒進步，連笑話都一樣。

我不知道自己何時會參選，也許老了才選，我也可能教書，教政治，我的專長是國際政治。未來世界政治會很不同，視野不同，還是可以做很多事。

學運世代有沒有妥協墮落？我自己就是妥協墮落，道德標準降低。我過去支持無產階級專政，罵別人罵得狗血淋頭，但現在可以接受利益交換、政治妥協。我不認為這真的是妥協墮落，而是年歲增長，知道不可能在民主社會中那麼堅持己見，要別人接受你的想法。

檔案三十

台邦・撒沙勒

我有很長一段時間必須和「原奸」對抗

原運工作者／一九六五年生，台大政治系、美國華盛頓大學攻讀人類學，《高山青》主編。

二〇〇一年

八月六日下午四時十二分，台邦從網路上傳來他投入原運的心路歷程。畢業後無意中得知他的消息，是收到他在網路上積極建構的「部落地圖網」，在網路虛擬世界中，仍然可以清晰感應他對原鄉的深厚情感……

二〇一四年

推動「反瑪家水庫」運動後，取得原民會第一屆公費留學生資格，前往美國西雅圖華盛頓大學攻讀人類學博士，二〇〇二年擔任高雄市原住民事務委員會主委，〇六年返鄉發展，目前為義守大學休閒系副教授及原住民族發展中心主任……

我當年參加台大「自由之愛」學運時，感覺原住民的問題不被重視，甚至是被放在很邊陲的位置。我認為當時的學運打高空，是理論的巨人卻是行動的侏儒，思考往往從台北的方位看世界，較少從地方的角度出發。

事實上，原住民運動在八〇年代的實踐場域，主要是在校外而非校內，當時的原運中心在「原住民權利促進會」而非校內刊物《高山青》。我的政治學習實際上都在校外，但我也擔任過《高山青》的主編。

我在一九八九年畢業後，為了實踐自己當年「回到部落」的主張，回到屏東創立了《原報》。為了讓理想兼顧現實，除了從事於《原報》的報務工作，我也在《首都早報》兼職。

屏東的原住民社會非常的保守，國民黨時期，政府刻意籠絡這裡的頭目仕紳階級，培養他們成為原住民社會的領導階層。剛回屏東時，很長一段時期必須和這些「原奸」對抗。為了壓縮我們的生存空間，他們極盡打壓之能事，包括抹黑、毀謗、恐嚇、謠言中傷等。如果上述方法無效，他們也會透過各種管道如親戚、朋友來進行籠絡或「道德勸說」。

我的人生經歷了三個階段，第一個階段是原始的部落生活。國小畢業前住在沒有現代文明入侵的舊部落（舊好茶），過著真正沒有「電」視、「電」冰箱、「電」腦的日子。第二個時期是與文明接觸的時期，即從初中到大學在平地就學及後來的回鄉，第三個時期是這幾年出國留學的日子。

對我來說，第一個時期，雖然物資最缺乏，生活較不便利，不過卻是人生裡最難忘且是最快樂的日子。這是為什麼我選擇部落做為人生奮鬥方向的原因。這幾年我在國外參訪了一些原住民的部落，他們的情況與台灣原住民相比有好有壞，這些國外經驗或許可以成為台灣原住民運動的參考。

所以，我的人生理想很簡單，就是希望可以再看到小時候的部落景象：人與自然的和諧，分享的意識和倫理等。有人說，這是天方夜譚，根本不存在！在我看來，它沒有消失，只是轉化到別的文化形式，看我們怎麼讓它還原罷了

我個人想在回台灣後籌設「部落大學」，走另類的教育路線，我會著力在部落傳統知識的整理與發揚，特別是關於原住民過去的生態學知識，我們可以稱之為「民族生態學」。

然而，最重要的是，原住民文化必須復活起來。部落大學可以成為原住民部落知識運轉的發電機，不僅成為整理傳統知識的中心，同時也可以成為提供部落文化與社會發展力量的樞紐。因此，它的角色可以是原住民生物科技中心、知識經濟研發中心、民族森林事業研究中心，生態管理機構等。二十一世紀的原住民部落，不該只是消極地提供外來者進行文化消費的地點，它應該被賦予更多積極性的任務。

現在的原住民運動者普遍成長在都市，他們爭取的目標集中在都市生活與就業的權益問題。但我認為，原運必須面對一個根本的挑戰—「原住民的未來在哪裡？」當產業轉型，外勞取代原住民成為傳統產業的主要勞動力之後，原住民失業人口急遽增加，目前失業率已超過百分之十，未來能夠躋入高科技產業的原住民微乎其微，而且他們很有可能是最背離原住民文化的一群。

因此，回到部落找到文化再生的力源很重要，如何發展部落產業，建立「民族經濟體」，將是未來原住民能否熬過二十一世紀的關鍵。

檔案三一

范雲

我回家就像在做族群田野觀察

中研院社會所助研究員／一九六八年生，台大社會系、耶魯社會學博士，三月學運決策小組成員與總指揮。

二〇〇一年

五月十二日下午二時，作者石牌家中。她是作者學妹，也是作者妻子採訪學運時的主要對象，她很關切本書是否會讓外界產生某種負面印象，認為學運世代太過自我膨脹，或是因為少數墮落個案而影響了多數人的評價……

二〇一四年

長期參與婦運、關心性別政治，曾任婦女新知基金會董事長、民主平台理事，現為台大社會系副教授，婦女新知基金會董事。與吳介民、顧爾德編有《秩序繽紛的年代》。太陽花學運期間在議場外帶動審議式民主討論，並在「大腸花論壇」發聲……

三月學運結束後，民進黨某一派系想要找我去選國代，想吸收學運力量，但我覺得不可能走這條路，因為：一、運動有把人掏空的感覺；二、對知識仍有某種程度尊重，比較想了解過去沒有想清楚的問題。好笑的是，我當時年齡應該還不能參選，他們可能也沒有想清楚這些問題。

當時台大學運討論時，我們自己會質疑與民進黨派系的關係，希望堅持學運的自主性。尤其我覺得，當你在運動中有一定代表意義時，就算你要參與公共事務，也不要加入派系。不是說別人批評就不做，而是不想這麼快被一個政治勢力吸收，而且走那條路會很快被吞噬。當時有一大部分是政治結構機會的問題，讓學生有機會從政，但學生未必能領導社會，如果沒有真正的視野，只是在填補民主化過程中的空缺，我個人想法與生命成熟度都不適合，走學界是比較好的方式，所以去唸研究所。

研究所時關心的議題與現實關懷很像，政治民主化、社會價值，但那時校園經過獨台會事件、制憲運動，議題拉到太高的地方，校園就空虛了。一般學生覺得「台獨、制憲」離我很遠，群眾跟不上。八〇年代學運世代這種說法好像比較窄，但在政治民主化方面，確實改造了我們整個世代，就算沒有跟我們一起搞學運的學生，也會整體感受當時的自由化風潮，像我在國外碰到當年沒有搞學運的，他們都覺得有這樣的影響。台獨議題則改變了比較狹義的學運世代，讓他們後來都偏獨。

學運世代中本省人占多數，比較難以理解外省人的情感，他們覺得族群是問題，但不覺得要去處理。我則是每天都面對這些矛盾，我每次回家都像是做田野觀察，因為我們全家都支持宋楚瑜，田野觀察是必須同情式理解對方，否則怎能了解？

我與家人現在相處還好，他們覺得我「回歸正途」，能在中研院這種地方工作。最緊張的時間是三月學運時期，還有民進黨四一七總統直選火車站前靜坐抗議，那次我被抓，是受傷名單之一，還被警察打，我父親很不能接受，說簡直是家醜，吃飯時跟我吵起來。他罵我，我不能接受，我說我都沒批評你支持新黨，你為什麼批評我支持民進黨？他生氣，我很難過，我當時在台北租房子，就跟我媽說要回台北，我媽勸我不要走，我怕她難過就留下來。第二天我爸就沒再講這件事，之後他就變成個人的擔心，我也不會在家中和他辯論。

學運中也有性別問題，我的方式讓我比別的女生更順利一點，因為感情不是我很重要的事，很多人因為感情困擾就離開公共事務，我沒有因為這種困擾離開，這是幸運。但我也有一些障礙，在某些場合不太愉快，不過，我的性別與族群意識都是在離開學運後才比較清楚，都是事後的整理與思考。

學運女性有兩種取向，一種做女研社，像孫瑞穗、張娟芬，我也是創社社員，後來我們在海外匯流，我們這種混過社團的，逐漸會長出女性意識，像中興的邱花妹。我們也會有不同思考，純粹性別改造路線有獨立存在必要，但也需要與其他路線合作、對話，應該是相輔相成的結果。我覺得性別、女性主義意識對學運是很正面的經驗，學運男性常常會面臨挑戰，這也是跟之前世代很不一樣的東西。

三月學運時我被媒體稱為「台灣柴玲」，獨台會案時我跑去看靜坐，《自立晚報》很大標題寫我「台灣柴玲重出江湖」，我很反彈，很多人也覺得很奇怪。簡單說，我們不希望用中國的眼光來看台灣，所以我寫了聲明給《自晚》，說我們這一代已無涉於中國，《自晚》也全文刊登。

後來我對柴玲有更多了解，也更知道我們的重大差異。柴玲是很情緒化的領袖，是透過絕食的方式取得領導權，後來證明她不服膺組織，但我們是透過組織經營與合作出來的學運幹部。可能因為都是女生、名字又都是兩個字，媒體又缺乏想像力，才會如此看待。

學運之後我有自己的變化、有很多努力的方向，但沒法被清楚呈現出像過去一樣的貢獻與價值，大家記憶常常停留在過去那一格，那一格就變成我必須去突破與超越的東西。我完全認同這段過去的歷史，只是不必常常提到這個身分。

在學術志業還來不及有一些很清楚的貢獻前，很多時候會有不同的召喚，希望妳去做一些不同的事情。有些時候，是很直接的位置選擇。學術是很寂寞的工作，我對現實的關心，是會有助於我對學術的思考，但也會干擾我的沉靜，這是我必須不斷去處理的焦慮，如何平衡是一種磨練。

檔案三二

林國明

我們一直在找學術與政治間的平衡點

台大社會系助教授／一九六三年生，台大社會系、耶魯社會學博士，台大「大新停刊事件」中被記過。

二〇〇一年

七月二日下午四時三十分，台大社會系館。作者當年主編《台大法言》時，曾訪問台大教務長黃大洲關於法學院遷回總區問題，沒想到多年後竟已成真，來到新系館訪問當年被記過、現在卻已是系上教授的學長林國明……

二〇一四年

他的博士論文研究全民健保，曾參與二代健保改革，規劃全民健保政策的公民參與模式，成為國內最早推動審議民主的學者之一。升任台大社會系教授後，近年來探索「抗議」和「審議」的關係，太陽花學運期間在議場外舉行「街頭公民審議」活動……

學運世代選擇生涯時，跟個性、對自己的期許很有關係，我的個性不適合政治、社運等直接參與，就考慮出國唸書走學術的路。

不過，當時碰到《首都早報》創刊，《首都》副社長許陽明的太太管碧玲在台大政研所唸書，許陽明因此認識我、吳介民、黃秀如等學運分子，就找我過去《首都》，我認為《首都》應該有發揮的空間，就成為《首都》編輯部報到的第一個人。

可能很多人到現在都還懷念《首都》，因為創辦人康寧祥幾乎不干涉編務，記者有很大的空間，政治組也都是有理想的年輕人，從一九八八年底到九〇年底，我近身觀察三月學運等台灣社會激烈變動，那段時間對我來說相當可貴。

我在學運時期是參與者，當記者後是觀察者，會反省自己的角色，思考記者應該傳達出什麼訊息，這與參與者非常不同。

三月學運爆發時，我主跑民進黨新聞，晚上才有時間去中正廟關切，學運朋友會問我：為什麼現在才來？他們不了解我的角色已經是記者，我只能希望傳遞的訊息對台灣社會有幫助，這對我後來在學術界的反省也很有關係。

如果《首都》沒倒，我可能會繼續留在新聞界工作，因為覺得很有意義。後來出國唸書前，我去找葉啟政老師，他說了一句話：「台灣多一個社會學者也沒多什麼，但台灣可能需要更多好的政治記者。」他當然是肯定我的工作表現，認為記者工作可能更有意義，但當時的台灣報業生態未必有這麼大的發揮空間。

我會選擇到耶魯唸書，與學運也有很大關係。當時很多學運分子在東岸，林佳龍、郭正亮、林志修、范雲在耶魯，吳介民在哥倫比亞，還有陳明棋、陶儀芬等人，這種分布會像磁鐵一樣，把具有學運背景的人吸過去。後來我們透過台灣學生會等組織進行聯繫，學運人際網絡還在，讓年輕時代理想更有延續可能。

不過，學運分子雖然基於強烈的社會關懷，而有強烈的求知動機，但出國前我們對知識的看法很工具性，認為知識只是改造社會的手段而已，甚至認為學術是為了廣義的政治（包括社會改造）而服務。但我必須承認，我這種想法到耶魯之後改變了。我在耶魯唸書時，感受到在台大從未領受的學術氣息，不論是我在唸大學時、還是今天在台大當老師，都不曾感受到那種濃厚的學術氣氛。

耶魯聚集了當代心智最好的學者，他們努力為學術、人類知識做出一點一滴增進，有些老師三、四十年前就已成名，但到了七十幾歲還在談未來十年的研究計劃，那種學術熱誠讓我非常感動，讓我覺得學術本身是值得追求而且有意義的，也影響到我如何重新看待學者角色與學術工作。

我們這代人會研究什麼主題，與學運經驗中被塑造出什麼樣的社會關懷，有很大關係。像我這樣年輕時受過左派洗禮的人，會對民主化、社會不平等有更多關注，因此我很關心社會弱勢者如何在開放環境中，藉由積極行動來改善環境，開始關心福利國家理論，後來更決定研究全民健保、探討基因科技中的「科技民主」層面，這就是我從學運時代一直如影隨形下來的關懷。

學術與政治之間有一條模糊的界線，如何拿捏這條界線，這是宿命、永久存在、跟著我一輩子的焦慮。假設完全不管外面世界，就不會有這樣的焦慮，但我們總是期許自己能多一些與學術有關的社會參與，所以我們一直在找平衡點。

有些人會反駁學運世代集結的意義，但若焦點放在公共型的知識分子身上，他們有沒有辦法形成對台灣社會的集體性思考？這確實是公共型知識分子的重要課題。

學運世代目前看不出來有集體價值，不過，學運經驗可以維持個人的理想性。像我跟范雲、陳志柔、汪宏倫等人都在學界，彼此可以相互監督，如果亂搞，會很難面對同儕。就像李文忠他們如果亂搞、墮落，也會很難面對過去的歷史。

檔案三三

陳志柔

我不會放棄中國研究這個領域

中研院助研究員／一九六六年生，台大社會系、美國杜克大學社會學博士，台大代聯會主席。

二〇〇一年

六月二十五日下午四時三十分，中研院宿舍。早在台灣掀起大陸熱、上海熱之前，他和在電視台主跑兩岸新聞的妻子，前往大陸研究、採訪即已不計其數，中國研究已成為他的學術志業重要著力點……

二〇一四年

持續研究中國大陸的社會變遷，現任中研院社會學研究所副研究員、清華大學社會學研究所中國學程副教授。他對太陽花學運的定位是：「吹起了台灣的新社會運動，這也是反思兩岸關係的啟蒙運動。」……

我一直想往學術界發展，沒有想過其他選擇。其實，大多數人在退伍後就做了選擇，很多先去當立委助理而想要出國的人，後來往往都放棄出國計劃，選擇去中研院當助理的人，最後也往往會留在學術界。

一九九四年我準備博士論文題目時，當時一般留學生都選擇做台灣的題目，但我覺得了解中國對台灣非常重要，所以決定做中國研究，那時中國研究在學術界還不算熱門，台灣也是在九七年以後才興起大陸熱。

其實，九二年時我就去過大陸，後來常去大陸做研究，次數已經數不清，九五、九六年時去中國待了一年，在福建、上海、江蘇附近，我是做中國農村的鄉鎮企業財產權，那時在村子裡每天串門子做訪談，九八年二月到中研院擔任助理研究員後，我每年會去中國三、四次，也愈來愈了解中國。

有的學運世代認為時間不在台灣這一邊，由於台灣規模太小，任何碰撞基本上都對台灣較為不利，中國比較有籌碼可以接受碰撞。所以，如果只能選一個答案，我會說時間在他們那一邊，台灣如果不積極努力，的確會喪失競爭優勢。

但是，我認為比較好的講法應該是說，如果台灣能跟中國合作，台灣能夠用什麼方式、得到什麼利基？這就很難說。例如表面上看起來，大家都同意應該開放戒急用忍，但是要不要開放高科技產業去大陸？很多人就會反對，而這就是戒急用忍的重要精神，所以討論到細部政策時，就不會只是「時間對誰有利」這麼簡單。

我相信大家會同意一些基本論點，例如中國有某些本質上的緊張、衝突是無解的，中國目前政治制度的出路也是無解的，但問題出在時間，中國能再撐個三年還是十年？李登輝五年前就說中國只能撐五年，但現在中共還是好好的，也有可能再撐一、二十年。

以我對中國的了解，統獨問題在大陸不會有其他答案，他們不可能讓台灣獨立。我當然碰到過很多痛恨中共、能夠理解台灣為什麼不要統一的人，但這部分一定是少數，台灣、美國都不應該存有幻想，以為大陸年輕世代當家後就會改變，看看大陸網路上的「強國論壇」，年輕人那些民族主義的想法，未必是中共高層煽動的，而是他們真的這麼想。

其實，兩岸間有很多東西不是台灣自己能掌控的，有些東西現階段無解。北京更頭痛的問題還多得很，中共高層根本不想跟台灣談，只想拖著，只要台灣不獨立就好了。但若台灣真的承認一個中國，大陸反而會慌了。

談到學運世代，我不認為現在年輕人是一代不如一代，因為我們這一代也沒什麼了不起。如果沒有社會結構支持，年輕人想要主動做社會改革運動，本來就很困難，這也不是我們這一代特別強。

而且，學運也不算成功，我們當時仍然必須訴求國會全面改選，透過這種政治路數，才能進行有效動員，而不是真正在做社會改革運動。就這點來講，學運只是存在一種機會結構，學運世代能夠去充份運用而已，之前、之後的世代既然沒有這種機會結構，就沒什麼好比的。

檔案三四

徐永明

單靠熱情燃燒，不夠照亮前方

中正大學政治系助教授／一九六六年生，台大政治系、密西根大學政治學博士，台大大學新聞社社長。

二〇〇一年

七月二十七日中午十二時二分，電腦上記錄著收信時間。他爽快接受書面訪問後，透過 e-mail 往返，從嘉義傳來這篇兼具理性與感性的文字，他並未逐一回覆問題，而是整體抒發一種運動清冷後的沉澱反思……

二〇一四年

現為東吳大學政治系副教授，以名嘴之姿活躍於電視談話性節目。近年觀眾只要打開電視，轉到「大話新聞」、「頭家來開講」，就可以看到他。他也在多家媒體撰寫新聞評論，對於綠營具有一定的影響力……

這幾年來對我而言最大的轉折，大概是能走出學運的情緒，慢慢地摸索出一條繼續走下去，或者說是實踐的道路。

客觀的說，能參與運動，有結構性的條件與個人動機兩個面向，能在年輕的時候接受學運的洗禮，在其中成長淬煉，是一種福祉。

有時候在課堂上面對年輕的面孔，感受到其中的猶豫、不定與憤怒，欣慰自己年輕時有一個目標可以奉獻，有一個理想可以夢，更高興的是畢竟也做出一些成果了。

但是，運動後的清冷是一種挑戰，運動是集體的，生命與生活則是個人的，運動需要個人的奉獻犧牲，而個人的生命卻少能從運動中找到發展的方向，尤其是對於運動明星背後數倍的運動幹部而言，運動光熱的回憶是一種情緒的撩撥，如何在非運動的承平時期找到實踐的路徑與目標的提升，可是更大的挑戰。如果要評價學運的世代，大概可以從這個角度著手。

記得在一九九四年出國前夕，一個場合遇到正積極投入立委選舉的林濁水，他問道為何在這個轉型最激烈的時期選擇出國，民主反對運動需要學運世代的投入。是的，很多朋友之後更成為國代，立委與議員。這是一個選擇的問題，同時代的學運分子都面臨這個投入或淡出的分歧點，出國的一群可能以為選擇的是暫時淡出，而投入的一群或許認為下階段可以喘息，找機會進修，沒人會認為這是分道揚鑣，尤其在左派的訓練下，聯合戰線伸展側翼的觀點，是深入腦髓的（這個意義下我們都是左派）。

可是，大環境的變化與個人生命的進程，卻是不斷地推著大家往前走，生理上已經離開了青春期的階段，在個人志業發展上卻進入了定調的階段，運動變成專業選擇的一個項目，而學術不是提供資訊策略，而是知識生產與規範探索；政治不只對抗不義，且要論政分配資源。

總的說，專業壓力的出現詰問理想的方向，不是沒有熱情了，而是單靠熱情燃燒不夠照亮前方了。

尤其是生命階段的感受衝擊著這個世代，年輕時是與眾不同，因為我們憨不畏死的，但是近中年的我們，在體質與氣質上有什麼特色嗎？尤其在學術界這種感受特別深。然而，在政治參與上這個壓力更是沉重，擁有權力後必須回答目的性問題；至於社運的工作者，曲折的歷史道路如何走，在在都挑戰這群人。

如何形成一種世代的文化與世界觀，可能是目前最欠缺的，尤其面對台灣當下政經社結構的波動時，如何論述長短期的因素，描摹遠景，形成一條可辯論的路線，進而與世界歷史的進程接軌。

可惜的是，在學運當頭時並沒有這個滋養的空間，因為事件太多動員太多，策略、訴求與堅持占據大部分人的大腦。從這個時間點來看，學運的成功或許造成思想貧瘠的反效果，其脆弱性反映在政治一行的當道，成為民進黨的接班隊伍；而學術上則一時不見清楚的方向，更多的是來自政治行業的吸納；社運的蕭條則是有目共睹的。

可預期的，這個世代的學運分子，會有大總統們，但不會有自稱是思想家的。不知道這個觀察是樂觀還是悲觀，也不知道在這時候這樣的評論是否太早了。

但是，對於三十多歲的我們，這是一個彼此與自我對話的機會，尤其趁著這本書的出版，當每個人都可以在這吐露心事發表感想時，是一個檢視思維與議程的好機會。

我們是否準備好了？十多前年衝上火線，多是擦槍走火，邊練邊打，現在則是整備的好時機，對於所謂「學運世代」的定義，可能現在才要開始談，而三月學運只是序幕的煙火。

檔案三五

孫瑞穗

我們這一代女人比男人更堅強快樂

美國加州大學洛杉磯分校都市規劃系博士班／一九六七年生，台大政治系，台大女研社社長。

二〇〇一年

七月三十一日中午十二時三十分，忠孝東路「關西廚房」餐廳。她與作者在大學時代，曾於臨沂街共同分租房子搞社團，後來她走上婦女運動之路，曾任婦女新知基金會董事，她在返台飛機上的手稿，是本書訪問中最感性的篇章之一……

二〇一四年

長期關心性別議題，曾任國立台灣藝術大學文化創意產業學程教師，現為社會文化評論者，文章常見於各報。

對於運動，我不是高潮的追求者，我比較關心「持不持久」的問題。

晚期的學運太過政治化，尤其統獨論述介入之後更加肅穆乾燥敵我分明，變得不好玩了，而且也嚴重缺乏幽默感。三月學運結束不久，我大學畢業。當時很是焦慮，想著我在大學時所經歷的大改變，要如何在往後的生命中繼續「high」下去的問題。

有一天午后在台大校園中巧遇台大城鄉所的夏鑄九，他是我們當時策劃「給偉大蔣公戴帽」諷刺劇時膽敢出來挺學生的比較有種的教授之一。他頂著三角臉和一頭亂髮背對著太陽邀我參加關於都市貧窮問題的規劃研究案，我就這樣降落在都市規劃這一專業裡直到今天。

那長達半年的都市人類學式的田野經驗，至今仍深印腦海。

我還記得貧民住宅裡有個讀仁愛國中的孩子，為了要避免被同學認出他家住延吉街平宅，每天放學後就必須假裝往北繞一大圈經南京東路和敦化南路有錢人的社區然後再回家。他認真地在地圖上畫給我看，頑皮地訴說他是如何慧黠地擺脫好奇同學的跟蹤，比別人多花兩小時回家云云。我心裡想，唉呀，你看東區這麼繁華的高樓地景中，原來隱藏著這麼多曲折的動人小故事。

你看過《Dancer in the Dark》*嗎？那個經過生活折磨之後的舞者在上吊刑台前倒數她最後生命秒數之際，頑強的生命力使她在黑暗密室裡仍婆娑起舞。這就是我要的生命力，頑強不死，台灣的社會裡有，所以我就留下來。那一年我拿到了美國學校admission（入學許可）但仍決定在台灣唸完研究所。後來寫了一個關於城市女人的故事的論文，總結了那幾年對邊緣論述的思考。貧窮小孩帶著戲謔口吻曲折的都市地圖，改變了我生命的直線……

一九九六年決定出國讀書，其實是為了找個「冠冕堂皇的理由」休息一下。當時我所參與的婦運、女性主義思考和自己的生命經驗都有很大的瓶頸。

首先，我覺得自己無可救藥地在「重複」。我的理論超過了個人生命經驗，我發現我在重複說著自己沒有經歷過的道理，怪怪的。想像力不能完全代替生命體驗，經驗不足的結果是其實沒能力處理你所面對的政治／生命複雜性。只要開始覺得人在江湖身不由己，運動再怎麼神聖都不好玩了。

另外就是純粹化的女人運動因為要一直強調特殊性，變得喃喃自語。婦運內部也有很多層級關係和代溝問題需要檢討，我卻被認同的感情困住而說不出話來。頭腦和身體都在運動中被榨乾了，好想休息！

加州的第一個冬天前所未有的冷。突來彭婉如的死訊，讓我在電腦螢幕前呆坐了好幾天。另外一個可怕的震撼，是我好友林滴娟的客死他鄉。我的年齡還沒有準備好要迎接那麼多同儕的死亡，這些不預期的死亡帶給我不算短的心理黑暗期，之後我竟得了沒有預期的隱性憂鬱症長達一年之久。

在美國這幾年，我選擇把自己「在地化」。我有幾個重要的轉變，一個是社運的跨國跟比較視野，我的博士論文正是在做城市與區域化過程在全球年代中所受到的影響和轉變。其次是我自己「亞洲區域意識」的啟蒙，第三則是女性主義理論的反芻。另一個反省是關於第三世界女性主義和我自己的角色。

我這一代的女生很新、很特別，拒絕順理成章地為人妻為人母，一路翻觔斗嘗試新的生活方式。不管她們從政、從社運、從學術等，或後來變身為小團體中的有機知識分子等，都各有特色。我的總體感覺是，我們這一代的女人比男人更堅強更快樂，尤其是過了三十以後，生命力益發堅韌。

我的博士學業還要一年才結束，但我已經知道自己不太適合做第一線的社運組織工作了，雖然那曾經是我的夢。我想我的頭腦和慾望都太複雜了，說話太直太容易得罪人，沒辦法做好組織需要的「螺絲釘」角色。如果順利在學術軌道前進，我希望給未來的學生們一個更快樂自由的環境發言，以及繼續翻觔斗的空間。

我現在的專業是都市規劃，但女性主義已經深深地烙印成為我的陰陽眼，我希望我的女性主義可以越界渲染到專業領域去創造鮮美多汁的空間，甚至未來可以介入公共政策的辯論。想做的可能不再是為某個特定團體辯護了，而是想要開拓不同陣營和路線對話空間。「騷動之風雲再起」，哈，如果我做不出來，也希望有人去做。

另外呢，想好好寫一些比較深刻有系統的評論，然後呢，不騙你，有時間的話我很想從事文化創作，這是我從文藝美少女轉到革命女青年的過程中最自我壓抑的部分。

我相信只有一面批判一面創作，生命才不會太乾燥，論述才有力量；而且只有當政治和文化生活徹底相逢時，我們才有能力虛心地來檢驗，當年那小小的革命火苗在我們生命中燃燒的進度。

＊《在黑暗中漫舞》，丹麥導演拉斯・馮・提爾於二〇〇〇年時的電影作品。

檔案三六

施威全

罵他們「統派」是侮辱了中國人民

倫敦大學柏貝克學院法律學校博士生／一九六七年生，東海環科系，從鹿港反杜邦運動起即積極參與學運。

二〇〇一年

七月二十四日下午五時二分，傳真機上出現六張英國傳來的手稿。他在三月學運時發表〈學運的偶然，人民民主抗爭的必然〉一文，曾引起陳光興〈學運的必然，人民民主抗爭的偶然〉等論戰，這是他十年後的海外留學心情……

二〇一四年

留英期間在慈善團體從事移民法律服務工作，常撰稿書寫反歧視與反種族主義議題。二〇〇八年擔任陸委會主委賴幸媛辦公室主任，協助爭取陸配權益，見證台美及兩岸關係發展，學習危機管理與談判。現為行政院中部辦公室副執行長……

三月學運後，我考進台大城鄉所。城鄉所的幾年生活，提供了訓練和挑戰，面對社會中的真實課題，自己所相信的理論和說法，都得放在具體的情境中被檢驗。城鄉所的一些經驗，特別是不成功的經驗，反而讓我學到了公共政策實踐的策略面，如何在侷促的環境中，一點點、一步步地落實想法。

離開城鄉所後，我到林正杰的辦公室工作，那個環境允許我繼續在政策問題上下功夫，這在當時的立法院，的確是異數。

那時朝野協商的機制不是那麼成熟，林正杰辦公室對不少法案都還有介入的空間，因此我有不少機會和行政單位直接討論政策，這個經驗，讓我對文官系統有一定的理解和尊敬，我理解到，那麼多的繁瑣行政程序之所以存在，其實有其道理，儘管我常常不同意他們。

這期間，由於林正杰的關係，我們辦公室有不少機會接觸到民進黨以外的政治人物，乃至老國民黨人士。第一次看到某些國民黨大老作事、開會，深深地為他們的遲鈍、無能與雜亂而震驚，剛開始，我想，一定是歷史的隧道中有過大地震，所以他們才能位居高位。不過，後來想，歷史沒有錯，就是因為他們在政治上的顢頇，處事上的無能，難怪被中國人民驅趕到台灣來。獨派罵這些人是「統派」、「中國人」、「外省人」，那實在是侮辱了中國人民。

另一方面，我還是覺得，這些人可以位居高位，其實是真有其政治上高明之處，很多值得學習的地方，只是在新時代，還需要更多的新方法、能力和技術。

用同樣標準，去看包括新黨在內的泛藍軍的年輕一輩，他們只是溫室裡的花朵而已，勉強在和煦的天候中綻放，如此而已。這些人在大學時，他們忙著在校園黨部、救國團系統中鑽營，等著既定的、固定的資源分到他們手中。

同時期的學運學生，卻必須從無到有，建立基地，做組織、經營、擴展，像現在的台中縣議員劉坤鱧，他在學生時代時，就有能力身無寸縷地被空降到山區，就地找資源生存，開山立寨、組織結黨、壯大出山，這不是嬌嫩的花朵可以做到的，這種事實愈來愈明顯。

看看親民黨的發言人，才三十初頭，整個說話、打扮、架勢，卻像是五十歲的老黨工；反觀總統府的總統文膽，三十五歲，精神、穿著卻好像二十出頭。二十年後，如果台灣的政壇就是這兩批人，台灣的政治會有很長一段時期，是綠軍的天下。

我曾經有六個月的時間，在梧棲鎮公所工作，當時體會很深。儘管我因專心投入，交了不少地方上的朋友，但總結來說，我覺得我失敗。我去就任以前，當然很清楚自己孤身去工作，會遇到什麼問題，但仍然失敗。

事後檢討起來，有三個原因：一、我在事務上太急躁；二、沒把政治工作列為首要，與敵對派系處得不錯，卻忽略了當初邀請我的這方面；三、沒有密切地與一些社運同輩、前輩保持連繫。如果我當初能主動找到一兩位前輩，時時給我意見，我時時向他們請教，從穿衣、飲食到事務行政——事情會很不一樣。

我在一九九六年出國改唸法律系後，從不同地方聽過立委、議員、局長等同輩朋友的好評。學運世代這個範疇、這個名詞，沒有什麼意義，但這些人做的，是主流政治力量無法做到的，這方面意義極大。

檔案三七

陳正然

網路沒辦法改變真實世界的不公平

蕃薯藤執行長／一九五九年生，台大社研所碩士，一九九一年「獨台會案」主角。

二〇〇一年

六月二十七日上午十時五十分，建國北路蕃薯藤公司二樓會議室。他早已從當年各界聲援的被抓對象，搖身成為學運世代中最具「身價」的網路新貴，他帶著歉意表示，以前搞運動時從來不曾遲到，現在成為CEO後卻是身不由己……

二〇一四年

二〇〇六年以二億九千萬元價格，賣掉一手創辦的蕃薯藤入口網站。〇八年擔任華視總經理，現為痞客邦執行董事、觀微科技公司執行長、青平台基金會董事長。他是社會學大師葉啟政的弟子，去年還促成作者撰寫出版葉啟政回憶錄……

我在一九八九年至九一年成立「無花果工作室」時，去日本收集台灣文史資料，陳菊介紹我一定要去找史明，因為史明是六〇年代台灣左派思想代表性人物，有其重要歷史定位，只是因為這樣，我就被牽連進「獨台會案」。

其實，我過去在學運中一直沒有站到第一線，或許因為比較浪漫，也或許是因為自己唸社會學，我關心的點一直不在政治上。我比較關注的是文化與底層，我認為歷史意識才是最關鍵的東西，台灣人對於重要歷史記憶一直是各說各話，只有用來號召選票的圖騰，這個問題如果不解決，台灣的問題就無法解決，這種問題無法迴避。

另外，我們當時就覺得，威權體制的瓦解只是時間問題，現在看來可能認為我們是在講大話，但我們真的這樣認為。所以我們到處鼓吹校園社團要唸書，要認真想：革命成功之後要怎麼辦？

所以，我在「獨台會案」中被推到第一線，根本不是我的本意，因為劇本是別人寫的，朋友們與社運界又為了我們拚下去，我們當然要還人情。但「獨台會案」風波過去後，我很快又退回到自己喜歡做的事。

也因為這樣，我在學運中的角色一直很詭異，我不容易被歸類在那個團體，我是比較少數可以跟所有人溝通講話的，我可以很核心，也可以在旁邊觀察。所以我找了一些人進去新潮流系的新國會辦公室當助理，但我自己從來沒有進去新國會。

後來我成立「開拓基金會」，在九三年推出台灣第一個網路搜尋及公益網站「蕃薯藤」，也是在想培養人才的問題。把一些人聚集起來，思考台灣長期應該處理的問題，這才是我最有興趣的東西。

蕃薯藤在九八年轉型為商業網站，當時經營團隊有很深入的討論與共識，堅持在儘可能範圍內，提撥經費來維持公益服務。雖然有一部分是形勢比人強，沒辦法由我們完全掌握，但現在全球性大型網頁，首頁有放公益服務的，還是只有蕃薯藤。更重要的是，別人的公益服務都只是很簡單的連結，蕃薯藤都是自己做，前後做了四十多個公益網站，例如九二一災後重建，到現在都還存在，我們自己派人去災區，與搞社區的人密切聯繫。我們也做殘障服務，首頁就有，從九八年底做到現在。

我們最早做的是台灣原住民的網站，故意的，覺得漢人對原住民最壞。當時想法很浪漫，希望網路可以幫助原住民脫困，但真實世界中的不公平還是明顯存在，網路並沒有辦法真正改變這種不公平，使用網路還是北部撥接最容易、品質最好，偏遠地方還是差多了。

蕃薯藤商業化之後，現在員工總數已經達到四百五十人，就商業策略來看，不可能再像過去一樣只在台灣發展，而必須進軍大陸，因為從很多數字都可以看出來，北美、歐洲的網路人口都已飽和，未來成長最快的市場將是亞太華人地區。

台灣在大華人地區有策略上的競爭優勢，這是事實，沒有什麼好爭論的。台灣將來要處理自己出路，就必須去處理大華人社區中的定位問題，這不是意願問題，而已經是能力問題。新政府一直沒有注意這個趨勢，戒急用忍只是把意願問題擴大到所有面向，但兩岸關係已經不是意願問題，而是在全球化趨勢下有沒有能力處理，這是沒辦法迴避的能力問題。

大家都同意，中國是台灣發展的最大變數，不論正向還是負向。所以，台灣各行各業都必須面對中國，蕃薯藤進軍大陸市場，是在這種投資人賦予責任的背景下，根據所有資訊做出的最好判斷。

台灣經濟到底要怎樣才會更好？台灣社會不能只關心政治，現在需要的，可能是像李國鼎、孫運璿這種七〇年代科技官僚的判斷。台灣這麼小，不可能什麼都做，現在談生物科技，這到底是不是我們要的？資訊產業接下來要如何做？台灣的價值在哪裡？整個社會都應該務實討論未來共同願景。

我一直覺得自己應該「做什麼像什麼」，盡力而為就好，所以目前沒有特別的焦慮。但要做什麼像什麼，就要不斷學，我很幸運，一直有朋友教我，讓我可以經常跟全球第一流搞技術的人討論，真的是活到老學到老。歷史一直在往前走，沒有選擇，必須一直往前動，不然就會被淘汰，任何領域都一樣。

檔案三八

方凱亮

每個人都該問自己，到底想過什麼生活？

貝登堡公司董事長／一九六四年生，台大工管系，台大「自由之愛」成員。

二〇〇一年

五月二十三日下午三時三十分，德也茶喫。他在訪問前很客氣地向作者說，作者要問的問題，他想都沒有想過。訪問過程中，他接到公司電話並做出關於「計算庫存」、「成本負荷」等指示，換成作者聽都聽不懂……

二〇一四年

長期在商界發展，擔任貝登堡國際負責人，代理電腦樂高相關產品。重視生活品質，喜歡戶外活動，自嘲近況是：隨便到處玩，什麼都沒做……

我當初是因為不小心走到大陸社，才會被拉進學運，其實我一直不覺得自己是學運圈的人，他們談的、關心的事，我都不太關心，如果那時我不小心走到羅浮團，後來可能就會變成童軍了。

後來會在學運愈陷愈深，主要原因是我和鍾佳濱個性很像，就變得很要好，我喜歡工作時那種共同做事的同志感覺，不計較任何東西，彼此情感契合，我最想要這種感覺。

我快退伍時，HP（惠普公司）打電話來問有沒有興趣面試，後來我順利被錄取。去HP上班的前幾天，我還曾去面試當工地主任，想趁年輕體會不同經驗，但人家看到我的學歷，說不要開玩笑了，就把我趕出來。後來在HP愈做愈有趣，一做就是三年半。

我很會賣東西，後來HP的副總還說，我以後一定可以當到總經理，當時我的年薪就已超過一百萬，但HP這種大型跨國公司內，每個人都只是一小部分，我愈來愈懷念學運同志一起打拼的感覺。

後來同部門有人兒子找不到好的幼稚園，隔天我就說我們離職去辦，那年我們是全公司業績排名第一、二名，全公司都以為我們被IBM挖角，但我們真的是去辦幼稚園，走時兩個人都沒錢、怎麼做也都不知道，但我們兩人很有默契，我覺得就像是當年與佳濱打拼一樣，當時二十七、八歲，再不走就會終老在HP，就決定拼一拼。

我們開了「課輔安親班」後，兩個人就分別教高、低年級，那時我每天都到石門水庫釣魚，是這輩子最悠閒的時候。後來安親班打算開分店時，我覺得又失去那種一起打拼的感覺，就決定代理外國文具用品，彩色筆、畫筆，並且在百貨公司內設專櫃。

貝登堡公司一開始資本額一百萬，剛成立時三個員工，後來到處設櫃，現在資本額五千萬，員工一百人，台灣有三十四、五家分店，我的年薪也遠超過HP時期。賣文具至今已七年，愈來愈擴充，我們找大陸廠商代工，再外銷給國外，百貨公司內那種灑金銀粉的橡皮章、木頭章及畫畫用品，全台灣這種店都是我開的。

我的人生理想很單純，沒有特別想做什麼，就只是想跟同志一起打拼，不斷與以前朋友維持很好情誼，不去想賺多少錢、擁有多少權力，只想跟喜歡的人在一起。我的本質是好吃懶做，到現在學運朋友想要出去玩，組成「強身建國俱樂部」，都還是要我幫忙，我們的分工一直沒變，我專門做行政的事。

我的經濟狀況可能好一點，但看到國民黨長期一直告訴人民經濟成長率的重要，社會用經濟衡量一切事情，包括社會地位、執政能力，媒體也只看收視率多少，完全數字化，長期教育下來，台灣人凡事只看數字，看到中國經濟成長率比台灣高，主張統一的比率也跟著高了。

學運世代一窩蜂參選，其實也只是在比數人頭的數字。學運世代被迫去扮演某一種民代，只是為了贏得社會的肯定，但這可能是最不對的，我們的國家認同、家庭幸福怎麼會被經濟成長率所影響？事實上，學運世代可能只是比老一輩的人對數字更敏銳，憑民調做事，全部人都還是在用數字過生活。

其實，如何利用有限的資源，會比拼命留住工廠、封殺外勞來得重要。我去看日本，所得是我們兩倍多，但日本人不會比我們快樂多少，紐西蘭國民所得不比台灣多，但生活品質比台灣好很多，所以台灣很多東西被扭曲。為了數字，什麼都願意犧牲，中國更是，為了發展經濟什麼都可以犧牲，只要表面上的數字更多。但每一個人都應該問自己：到底你想過什麼樣的生活？

檔案三九

劉一德

跟周伯倫去酒家，才覺得百無一用是書生

《自立晚報》社長／一九六〇年生，台大政治系，八〇年代初期台大「大論五人小組」學運領袖。

二〇〇一年

五月一日下午一時三十分，德也茶喫。他在訪談間仍難掩民進黨初選失利的些許落寞，也婉拒了黨主席謝長廷要他回任組織部主任的邀請，但其後他出乎意料接任《自立晚報》社長，作者也在八月二日下午補問他的接任心情……

二〇一四年

二〇〇四、〇七年，他兩度代表台聯黨參選立委失利。長期擔任綠色和平電台、台灣人電台、嘉義之音電台主持人，現為台聯黨副祕書長。

我大一時本來有些自閉，後來發生美麗島事件，大家討論、同情後產生正義感，變成校內異議團體。

最早我編了地下刊物《破曉》，找嘉中在台大的老同學蘇瑞雲等人，組成二十多人的小社團，買油印機自己散發，但第三期就被警總、教官破獲，結果因為影響不大，他們也查不出我與美麗島那些人有關係，就叫我回學校唸書，不要在外面亂搞。

然後謝明達、蘇煥智找人來與我接觸，我是大一下才踏入社團，開始進行跨校串連，之前學生都只是替黨外助選，我是第一個搞校園串連的。當時我們以大論為基地，李文忠活動力很強，我負責出點子，他執行，到大三時已搞出一票五、六十人的中型團體，大四時我已慢慢走偏鋒，我們去彭孟緝家抗議，有點像準革命團體，被捉到可能會坐牢。

我會從政是「社會化」後的結果。之前我還跟著黨外編聯會亂批公政會，雞兔同籠、反選舉掛帥，我在自己參選前一年，都還強烈反對選舉。

我所受到的社會化衝擊，第一次挫折是跟周伯倫去酒家喝酒，一晚三攤，進去丟錢好像在丟什麼一樣，當時我在《民眾日報》當記者，月薪一萬三千五，周伯倫一晚就花掉我半年的薪水，花七、八萬面不改色，這對我刺激很大，我才覺得百無一用是書生，心裡感覺很強烈，做這種寫稿的要幹嘛？當兵前我們同樣是黨外平起平坐的人，當兵回來後他是市議員，一看之下，整個工作的意願都沒了。

但我也還沒有想要選舉，後來我離開《民眾日報》，先去《民進報》當總編，《民進週刊》原任主筆林濁水在五二〇事件被抓去關，我升任主筆。後來王拓當基隆市黨部主委，找我去當執行長，做了七、八個月。

當時碰到基隆中元普渡，我跟著跑了一個月，發現政治人物都不需要用頭腦，跑攤、喝酒，用體力不必用腦筋，我才開始覺得有興趣選舉。剛好一九九一年國代改選，李文忠、賴勁麟都要選，這對我更是關鍵，他們都是我拉進學運的，他們都要選，我若不選，就應該離開這個圈子，不然很丟臉。

但我派系色彩不明顯，很難找到派系支持，只好去找謝長廷幫忙。他抱怨我平常不經營，所以無法說服支持者，他只好在同一個選區一次支持兩個。坦白說，沒有謝長廷支持，我根本選不上，選民認識我的沒幾個人，我選舉的第一筆錢也是他給的，三十萬。

至於從政生涯至今最具爭議的「國大延任案」，當時黨內有人抨擊我們違背黨的想法，但事實上是黨內大老沒有擔當。之前黨內二十一人小組最後決議：只要國代停選，任何讓步包括延任都可以接受。但後來輿論壓力太大，陳水扁、林義雄都擋不住，都跳出來講一些不一樣的話，傷是傷到我們這批執行決議的人。

經過這幾年兩次參選立委失利的挫折，我現在的最大焦慮，在於同輩甚至小我好幾屆的，都已經跑到那麼前面了，這種東西有壓力，是有點懊惱，我不否認。選舉誰行誰不行，一比就知道，所以會焦慮，沒錯。

四十多歲了，會想要留下一點東西，五、六十歲以後很難留下東西，不只是想選舉，而是想為這片土地留下可以流傳很久的東西，會變成另一個焦慮。

我從大學開始就參與黨外雜誌的編輯工作，新聞也曾經鬧上全國版，但沒想過二十年後居然會變成《自立晚報》社長。別的報紙也許沒有歷史包袱，但《自晚》是許多人對於民主思想的啟蒙導師，包括我自己也是看《自晚》才有獨立精神的想法，怎麼可以說倒就倒？雖然大家說這是火坑，但我們硬撐也要堅持到底。

我是在一個星期內做出決定，以「打火隊隊長」身分跳入《自晚》這個火坑，目前為止都還沒有用到總統府、李政團資源，如果這樣可以撐起來，未來大概就有希望了。

檔案四十

陳裕鑫

——寫了上千萬字，到底改變過什麼？

壹傳媒主席特別助理／一九六二年生，台大政治系，台大大新社社長。

二〇〇一年

六月二日下午二時，大亞百貨誠品咖啡。他是學運世代第一位媒體總編輯，而且還歷經《新新聞》、《明日報》、《勁報》等三種不同媒體的掌舵角色，當年他就主張與政黨劃清界限，至今不曾加入任何政黨，只對媒體、網路情有獨鍾……

二〇一四年

歷任台灣《蘋果日報》總編輯，《壹電視》總編輯與聯席總裁、《蘋果日報》社長，是壹傳媒創辦人黎智英最倚重的台灣媒體人。他從去年起積極發展《蘋果日報》網路新聞，並首創與多家獨立媒體合作的網路供稿模式……

當初我當大新社長時，與劉一德、賴勁麟、謝穎青等人討論，覺得吳叡人很優秀，就說服他出來選代聯會主席，來對抗國民黨學生組成的覺民學會，他當選台大第一位改革派代聯會主席後，也做得蠻好的。那時學運串連是被禁止、打壓的，到後來「自由之愛」才比較組織化。

我走的路與其他學運世代很不一樣，當年我們在吳叡人卸任後有一個辯論，主題是校園與黨外運動要不要有關係？我認為應該分開，學生有自己的理想性與使命感，政治太複雜，連在一起常會讓學生成為被扭曲的工具，但謝穎青、劉一德他們主張掛鉤，所以後來我進入媒體，至今也未加入任何政黨。

我大三時去黨外雜誌《前進》當編輯，後來因為近視一千度，沒有當兵，一畢業就去《自立晚報》當記者。進《自晚》時剛好碰到許信良闖關回台的機場事件，當時顏文門是總編輯，李永得是政治組長，大家壓力都很大，但還是努力爭取言論自由。

一年多後我去《聯合報》，當時《聯合報》的「黑白集」是黨外眾矢之的，但畢竟《聯合報》規模較大、也比較有制度、上軌道，我想去多學新聞專業，並且希望能改變它。

我不曉得其他學運朋友當時怎麼看我去《聯合報》，採訪上我會把工作跟交情分清楚，愈熟的學運朋友，我愈不會打電話採訪，尤其是當官的，因為朋友交情與採訪分際很難切開，後來我甚至避免評論認識的人，覺得會不客觀。當初我們既然辯論過這個問題，他們就清楚在從政這條路上我不是同志，但我們在推動台灣民主的大方向上還是一樣的。

但一年後我又轉去《中國時報》，因為要改變《聯合報》實在太困難了，而且《聯合》根本是一面倒的打台獨，就去《中時》跑立法院，但《中時》的龐大體制也很難改變，看不出來有改革空間。後來顏文門去林榮三的《自由時報》，找我去帶政治組，但一年後爆發蕭天讚關說高爾夫球場案，我認為是非應該清楚，《自由》卻袒護蕭天讚，我就離開。

我雖然在《聯合》、《中時》、《自由》各只待了一年，但都是因為制度而不是人的問題，後來我去《新新聞》，一待就是十二年，可見我不是那麼喜歡換工作。《新新聞》後來面臨轉型問題，我也當了總編輯三年，覺得在政論雜誌已經蠻無力的，就去《明日報》當總編輯。

學運世代因為共同經歷過某些東西，對某些價值會有共同想法、比較堅持。我雖然當上總編輯，但不會在心態上認為自己是資方。例如在《明日報》時早就知道有危機，我卻主動提出應該成立工會。我們當初既然支持工運、關心勞資爭議，現在主持媒體就不希望開倒車，看到類似勞資爭議，會多幫勞工想。

這麼多年下來，我的主要焦慮是，一個記者到底可以發揮多大影響力？這種焦慮讓我曾經想要離開新聞界。我曾經算過，如果從《前進》週刊算起，我已經寫了上千萬字，但到底曾經改變過哪些事情？如果都沒辦法改變，寫這麼多幹嘛？我寫的東西到底有沒有人在看？在《新新聞》時我寫「台北氣象台」，不少人說寫得不錯，但如果不錯，為什麼都沒有回應？批評的聲音也是回應，但都沒有，所以有一陣子我就不寫了。

媒體影響力到底在哪裡？有一天我看到關於「自由軟體」的文章，自由軟體的精神，是把自己形而上的價值，建構在網路世界與別人分享，我突然覺得，我在傳統僵硬媒體型態的某種挫折中突然找到了出路。從那時起我開始重視網路，包括《明日報》在內，未來希望多嘗試各種媒體型態的實驗，在傳統媒體之外重新思考我的焦慮。

回到當初進入新聞界的理想，我覺得這些年的發展還好，並沒有背離理想太遠，當初希望扮演一個專業記者角色，沒有介入利益、政黨，我都覺得對自己可以交待得過去。

我不見得會一直留在新聞界，太累了，我沒有把一輩子當記者做為目標。寫東西、想問題是我的目標，但很多東西不是我去爭取的，我的個性不是如此，不喜歡拋頭露面。寫作有樂趣，行政管理只會帶來痛苦，當總編輯要有熱誠，因為太辛苦了，責任蠻大的，當專欄作家，錢少一些但會更愉快，我們應該給自己多一點時間，否則所有時間都被綁住了。

檔案四一

周家齊

我以前兇的不得了，缺乏應有的厚道

執業醫師／一九六四年生，高醫醫學系，大革會主席。

二〇〇一年

六月二十九日下午三時，台中市周家齊診所。他從六年前立委落選後即專心執業，作者在台中縣議員劉坤鱧協助下找到其診所，他在替病人診斷與接受訪問之間忙進忙出，並對老朋友劉坤鱧來訪覺得相當感動……

二〇一四年

多年來皆在台中市周家齊診所行醫。他對自己近況的描述是：「當年我們著力於結構開放，如今有著各類關懷、議題在網路的年代四處發酵，蘊孕出台灣新興生命力、頗令人期待。如卸甲歸田般、大隱隱於市，看著大家努力、祝福於未來！」

我是台中人，當年在高雄唸書搞學運時，我們這群人約好各自下鄉，未來再找機會串連，所以後來我回來投入台中國代補選，當選國代後，卻在一九九五年參選立委時落敗。

當年學運朋友曾經有體制外、體制內改革的不同想法，對於體制內改革而言，選舉是必要的手段。但嚴格來說，台灣搞學運的後來都在體制內了，還有誰在體制外？連曾昭明也進入總統府了，顯示當年的差別只是在思考路線層次，具體實踐時的差別其實不大。

當民代那幾年其實很焦慮，第一種焦慮，是生活上幾乎沒有休閒時間，第二種焦慮，是每天重覆很多形式化的活動，沒有意義，但無法避免，一定會焦慮。不過，走出民代生活後，會有更寬廣的看法。

其實，就像歷史會有頓挫一樣，人也會有。我在立委落選後，才覺得自己真正回到民間社會，這是我最深刻的感受，因為在政治舞台上看不到民間真相，失敗後才是人生開始，才能真正認識民間社會。治理國家最怕上有政策、下有對策，如果掌握國家機器者沒有經過底層訓練，很難真正運轉這個社會，還好，學運世代不少人已經有了這種訓練。

對我來說，立委落選沒什麼特別慶幸或不慶幸。就私領域是終於可以解脫，但就公領域而言，整個大潮流會一直走下去，新生代、有理想色彩者，會有愈來愈多人投入，大財團、地方派系的色彩會愈來愈淡。

但這當然是過了多年之後的看法，時間拉久了，才會有客觀距離產生，因為那已是歷史了，如果你是在四五年前訪問我，我可能還在挫敗的情緒中。

我以前兇的不得了，缺乏一些東方人應有的厚道。現在反而沒有特別的焦慮，就是角色扮演而已。人生會變成熟，對我個人來說，重大挫敗反而是好的，更可以沉澱體會，反而可以訓練一個人的耐力與毅力，你現在感覺不到我有挫敗者的怨懟不滿，都消失了。

不容諱言，學運這些人受過好的訓練，有運動經驗，對大時代也有反省，因此他們拿到權力後，在審視權力時，一定會有跟上一代不一樣的看法，這是一定的。

但在角逐、取得權力的過程中，學運世代卻不可能超越這個時代太多。學運世代還是會回到庸俗面，或許可以脫離一下，但不可能脫離太久，還是得透過選舉等方式取得權力。不過，學運世代取得權力後發揮的影響力，一定可以超越傳統政治人物，像坤醴他們進入縣議會後，戰鬥力就是不一樣。

其實從歷史發展來看，學運世代奪權是蠻正常的，只要努力在做，對國家機器具有某些調整功能，不用巨調，微調就夠了。

政治是很累的，坦白說，我都不忍苛責。民進黨取得權力後，政權基礎不是那麼穩定，雖有執政形式，但反對黨掌握國家運轉的力量還是非常大，民進黨政權還是內外交相迫。對學運世代這些年輕人來說，他們對國家機器生疏，取得政權的時間又很短促，這是重大考驗、度日如年。對現在執政的學運朋友來說，他們何只是煎熬，簡直是人間苦刑，我們只是沒有能力、機會去陪他們同赴國難、分享痛苦而已。

不要忘了，如果當年沒有學運世代，既有體系根本沒有這麼多挑戰者。就算一兩個年輕人無法扭轉大局勢，但都會有一些小改變。個人雖然只是洪流中的小螺絲，但衝擊多了，多少都有影響。

檔案四二

陳豐偉

現在校園反而更加保守退化

《南方電子報》創辦人／一九七一年生，高醫醫學系，三月學運時廣場靜坐者。

二〇〇一年

六月十八日下午四時三十分，大亞百貨誠品咖啡。他當年抱著一胸熱誠北上中正廟靜坐，回到校園後卻發現情況完全不是如此，從此致力南方社區與網路運動，一方面當精神科醫師，一方面開闢出網路新天地……

二〇一四年

現為高雄快樂心靈診所負責人，這幾年唸過陽明大學衛生福利研究所，到玉里療養院工作，當過智邦生活館總經理。現在除繼續寫些媒體專欄外，常以業餘的衛生福利評論者姿態撰寫文章……

野百合學運時我才大一，當時高雄大學生也湊熱鬧，在高雄文化中心外圍搭棚子靜坐，也蠻好玩的。我自己坐車到台北中正廟，想看看「學運」到底是長什麼樣子？所以算是沾到學運的邊。

但坦白說，當時學運的感覺有點虛幻，很多東西連結不起來。我在中正廟廣場上看到一種氣氛，但回到高雄校園後又是另一種氣氛。那是一種被媒體塑造出來的學運氣氛，會造成社會的錯誤判斷，以為各校校園內都是這種氣氛，也可能造成學運幹部的誤判情勢，所以後來全學聯辦活動就萎縮了。

我後來看到的是，學運在校園內的影響力不斷退縮、變小、斷裂，不管基於什麼原因，後來在校園都沒有了，學運的校園經營模式沒有留下來，他們一畢業就都斷掉了。我沒有強烈證據，只是一種感覺。我認為學運力量與政治改革結合在一起後，校園內部反而更退化、保守。

當年學運強調的校園民主，後來就走向教授治校，行政人員治校，學生力量反而愈來愈小，如何組織學生的重要經驗也斷掉了，像現在的民學聯，在校外的聲音反而還比校內大，成大MP3事件更是荒腔走板。

從政是個人選擇，沒有什麼好批判的，因為政治也很重要，從政也會有正面影響。但若大多數人都去從政，就糟糕了，這樣就會對後來的學生失去中立的號召，就像如果我去從政，《南方電子報》就毀了一樣，除非由另一批人來做。

學運世代大量從政被媒體渲染後，會讓現在的年輕人覺得，這些學運世代就是要從政，才來做學運，這種觀感對學運絕對不利，像羅文嘉、馬永成的例子尤其明顯與強烈，這是現在學運推不動的一個重要原因，現在的學運必須先克服這種成見。

對我個人來說，學運是一個重要的伏筆，我會積極加入南部社區運動，就是之前參與學運、社運的延伸。參加過學運的人會重新定位自己，北部的「明星」多，南部的社區運動領導者在北部不容易成為媒體注意的菁英，但在南部就有很大的發揮空間。

我覺得最重要的是使命感與決心，我做《南方電子報》時，覺得這東西應該有人做，就去做，但現在年輕人在這方面比較弱。其實，做這些社會欠缺的東西通常有利無弊，雖然必須付出，但可以交到朋友，跟以前比起來也不必付出很大代價，所以我很疑惑，為什麼還是很少人做這些事？

很多人一開始接觸《南方電子報》，以為很了不起，其實《南方電子報》根本沒幾個人。到底是什麼原因，讓新生代少了創新的精神，只是很會複製？其實創新失敗了也不會怎麼樣，年輕人應多多創新，但為什麼沒有人做《南方電子報》這些事情？我想不透。

跟學運世代比起來，現在的學生在論述、編輯、呈現方面都比以前差，書寫能力也退化，在運用網路等新技術的能力上，其實也沒有比學運世代更強。很多人以為新世代可以靠網路改變運動方式，但運動仍然必須有組織能力，再運用網路才有用，不是光靠網路就有群眾，更不可能靠網路讓群眾走上街頭。

我現在的最大焦慮是知識不足，所以要繼續唸書，自己有一定的媒體發言空間後，應該要更充實加強，所以我今年要再唸衛生福利研究所，這樣才能長出更新的東西。例如說，從精神科出發去思考人的形成與健保制度，國家、健保局、資本家回饋要如何介入，要說出道理，否則講改革每個人都會講，因此論述能力非常重要。

REVOL 04

學運世代——從野百合到太陽花

作者——何榮幸
主編——李筱婷
責任編輯——鍾岳明
美術編輯——倪龐德
行銷企劃——劉凱瑛

董事長——趙政岷
出版者——時報文化出版企業股份有限公司
108019台北市和平西路三段二四〇號三樓
發行專線——(〇二)二三〇六六八四二
讀者服務專線——〇八〇〇二三一七〇五
(〇二)二三〇四七一〇三
讀者服務傳真——(〇二)二三〇四六八五八
郵撥——一九三四四七二四時報文化出版公司
信箱——10899臺北華江橋郵局第九九信箱

時報悅讀網——http://www.readingtimes.com.tw
電子郵箱——history@readingtimes.com.tw
法律顧問——理律法律事務所 陳長文律師、李念祖律師
印刷——勁達印刷有限公司
初版一刷——二〇一四年七月十八日
初版二刷——二〇二一年九月十四日
定價——新台幣三五〇元

時報文化出版公司成立於一九七五年，
並於一九九九年股票上櫃公開發行，於二〇〇八年脫離中時集團非屬旺中，
以「尊重智慧與創意的文化事業」為信念。

學運世代：從野百合到太陽花 / 何榮幸著. -- 初版. -- 臺北市：時報文化, 2014.07
304面，14.8 x 21公分. --（Revol；4）

ISBN 978-957-13-6018-8（平裝）

1. 學運　2. 臺灣

527.86　103012540

ISBN 978-957-13-6018-8
Printed in Taiwan

文化的力量
REV.
改變全世界